JN330940

內閣文庫所藏史籍叢刊 古代中世篇 第三卷

汲古書院

編修委員

故 皆川完一

益田　宗

小口雅史

筧　雅博

目次

凡例

一、原則として冊子本は半丁を一頁に、巻子本は用紙に対して縦向に収録した。
一、見返しは、掲載を省略した場合がある。
一、紙背の文書・文字は、それぞれの本の末に収めた。文書については上下二段に収まるように縮小した。
一、原本の附箋についても、該当箇所を示した上で、それぞれの本の末に収めた。附箋によって原本の文字が隠れてしまう場合は、附箋の文字を含む葉を各冊末に再録した。
一、遊紙は掲載を省略した。
一、柱には本文の丁数を記した。
一、料紙などの大きさについては、巻末収録の「解題」を参照されたい。
一、「法曹類林」は、墨と朱の二色刷りとした。写真全体が多少朱を帯びて見える場合があるが、これは製版・印刷の都合によるものである。また巻末の軸紙部分は掲載を省略した。

明法条々勘録

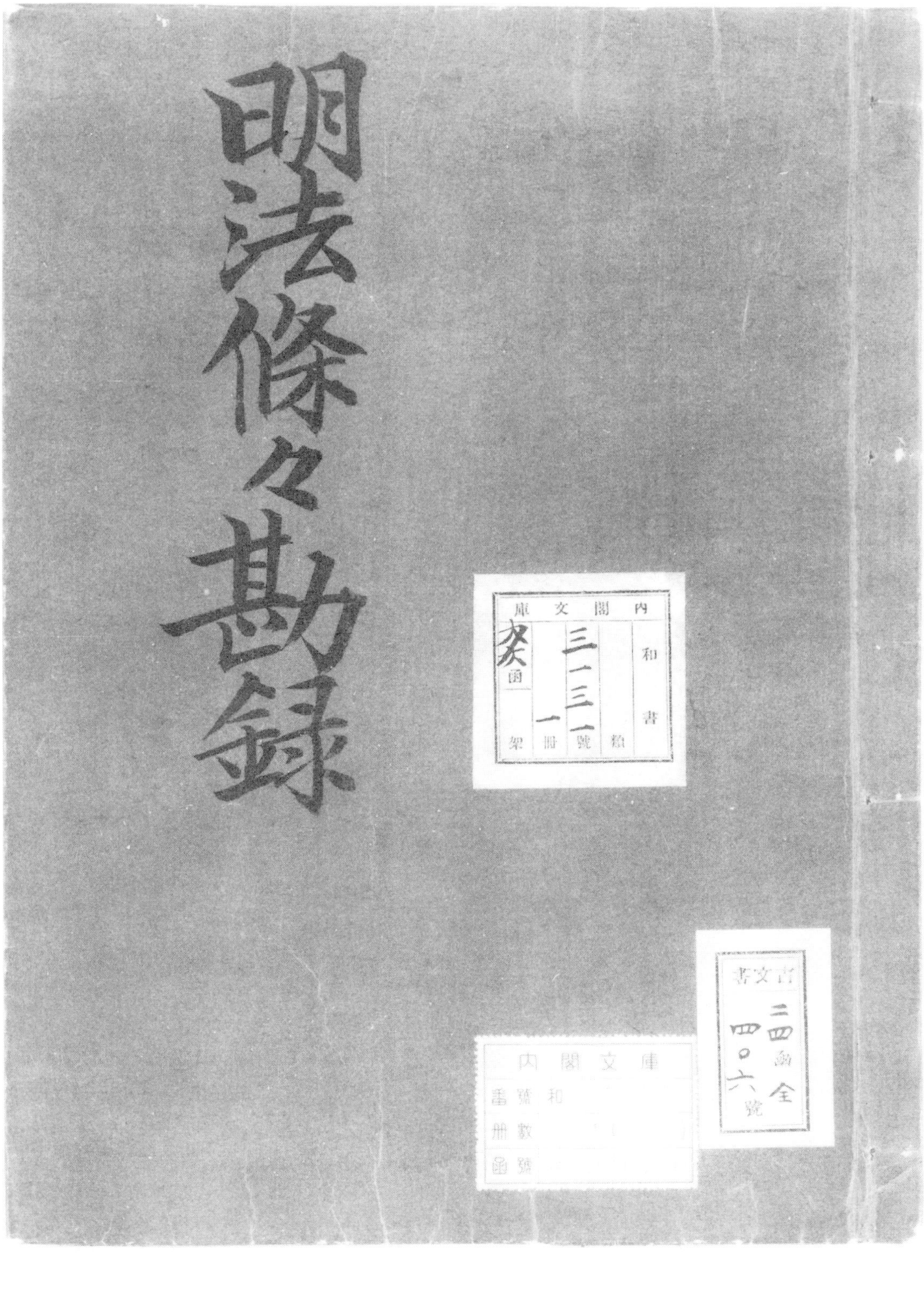
明法條々勘録
内閣文庫
和書
類
號
冊
架
函
三一三一
一
内閣文庫
番號　和
冊數
函號
古文書
二四函
全
四〇六號

暦應四年
明法條々勘録
大乗院

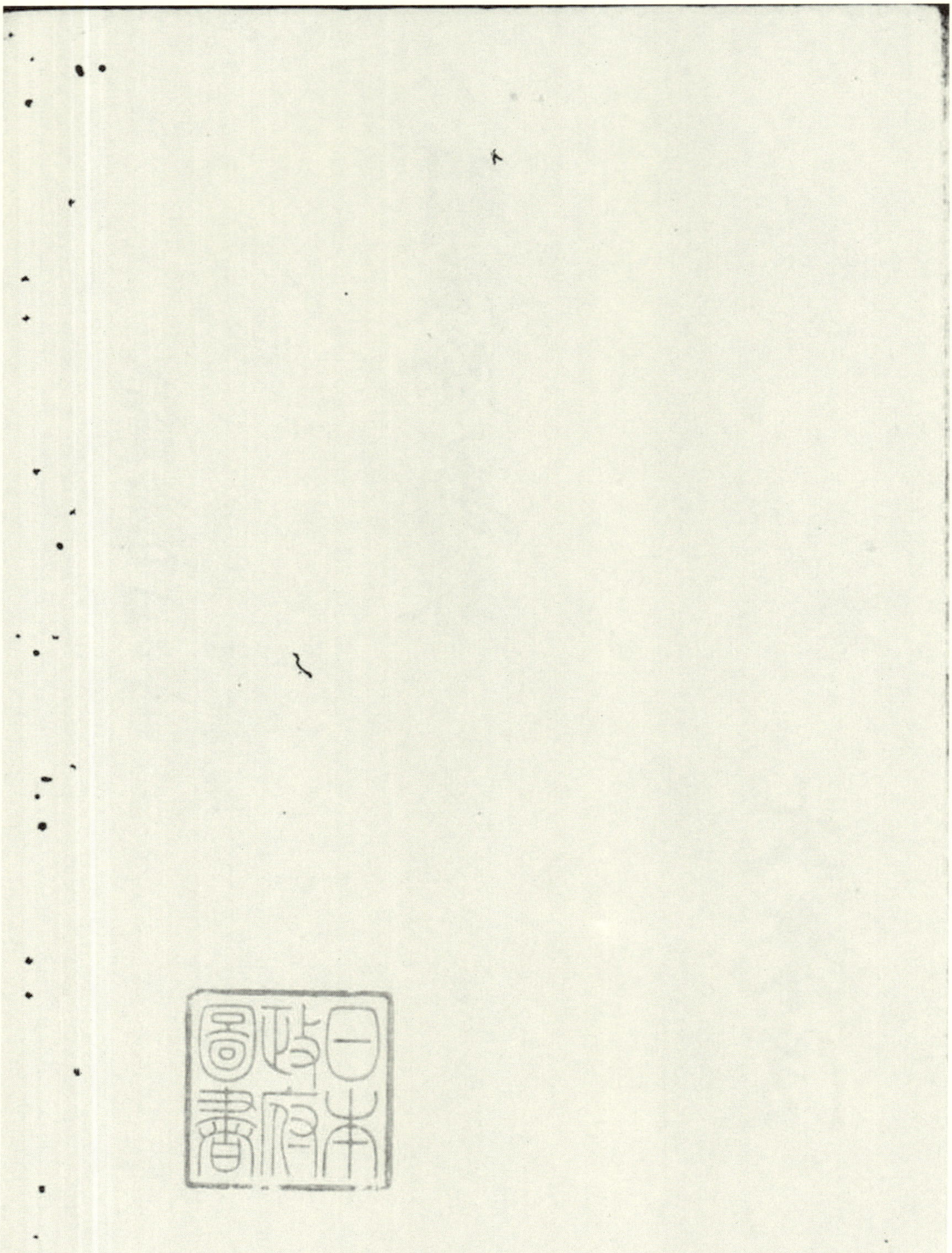
日本政府圖書

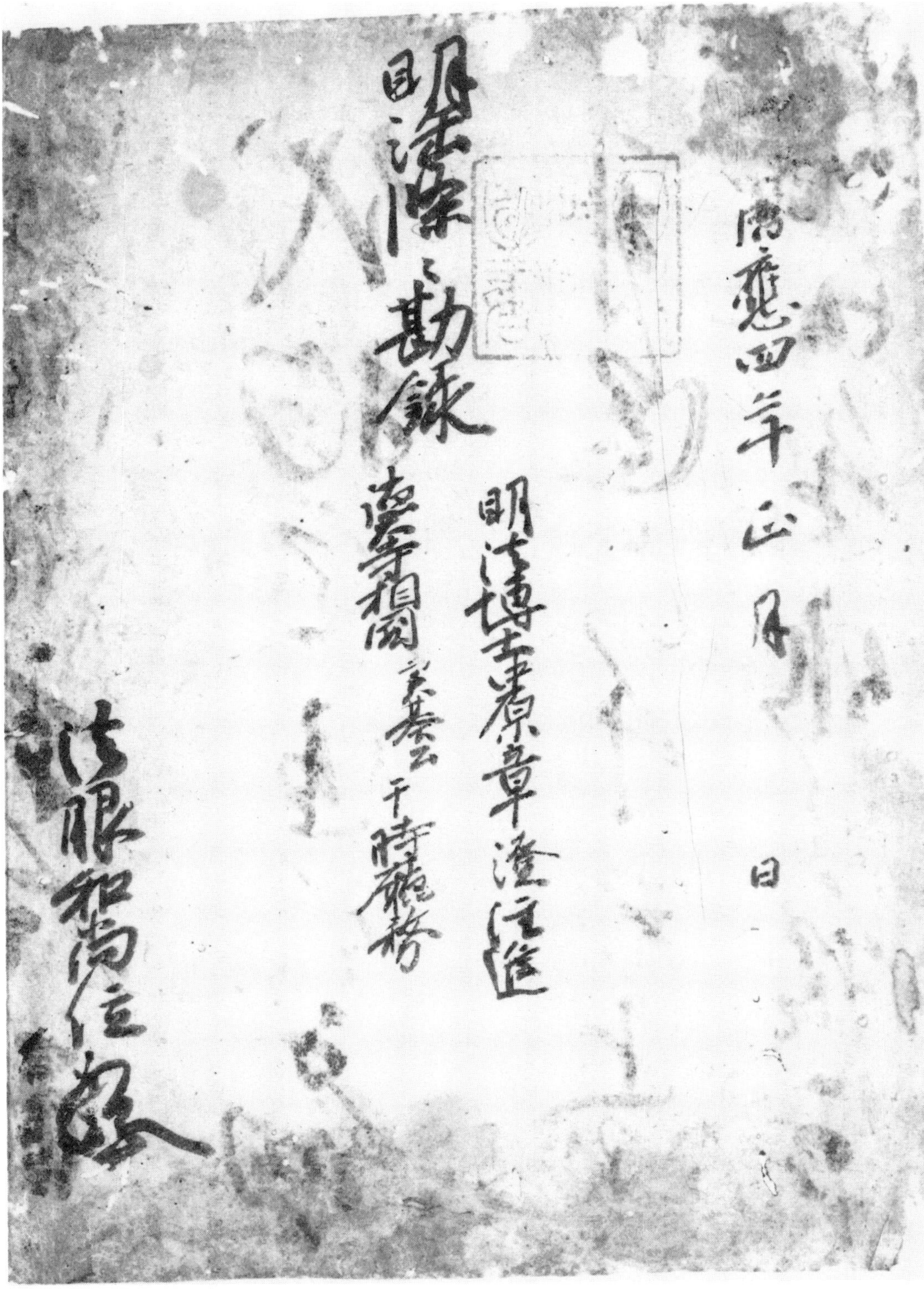
四年正月　日
明法條々勘録
明法博士中原章澄注進
法眼和尚位

被尋下條々

一　父母讓前後状事

就戸婚律疏者詞可用前状歟依子孫不

聴告言之文猶可用後状歟兩義之間以何

可謂叶正理哉　云々

右戸婚律云祖父〻〻在而子孫別籍異財者

徒二年疏云但云別籍不言令異財者明其無
罪
説者云問令子孫異財無罪未知既異之後更得
追還以不荅既異財後更追是所謂不義然則不
還以允義
就斷等文可用前状之由立申之條云其謂
二 件子細具載左

名例律云、八虐七曰不孝、注云、謂祖父母父母在、別籍
異財、疏云、謂祖父母父母在、子孫就養无方、出告反面、无
自専之道、而有異財別籍、情无至孝之心、名義以之
倶淪、情節於茲並弃、稽之典礼、罪悪難容、二
事既不相須、違者並當八虐、
附釋云、善事父母曰孝、既有違犯、是名不孝、
闘訟律云、祖父母〻〻縦許子孫、雖奢棄財、断不

得理許　又條云告祖父母々々者絞注云非謀叛以
上而故告者疏云父為子天有隠無犯如有違失
理須諫諍起敬起孝無令陥罪若有忘情棄礼
而故告者絞謀叛以上皆為不臣故子孫告亦無罪
若故告餘罪者父祖得同首例子孫處以絞刑
説者云祖父母々々雖侵犯子孫而不仍理許何者此
條無理許聴之文故後云孝経陳[諫]君文章注云起

孝子陥不義

闘訟律又云子孫違犯教令及供養有闕者徒二
年

疏者云謂告子孫之時尚得勿論故合宜者順行
而無罪皆是何者行即有徳等不可罪故

又云供養有闕物云甚多小遠近限不見但雖闕一
朝食而祖父母々々告即科徒罪耳

賊役令曰孝子順孫同籍悉免課役有誠精通感
者別加優賞者
如斯尓父者子孫別籍之罪當八虐徒刑告祖父
母父母科八虐絞罪也凡祖父母々々敺打子孫雖
奪財物依不可理訴可任父母意之條憲章明存
而戸婚律疏者云子孫異財後更追所謂不藉然

則不還以究義云〻執此一文以父祖悔改為非據以
子孫告言争處道理哉非法意之所及歟父之有
過則子必安裳諫見志而不從起敬起孝怡顔
色則復諫也父不從則號泣而從之終不使父陷
于不義云〻不從父而剰令告言棄其財豈叶
正理乎父祖縦雖有非據不可用子孫之告是被
告之父祖者同首法免科令告之子孫者可得

死罪之故也且戸婚律同居卑幼私用財條説云
若為家業專用者無罪但雖為家業父母不聽而
專用者科違犯教令之罪云々無父祖之聽者子孫
不可異財之由炳焉也加之孝子順孫悉免課役別
可加優賞之由令典已明有隱無犯即此儀也爭
優不孝之子孫禁父祖之行事哉然則教度雖
變改以後状可令受領哉

抑章職章國章兼等之祖師章直可尽前
讓々申書誓状籠北野社壇畢仍章職等同
立申趣云々　件章直者章澄々曾祖〔父〕定明
法博士章貞々弟子也而遠受業々師傳并
律令々正文俊八虎之子孫可禁凡〔父〕祖々行事
々申書誓状籠了　天満天神廟前々條不可有何

並於明法博士闕者之時彼章直雖為理禁

範居之間以弟子章重依被補任忽燒亭書籍

即兵前途爭旋不可論親模之例者哉

一 和与他人敗訴之族文書者稱不論事敗聽[illegible]

此會釋依何文自何比来哉此說先叶和与

文意否就之有両様之雖若聽悔還者哉

二終焉蒙昧之刻乞索驕踊ゝ讓状誘取
文書有欲破前状輩者恐有背賊之本意歟
又不聴憐愍者得一与状之後忌和与本意
有違背賊之ゝ輩者為根處ゝ基歟此両
誰以何可為宣哉云ゝ
古名例律云取与不和并乞索之贓並還主

疏云強乞索和乞索得罪雖殊贓合還主権
並者往取与不和以下並徴還主
政事要略云問与人贓物若可悔返哉答云不
贓物之類惣任贓主之意但志与他人之後専
無返領之理已上問答其理如此皆是通規敢非
新案者

七

戴之旨、和与物不可悔還之條者勿論、而就
本證文書積不讓畢之財可悔還事不存知
者也、所領田園之類、或割分讓之、或財主一期
之間依可被所勞、無左右不渡本券事間有之、
然而以一与之状可為永代之験、輙不可變改之
理、但与者遺物譲之詞、受者有違犯之儀者、尋
財主之本意可被糺定歟、

一雖違法養子無子者可聴否事
右條雖制之先達或聴之以何可相叶時宜哉云々
右戸婚律云養子所養父母無子而捨去徒一年其
遺棄小児年三以下雖異姓聴収養即従其姓
戸令云無子者聴養四等以上親於昭穆合者即
經本属除附者

八

違法養子事、設制之條令典已明、雖須改
亡姓命将絶、故為令継家業、令收養之條、雖
異姓有何事哉、（異姓九字本ニテ入之）無而許否、可在時宜歟、執憲
履縄、豈從折中之故也、

一 辭遣養子財養（父）文可追還否事
一 旦雖出父子之契、幼其礼隷遠、殊不異他人、
雖如此之養子、猶可有父母之義否事、云々

右戸令云子除説者云文（父）昭子穆也其養子者為
嫡子聴當所并得嫡子位
儀制令云其養子之父母及妻妾者不得復為夫
之父母及子婦
雑令云家長在而子孫弟姪等不得輙以奴婢雑
畜田宅及餘財物私自質及賣者
然々案之養父者一等々尊等也養子者一等々

九

継也至孝之心不異實子者歟然者養子妻亦
傳遺跡〻妻子者養父雖疎遠盡進退其財
哉
一堪書者平生讓状令書他人財主加判形許
状事
校出類判可用捨否總判雖相似猶可依
衆證歟云〻

右喪葬令身喪戸絶無親條義解云謂證驗不
相須也言雖無證人而亡人署記是驗據雖署
記不在證人分明者並不用此令者
亡人判取物盤者如雖不用正簿可謂是驗據
欲若有疑者可被用衆證歟

一 文（父）母讓状依病勞危急之時文字不詳状事

依衆證可用歟、證人不分明者如何云々

右、筆跡雖不相似、尋常之時書為賊主自筆

者、猶可謂物無之讓状歟

一不解書凡卑輩處分状加異樣判形可用否

事

右、戸令云、若不解書者、畫指為記者

先賢已用其證、後愚無乎疑、其文

一不炳然處分状若准未分財依令可分否事
若雖可分賤主戸絶無親類文（父）母如何 云々
右處分不炳（炳）然者准未分之財任令條可作分法
之條分論於戸絶無親者以其賤可令營書功德者
家人奴婢者皆可従良也
一戸絶無親類并文（父）母之遺賤事
任令營書功德時宜不可有煩否 云々

十二

右子細同先條

一 户絶子孫賎祖父母ゝゝ可返領否事

喪葬令謂者可謂存亡二義歟然者可用何説

哉云ゝ

右子孫賎物父祖猶返也何況於一無浮分之親乎

然者父母可無妨于返領歟

一略記者一事歟二事歟事
右獄令云、告言人罪條云、受辞官人於審後略記
喪葬令云、身喪戸絶云、親條義解云、亡人略記遺
應驗擬云、戸令云、七出條云、夫手書棄之与尊
屬近親署者
如此等文者、若事二事、或略之名記之、録之故

十三

也

一不孝子預父母遺財否事

近来世俗、以義絶稱不孝與義絶者不可

預遺財否父母雖不義絶行不孝之子孫不可

預遺財否云々

右父母已令不孝之子不可預遺財之條者勿論

父母雖不義絶不孝子孫不可預遺財否事如何

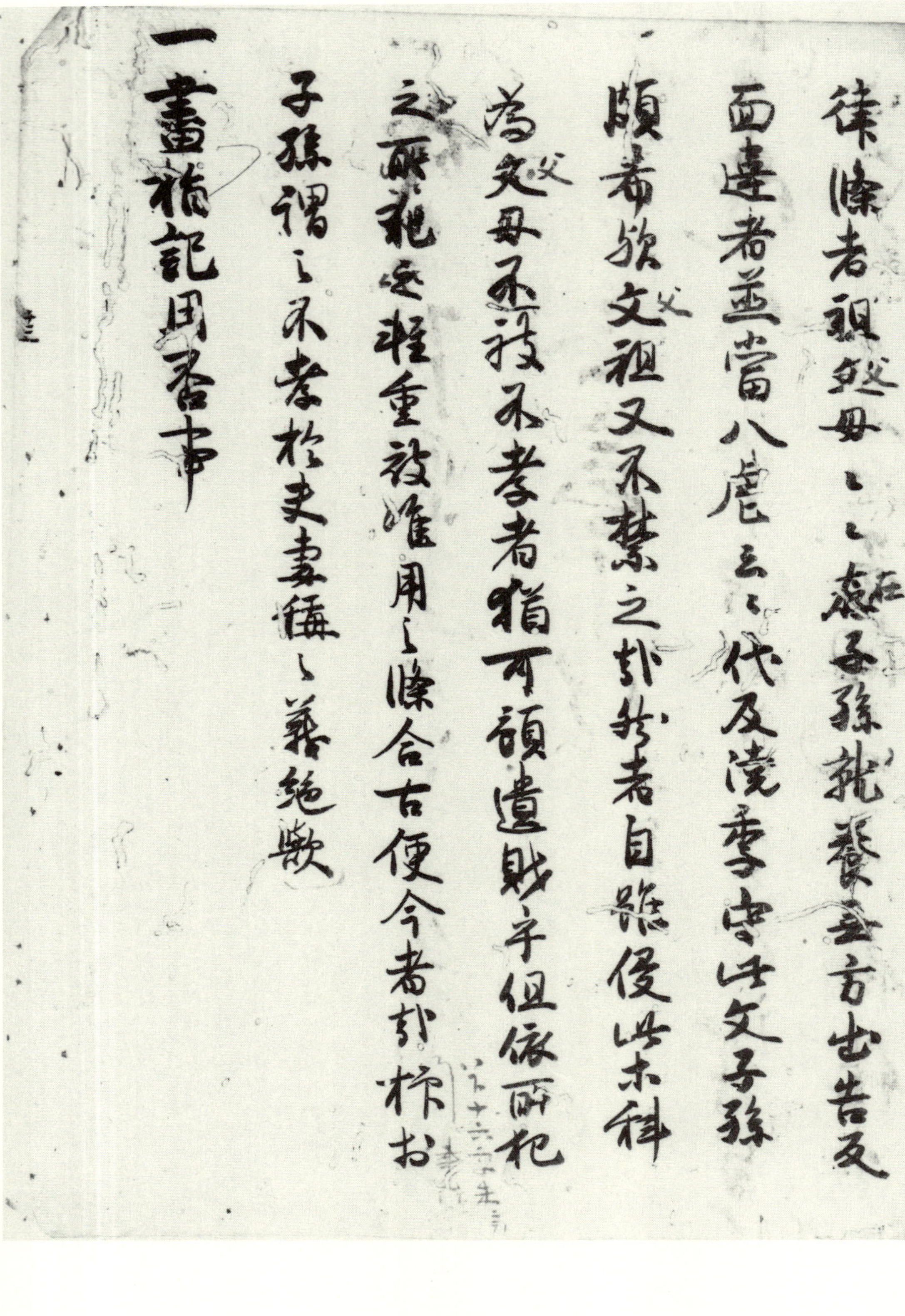
律條者祖父母〻〻在子孫就養無方出告反
面違者並當八虐云〻代及澆季守此文子孫
頗希歟父祖又不禁之歟然者自然優恕科
為父母不致不孝者猶可顧遺賊乎但依所犯
之所犯輕重致唯用〻條合古便今者哉
子孫謂〻不孝於夫妻稱〻義絶歟
一 畫指記用否事

无衆證者猶不可用否云々
右本文載右畢叙用之處誰貽疑殆乎
一可聴寡婦養子否事
　云條雖不聴之當時宜可聴否云々
右戸令云寡妻獨不能自存令近親収養義解云五
十以上而无夫為寡六十以上而无子為獨也
疏云子謂男子也有女子无男者与寡妻故也者

寡婦既可立養子僧尼猶以有弟子准據之
處盡許養子哉執憲履繩務從折中之故也

一以僧爲吏可聴否事
准令義解文可聴之由先達式判之可依用
否乎之

右戸令應分條義解云僧尼嫁娶私畜財物並
是破戒法犯惡章

戸婚律云犯義絶者離之　疏云夫妻義合義
絶則離
又條云違律為婚當條稱離之正之者雖會赦
猶離之正之定
釋云同類積離之異類積正之
戸令又條云先姧後娶為妻妾雖會赦猶離之
者

僧尼嫁娶犯法違義典憲不容罪設還俗離
之科更無可用夫之理乎

一償券田地事
物主者依格制不頽々借人者返償遅怠者物
主無所憑擬質物返償之程物主暫是知行之
返償々時計入所取之土貢如何云々

右天平勝寶三年九月四日格云禁断出擧財
物以宅地園圃爲質事右〻自今以後皆悉禁
断若有先日約契者雖至償期猶任住居稍令
酬償者許之案之（四字朱）本主猶領彼田地稍可令酬償
其償錢數雖令云家資盡者役身折酬云〻
准的此令物主暫知行之迄償之時討入取之
去貢条自什三典〻義須絶兩人〻懸歟

以前十六箇条愚意所存右検注進言上如件

文永四年八月廿二日

明法博士中原朝臣章澄

此勘早〔草に〕者以章夏朝臣所持本令書写

者也是則文章章澄朝臣勘案正本也依有所

不堪能雖拙筆殊凝自筆之所校因

来葉了柳陰大幸相国　實基公　廳務

之時、執政殿下勘進之、依之被下請
官之処、皆悉加一同署名之、隠来代雑
人可令違犯乱
文保元年八月上旬於勢州北畠旅宿書写畢、即為之
課両家之御書写之、不顧識浅才庸之嘲

一 奥了

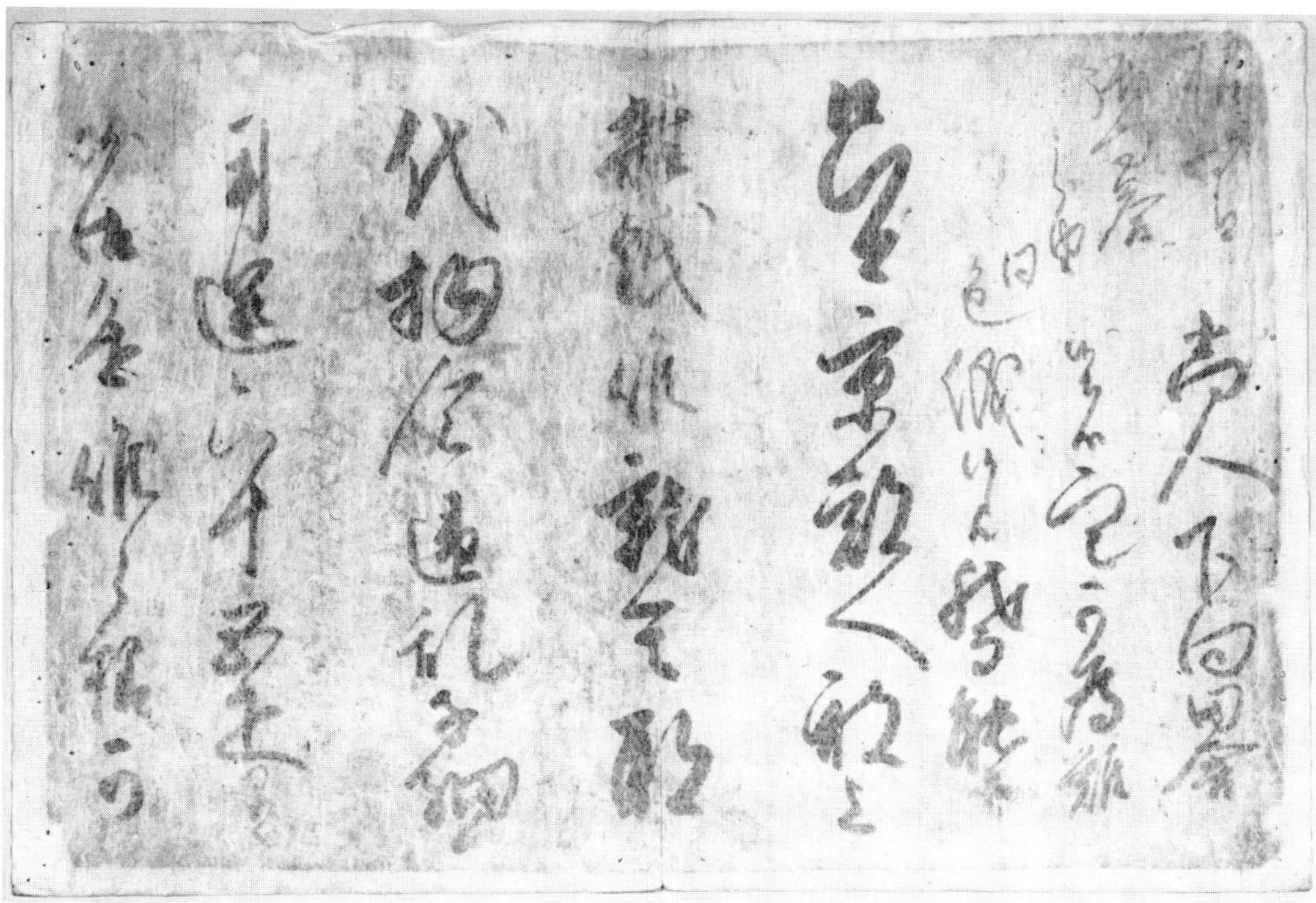

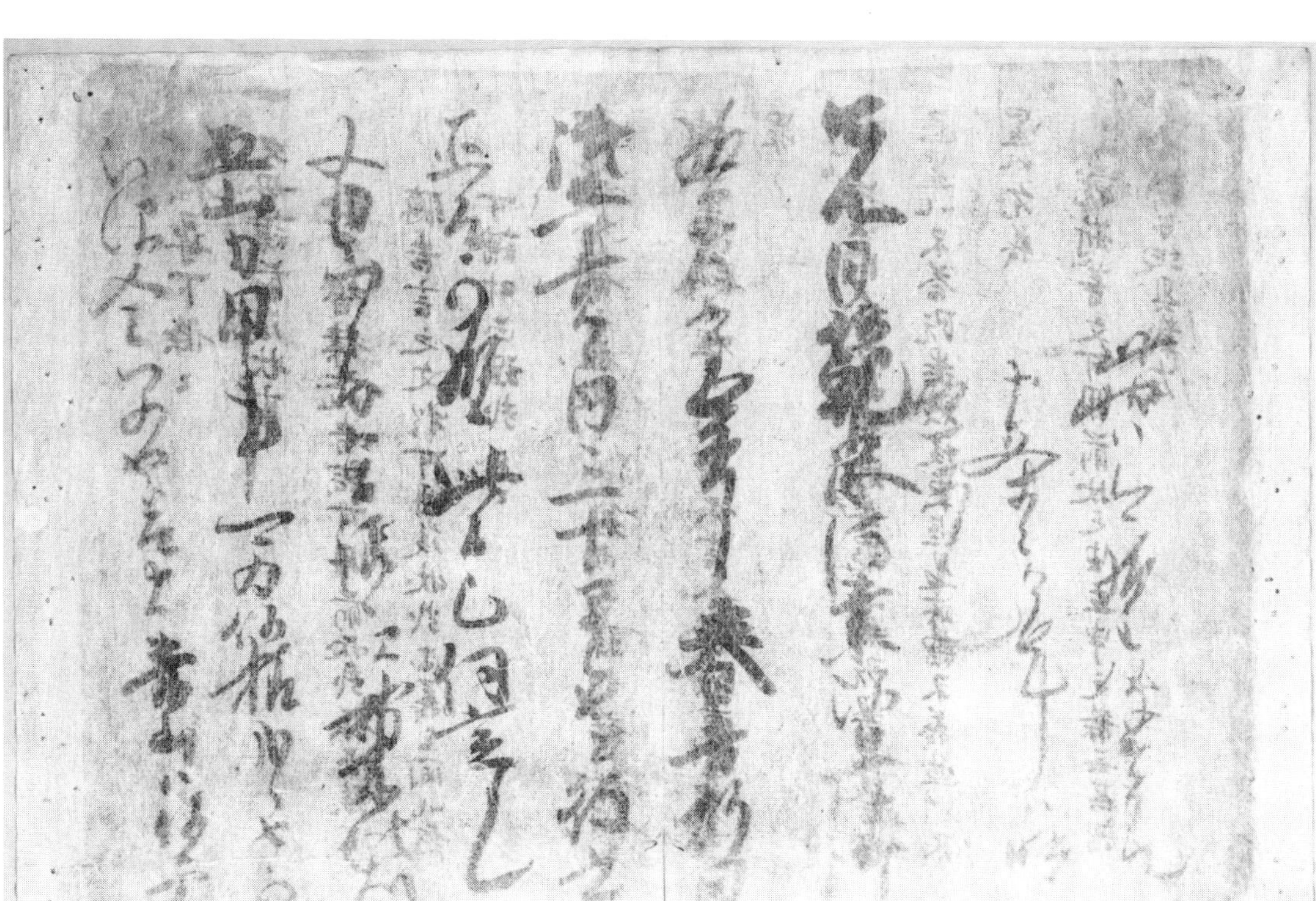

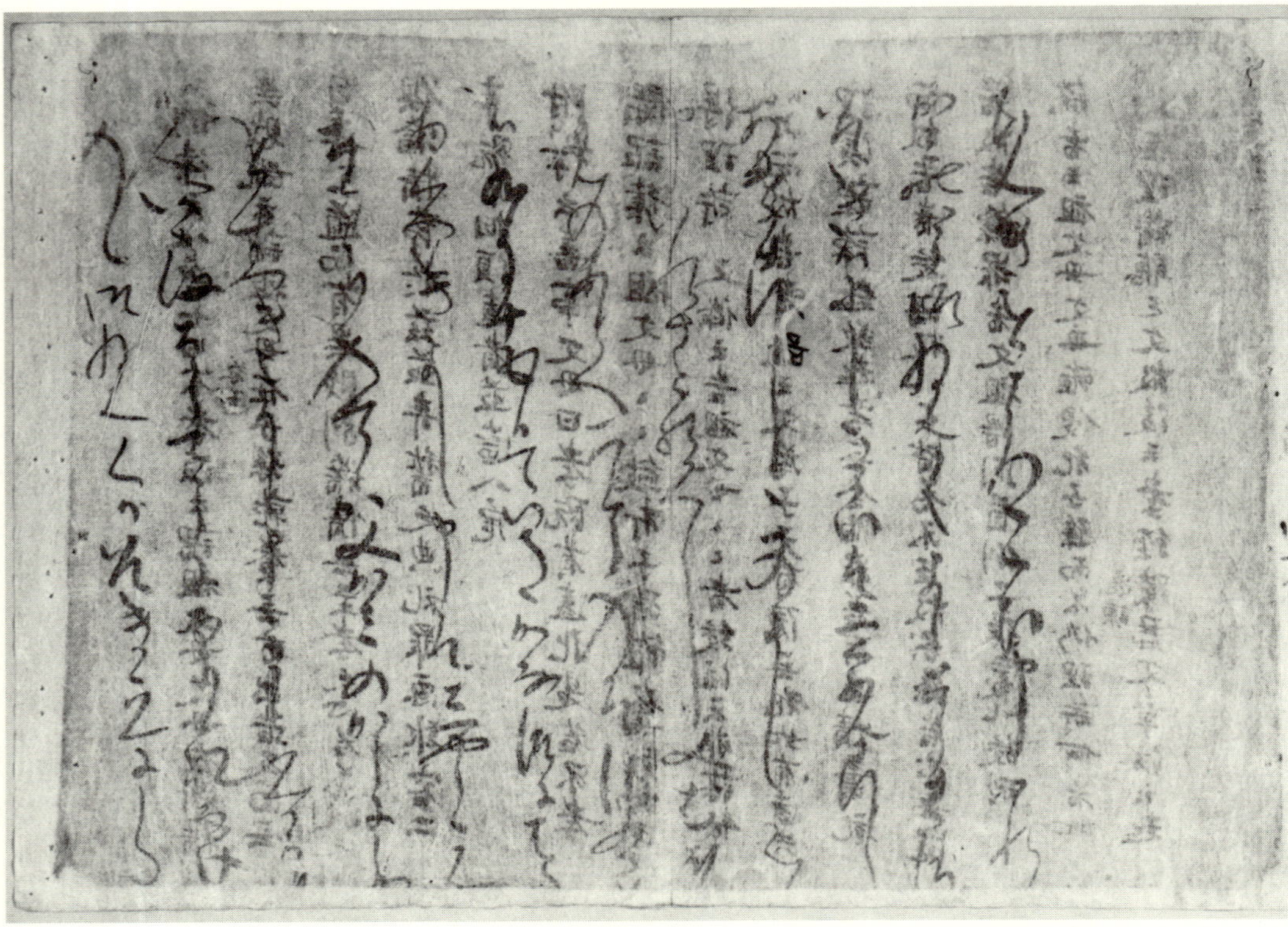

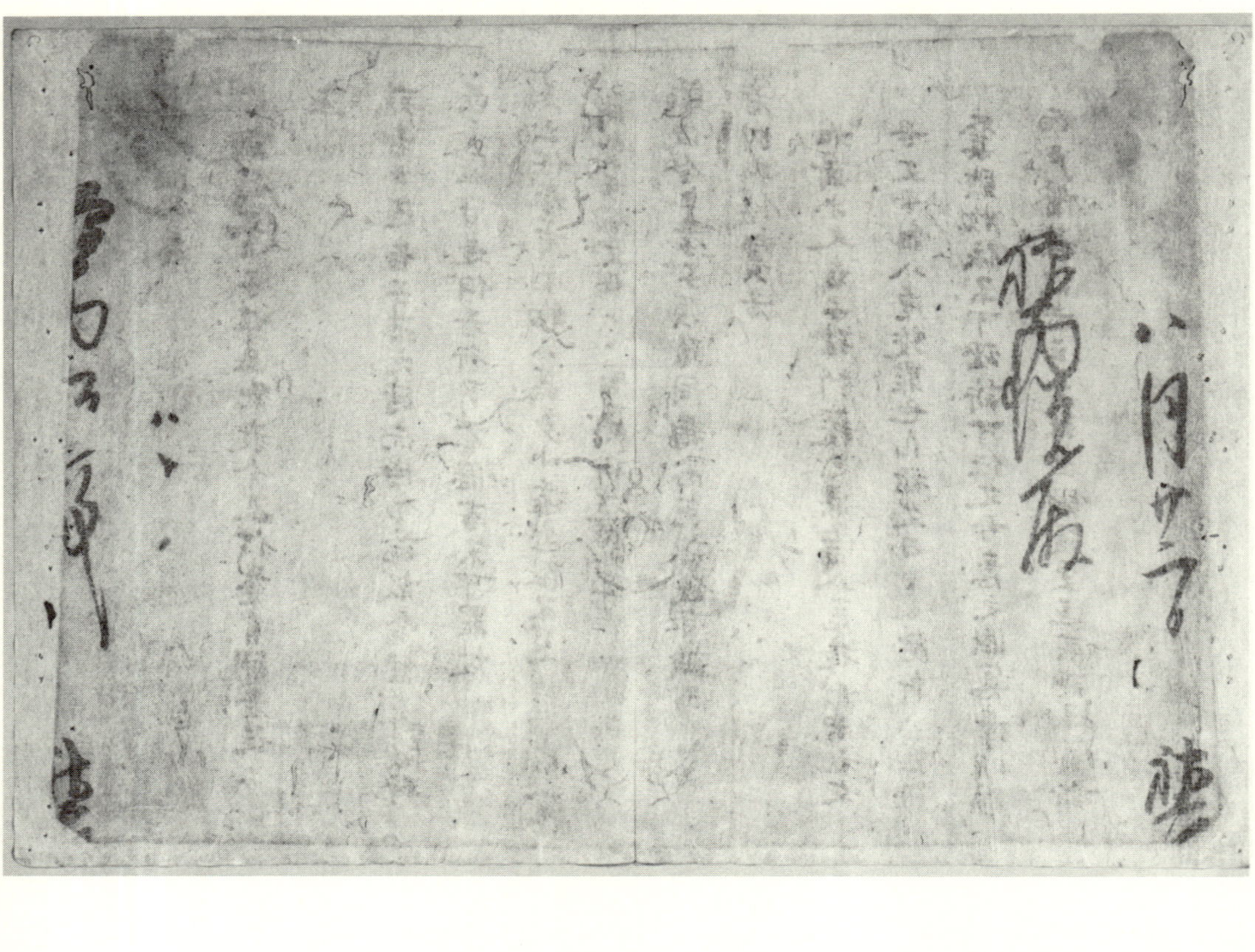

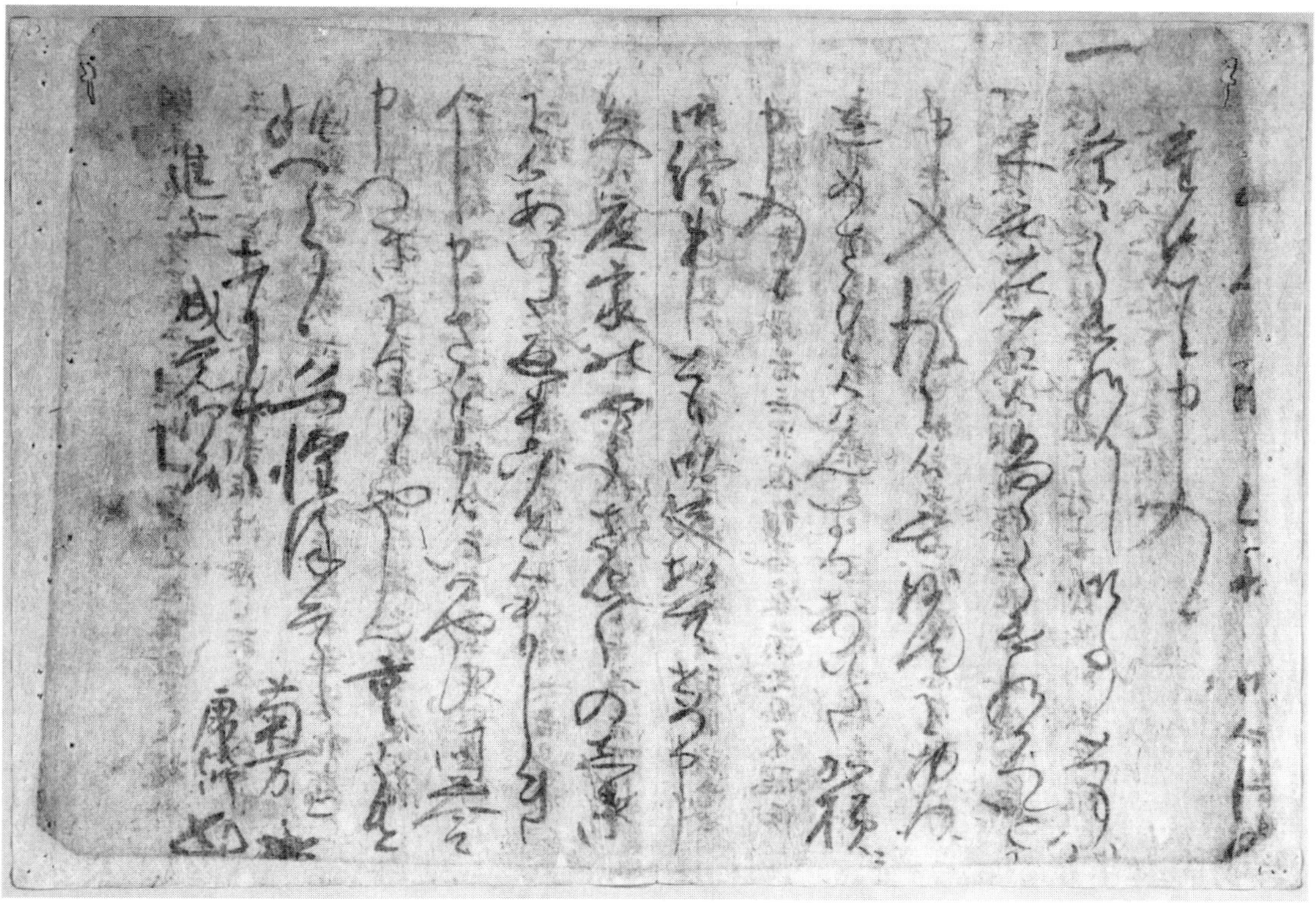

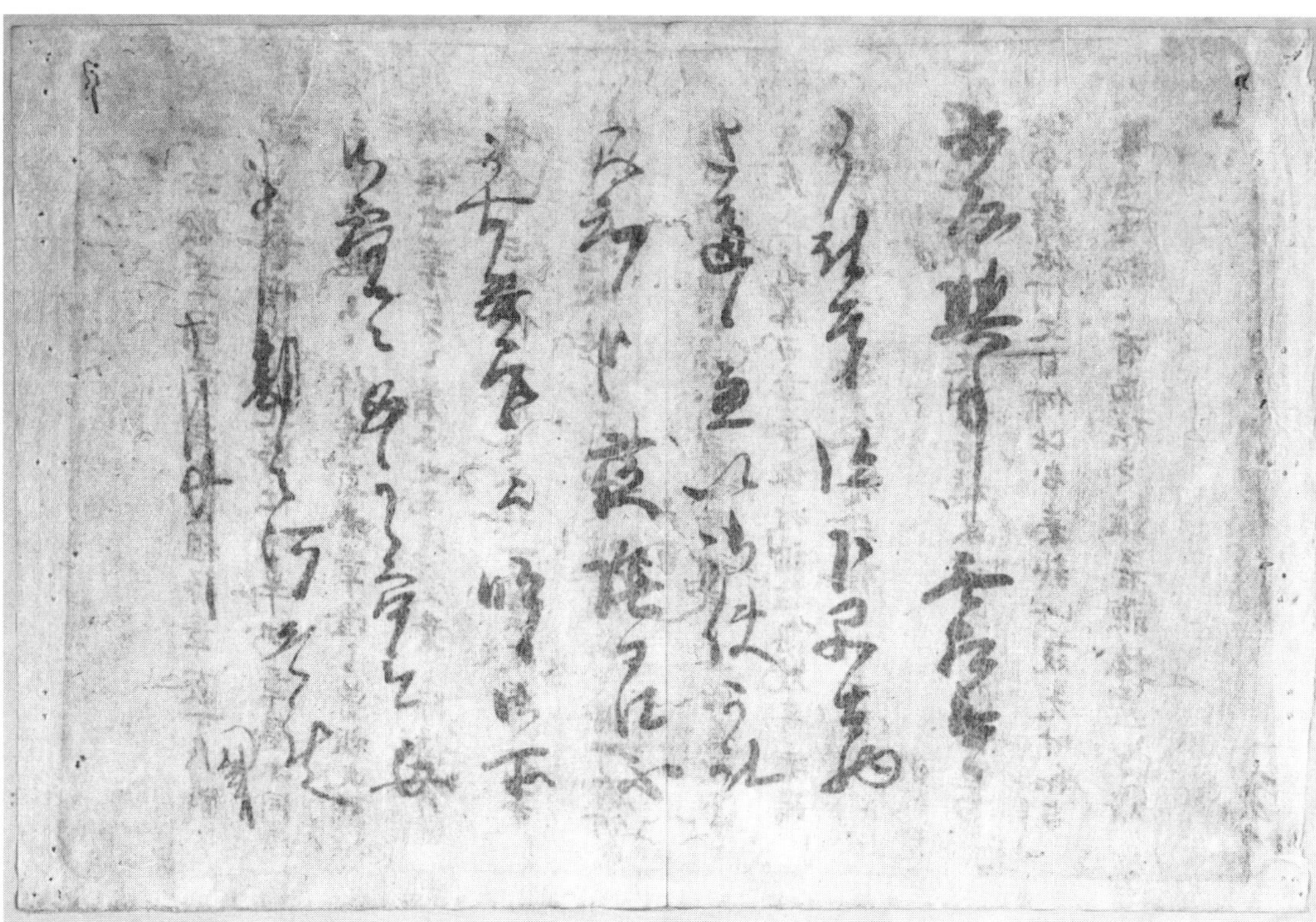

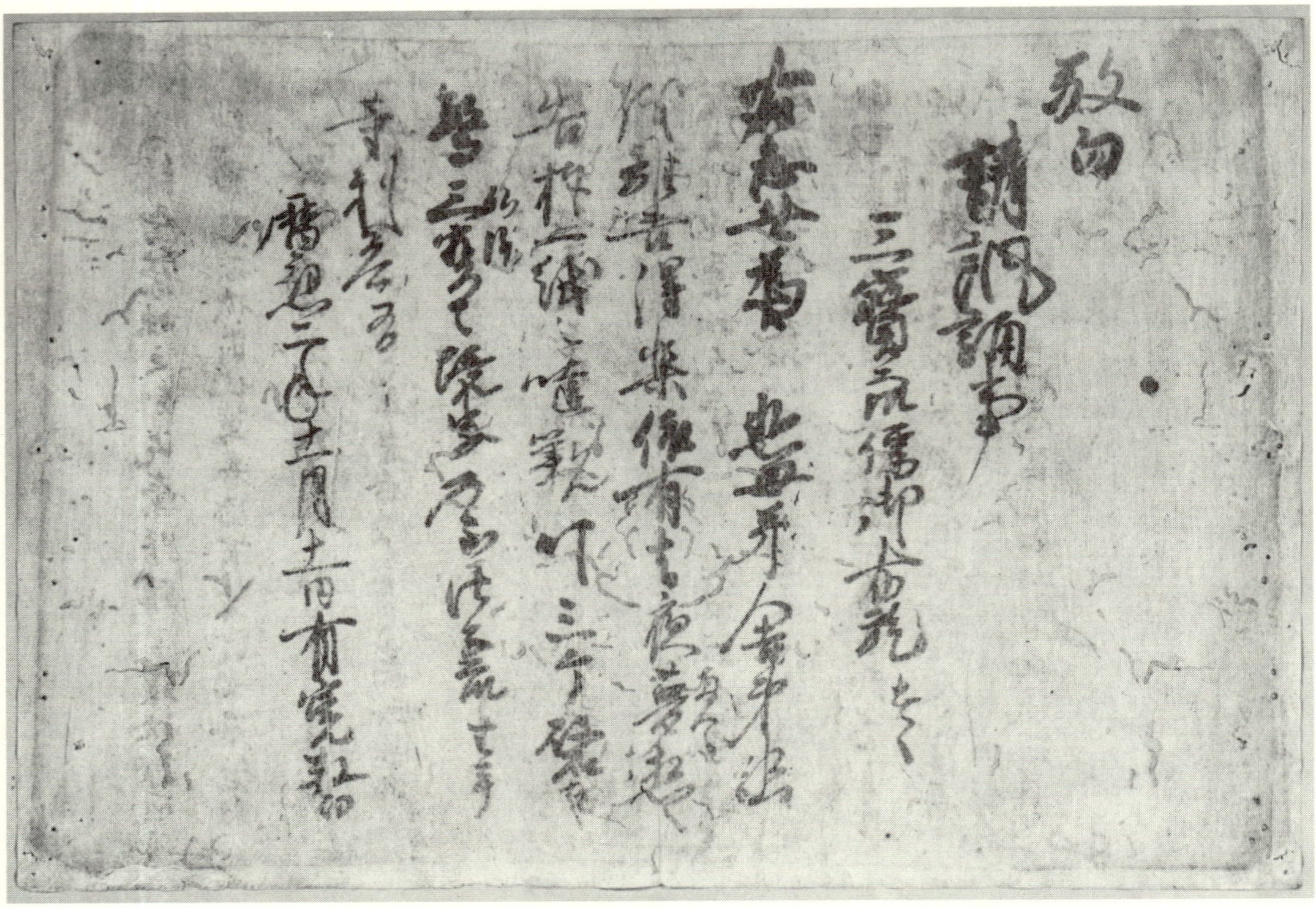

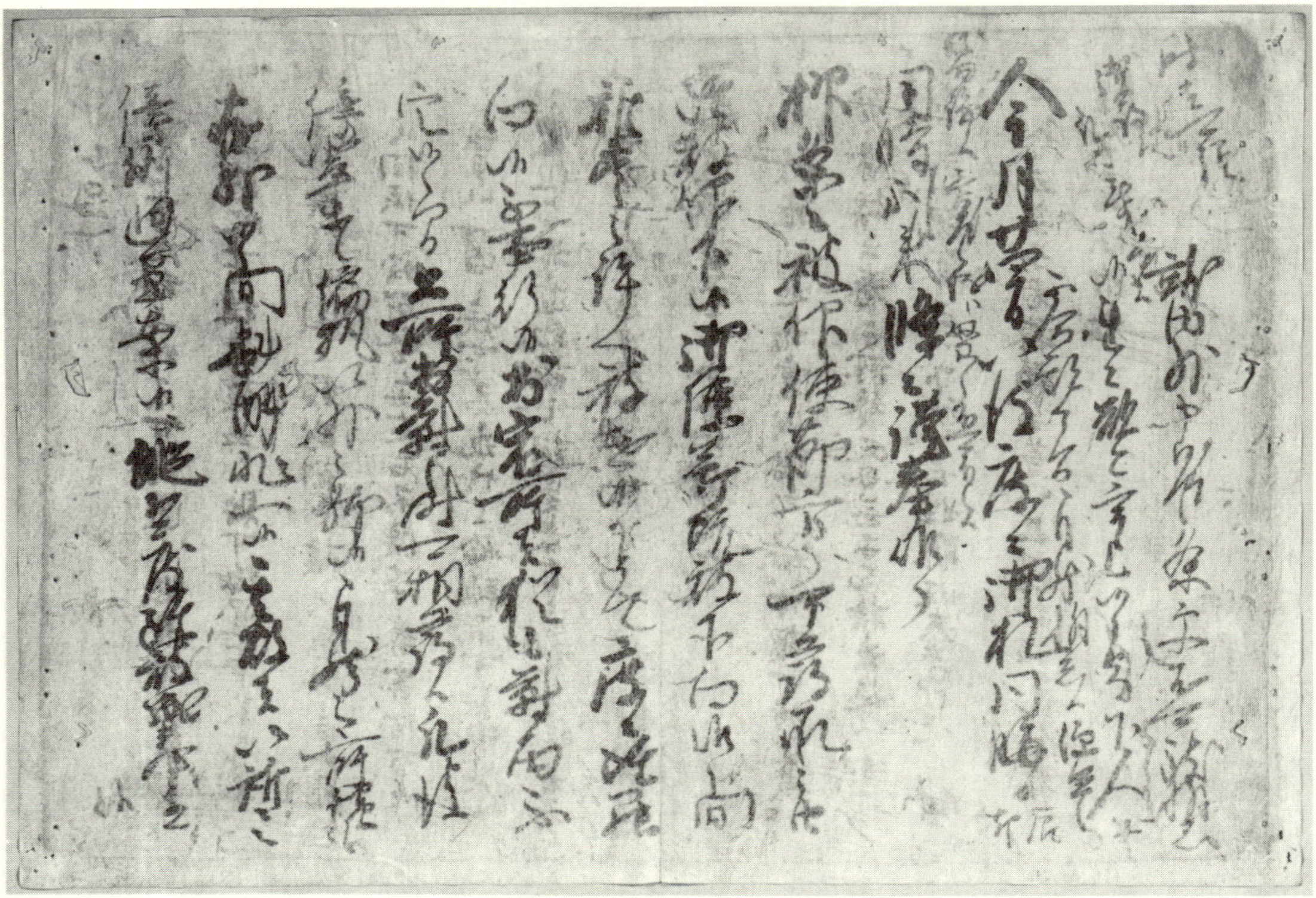

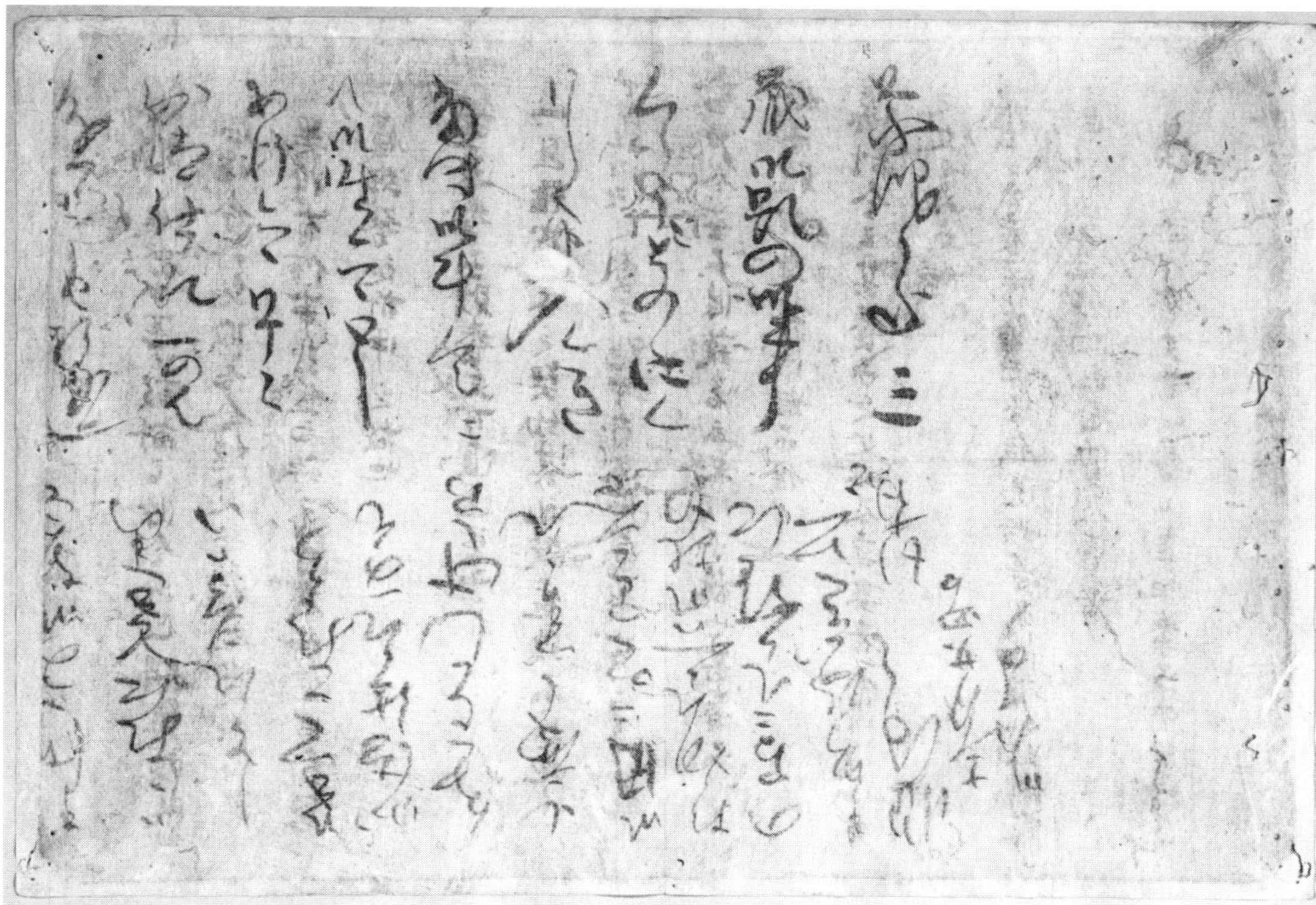

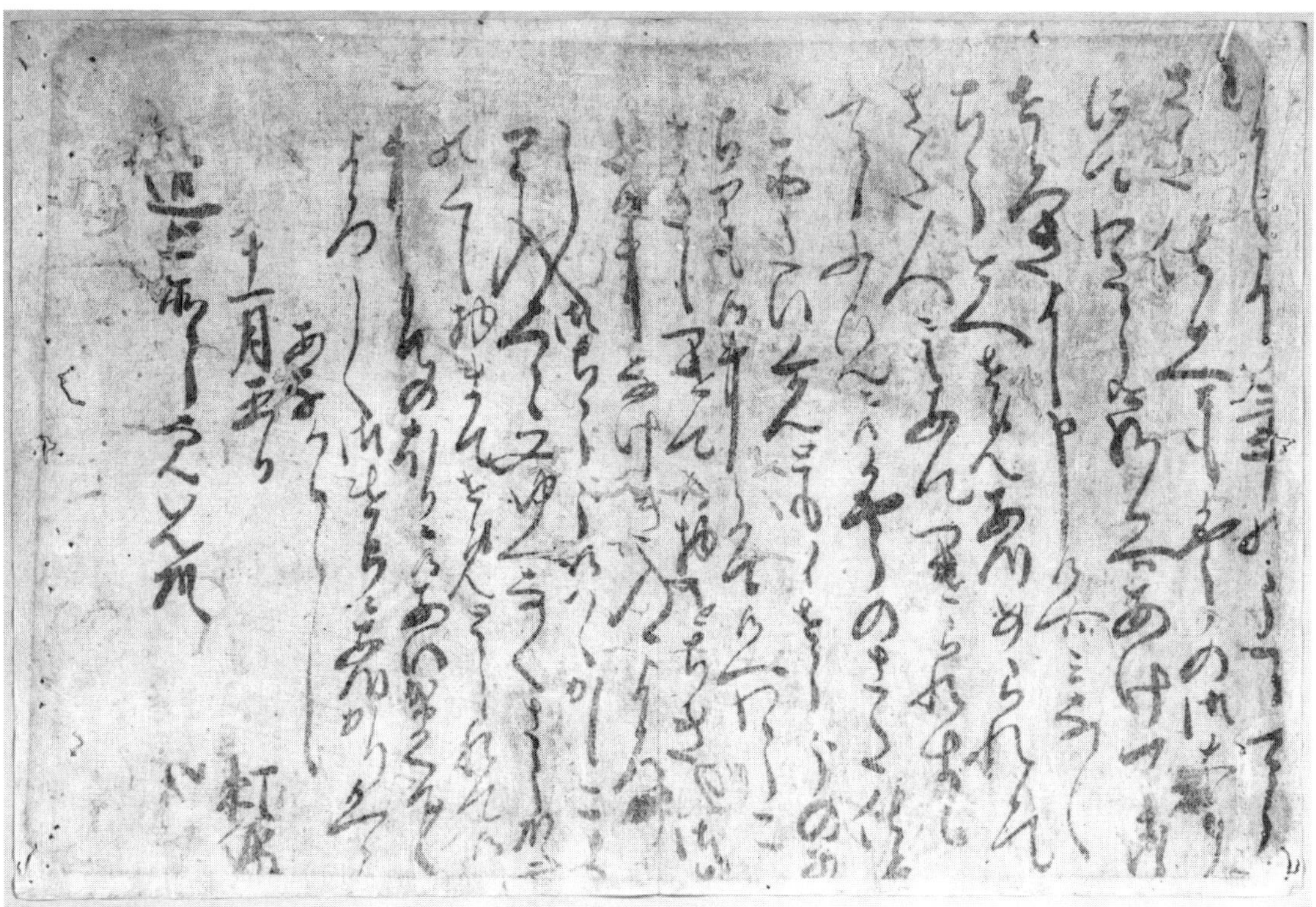

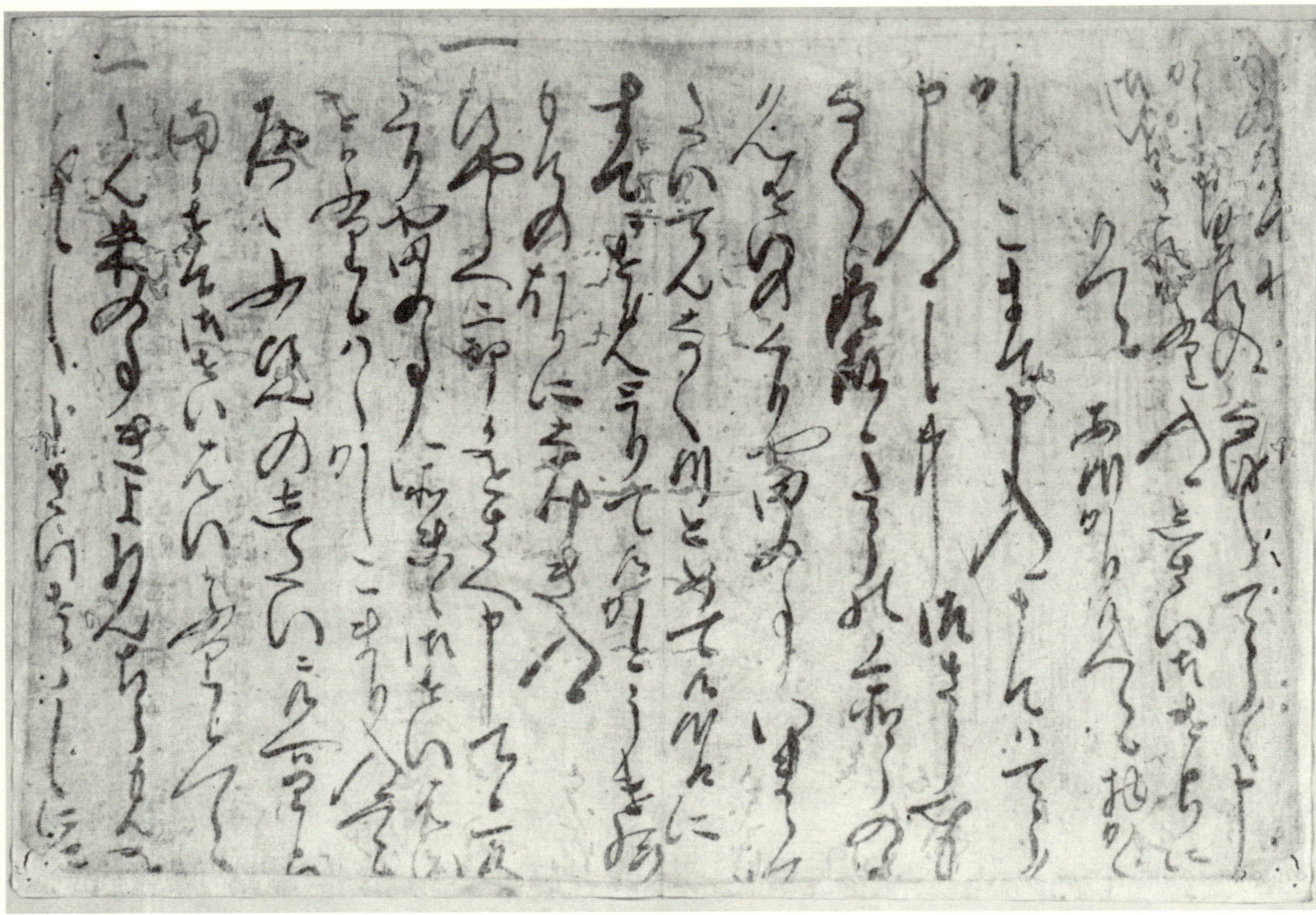

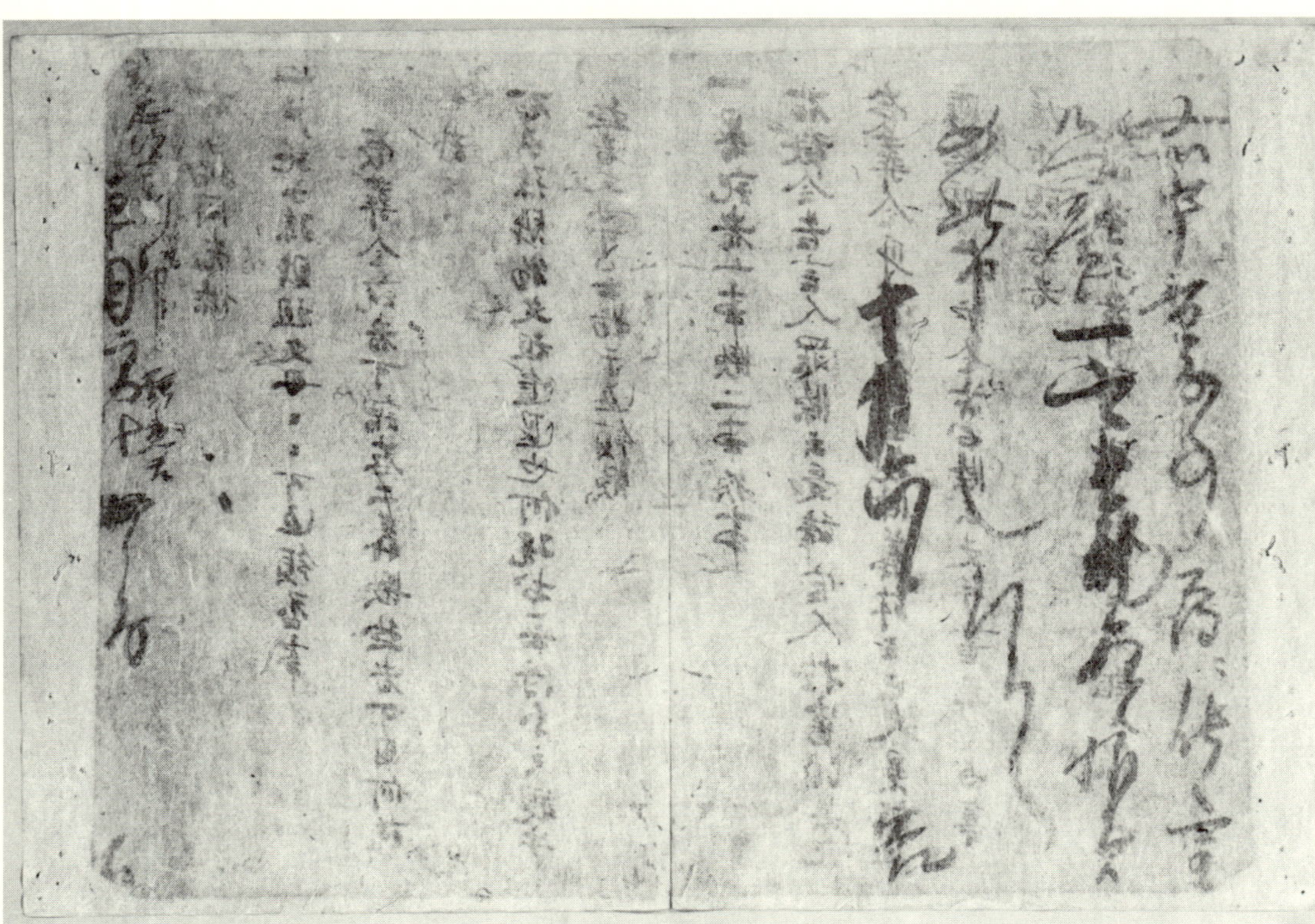

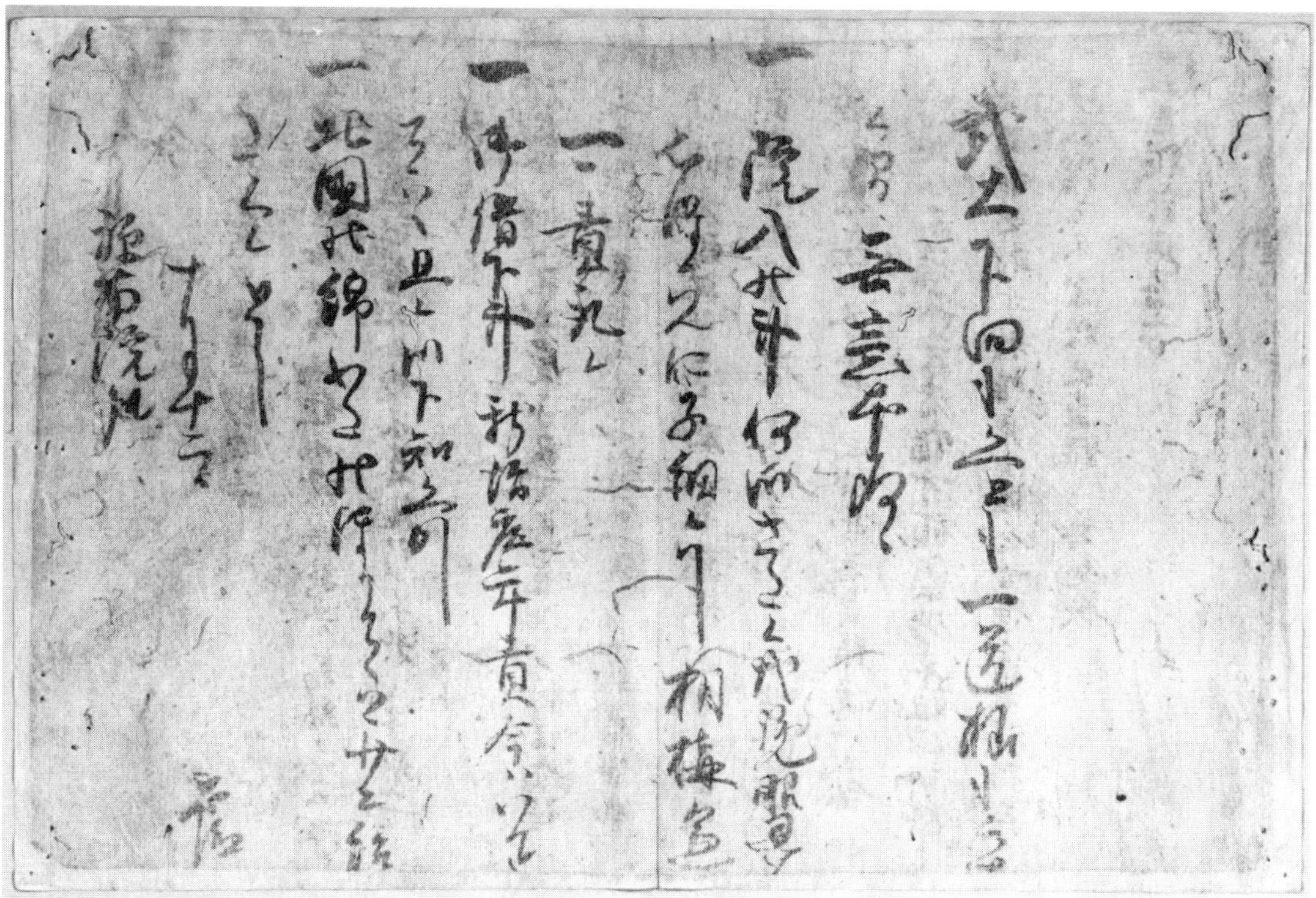

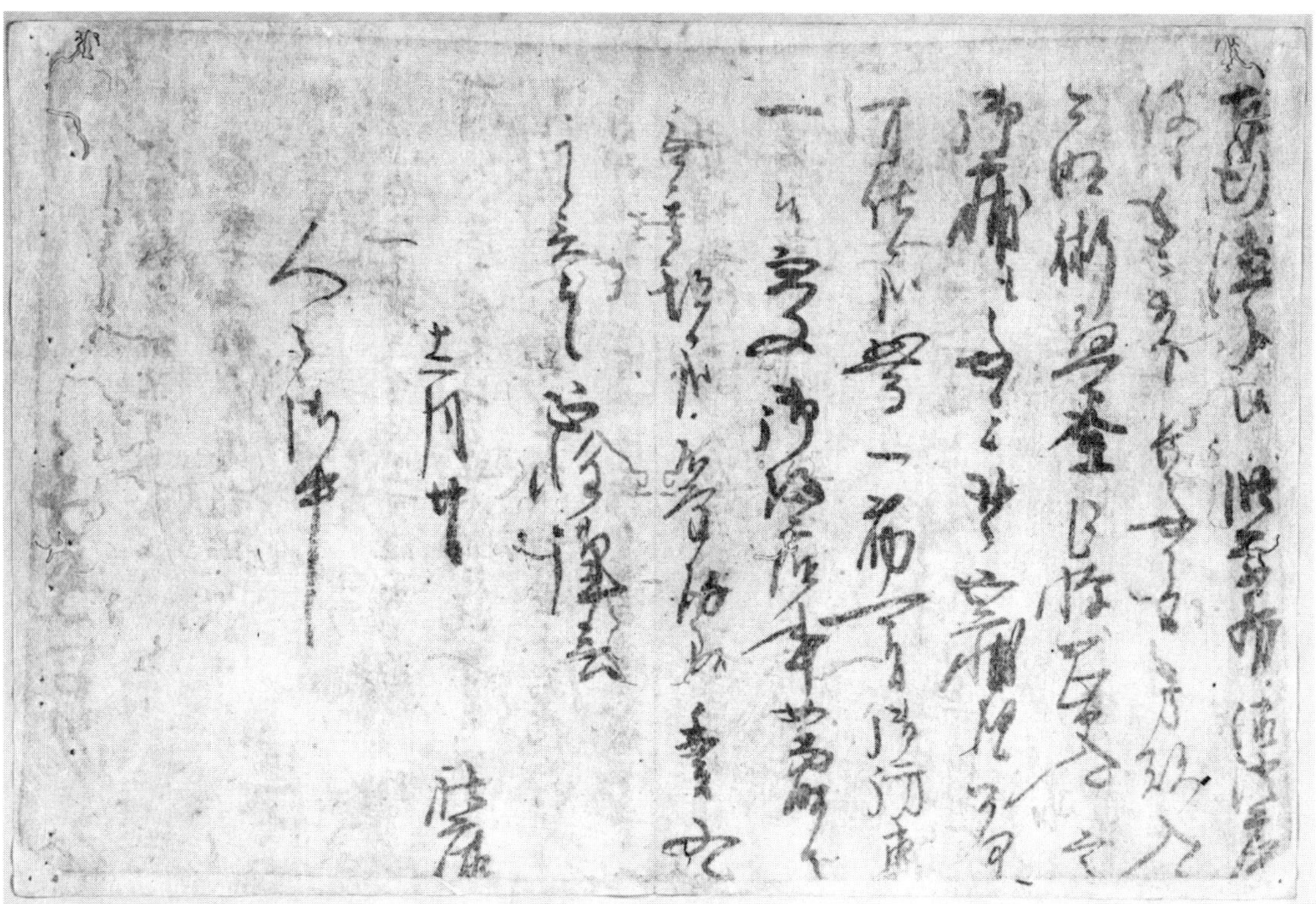

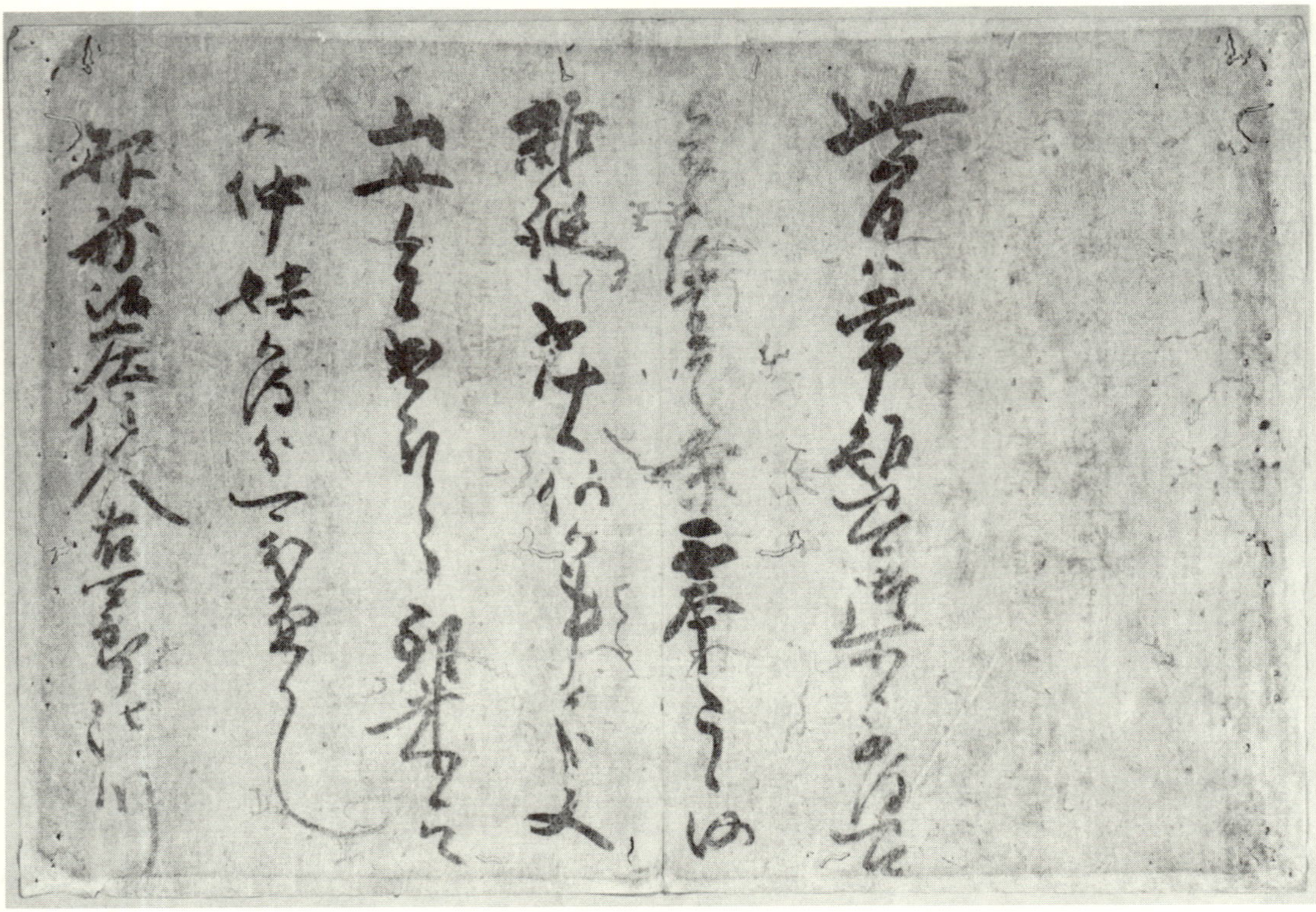

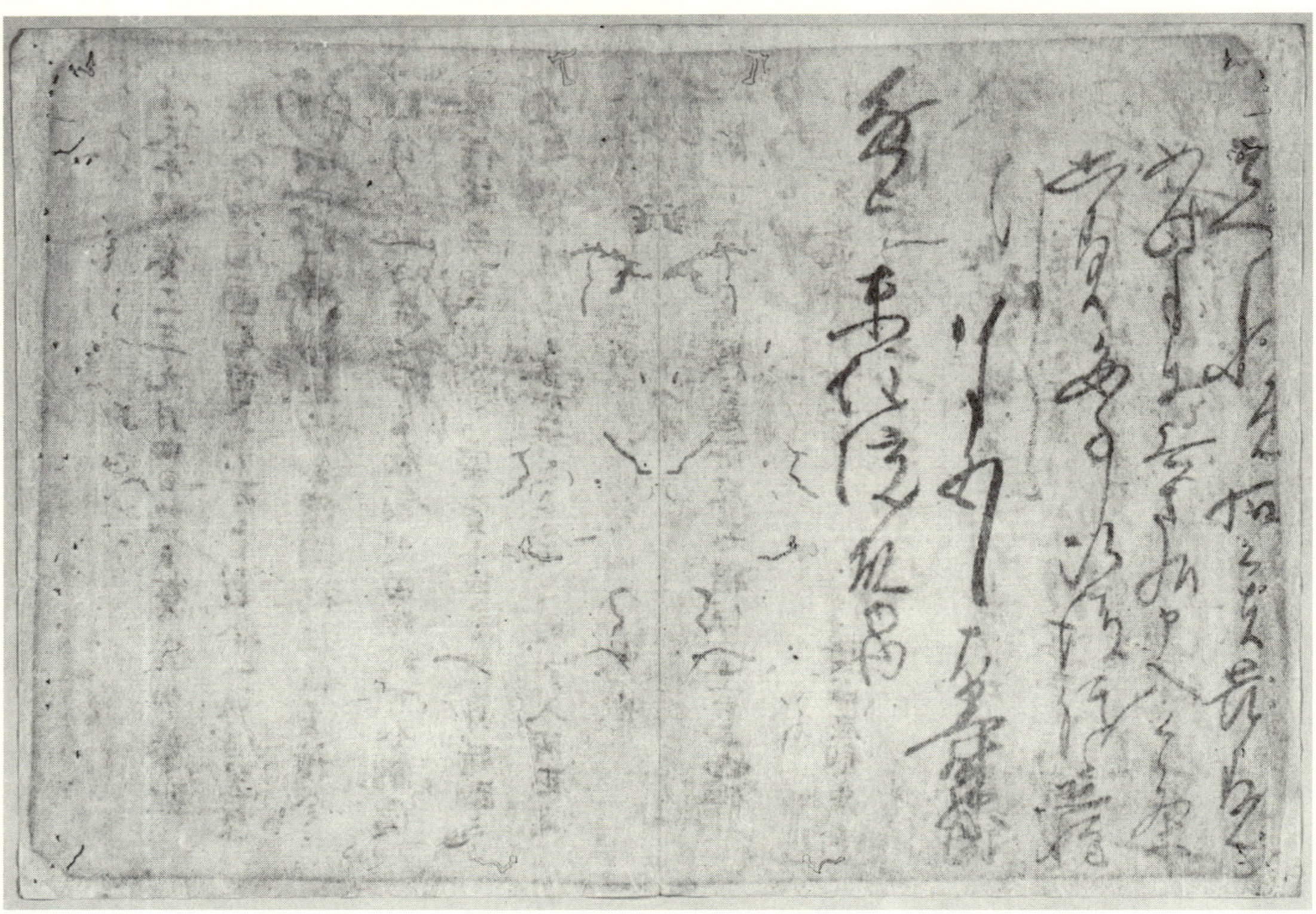

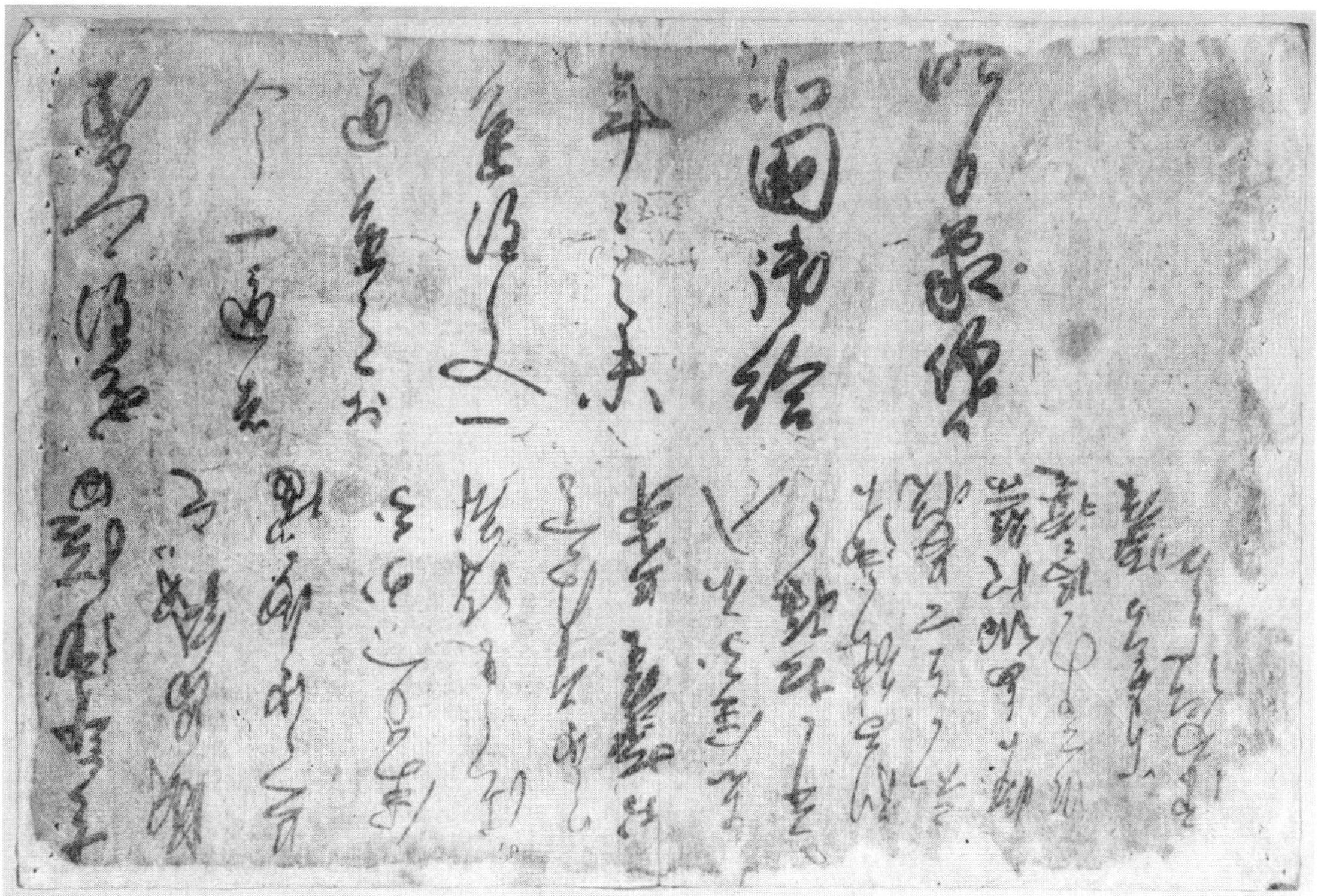

公家新制四十一箇条

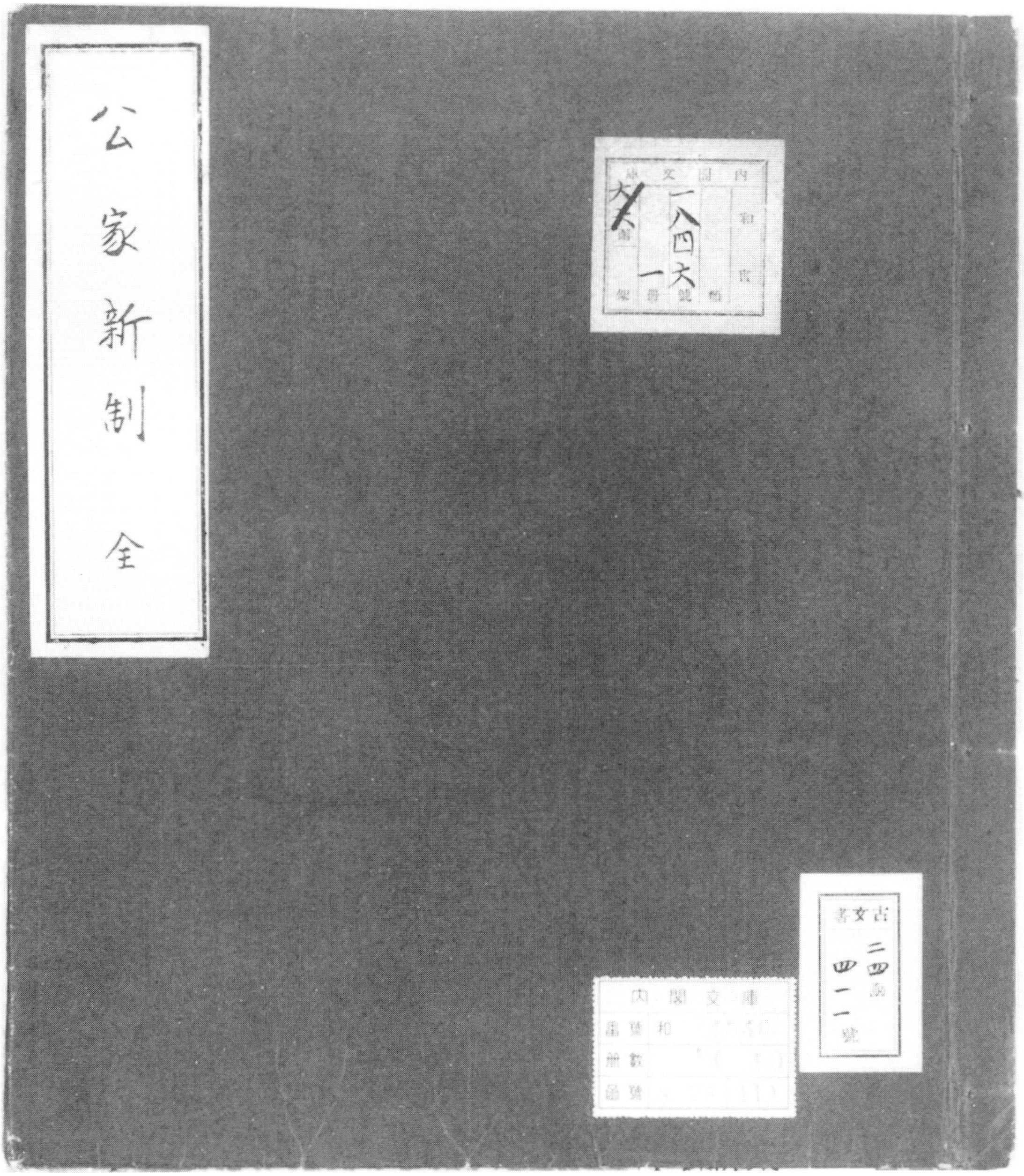
公家新制　全
内閣文庫
古文書

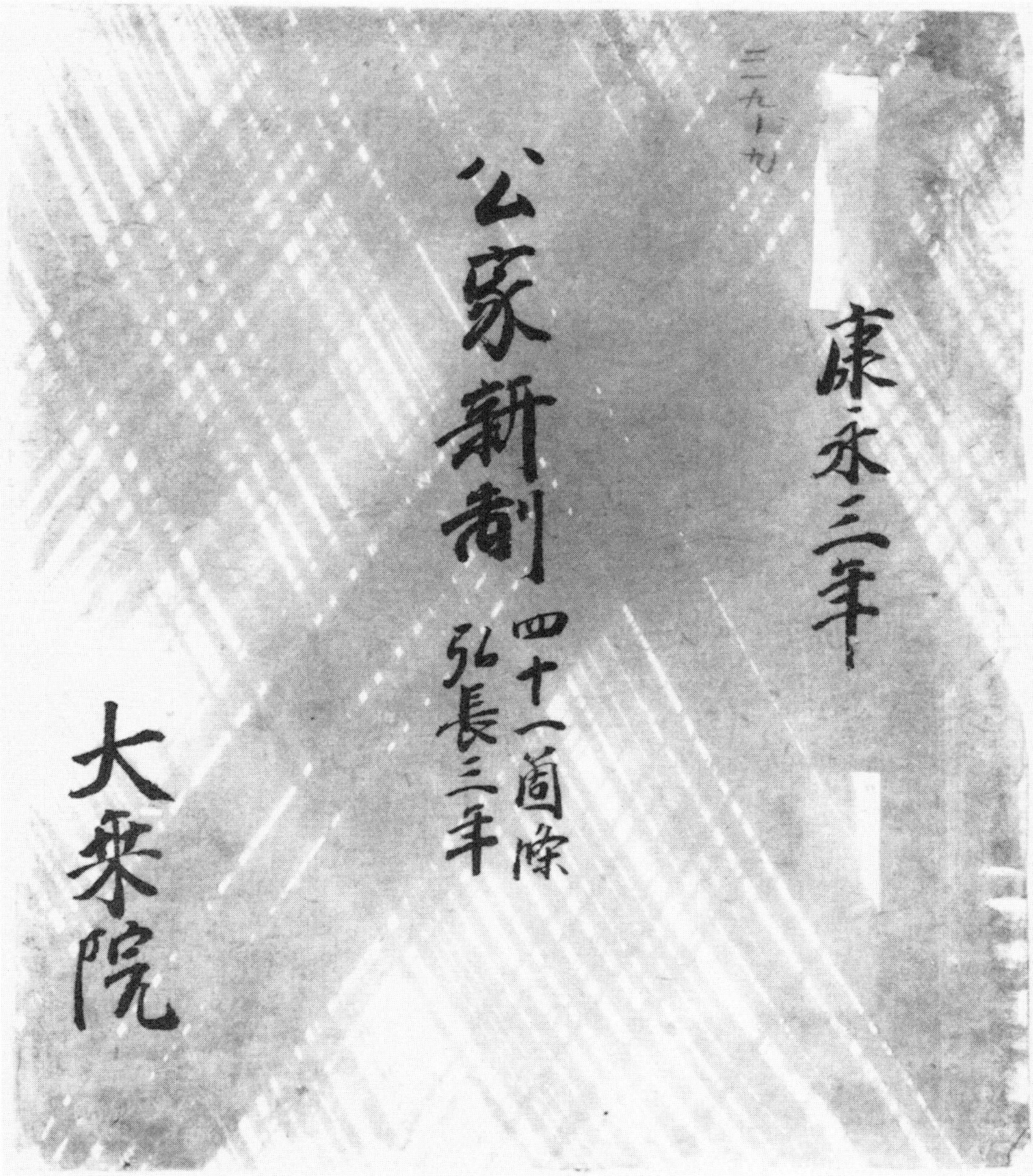
康永三年
公家新制
四十一箇條
弘長三年
大乗院

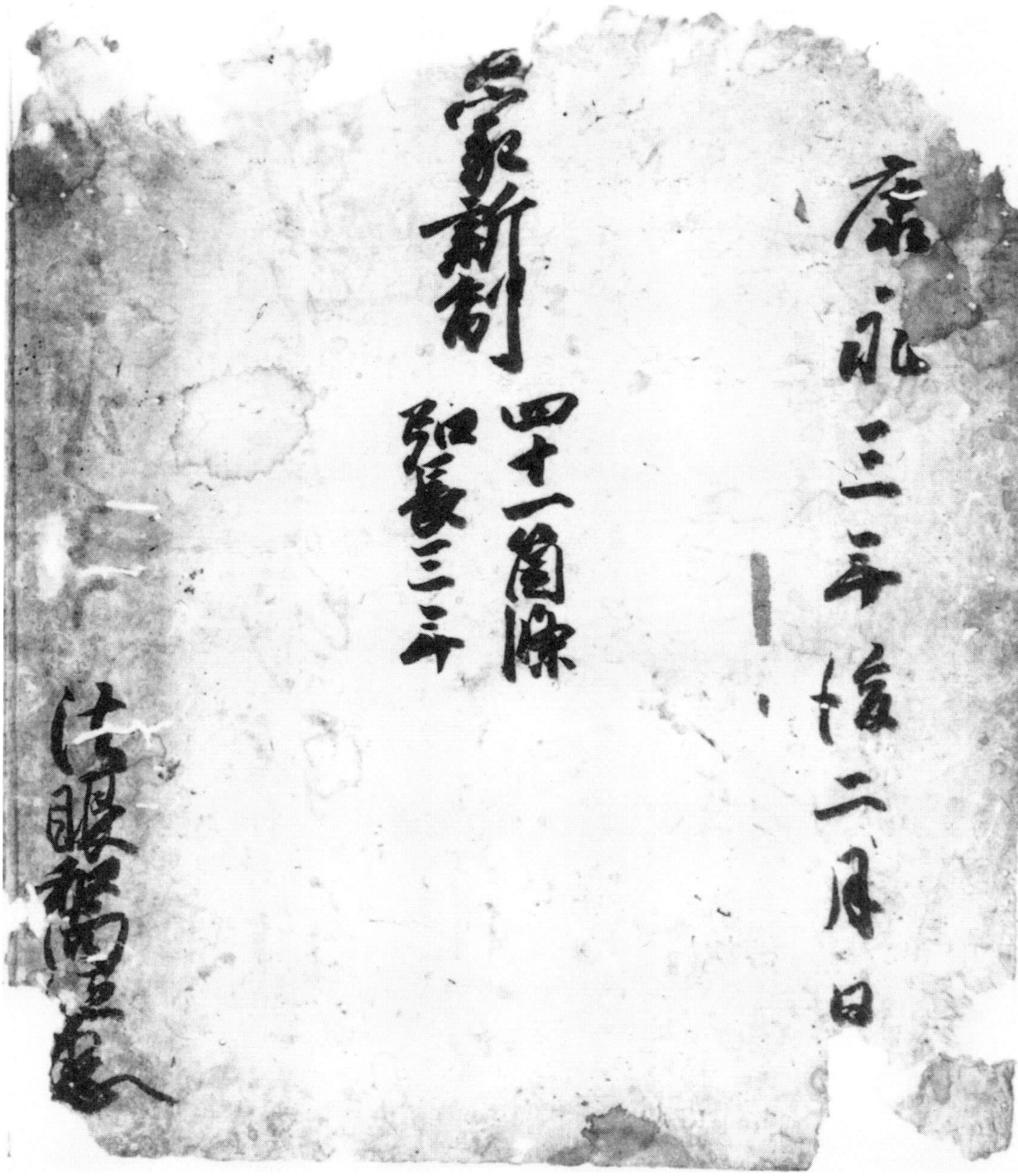
康永三年後二月日
公家新制
四十一箇條
弘長三年

一 強入 別会五師襲
　若雖有沙汰事必以座一??
　仁蓋之

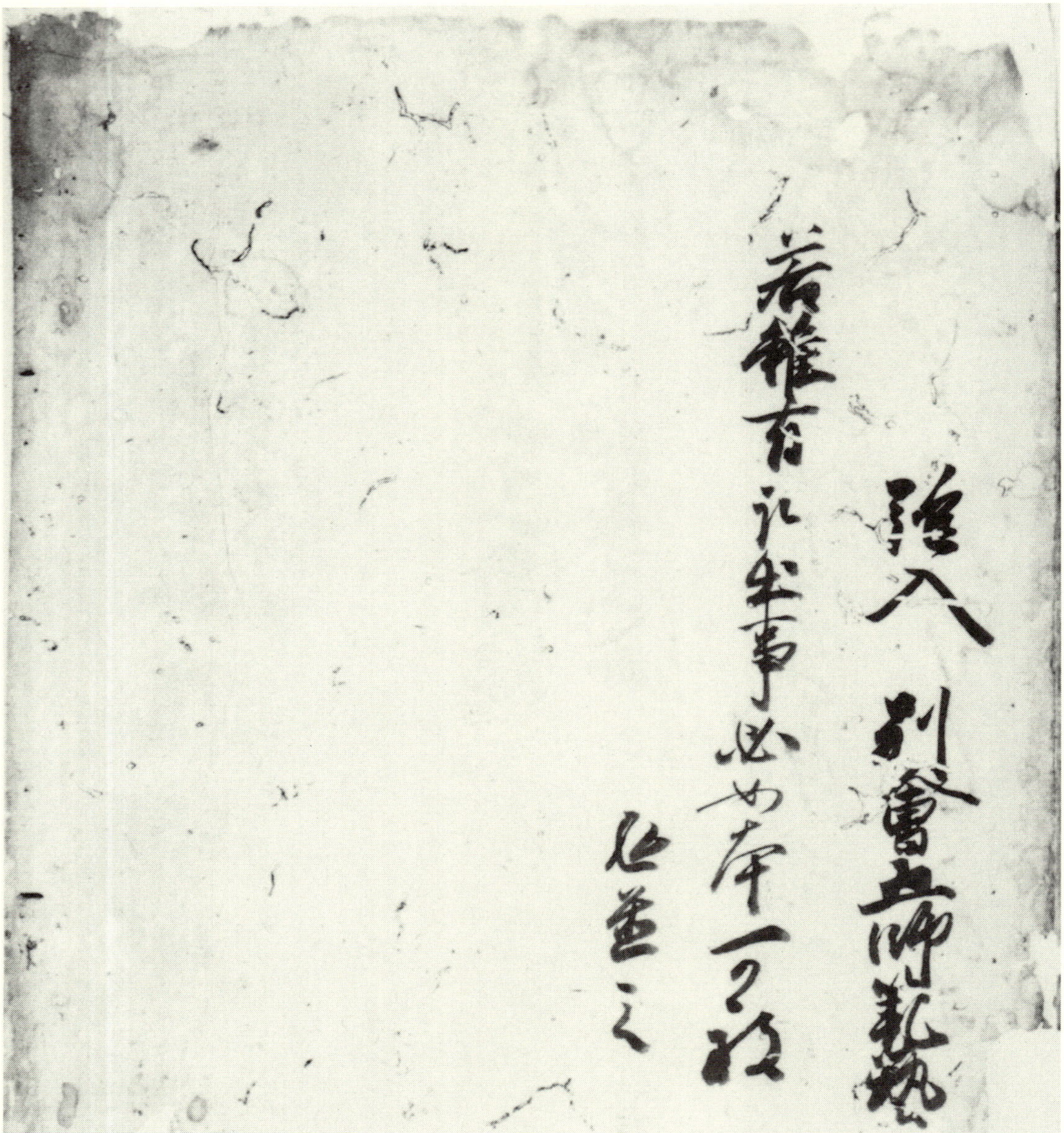

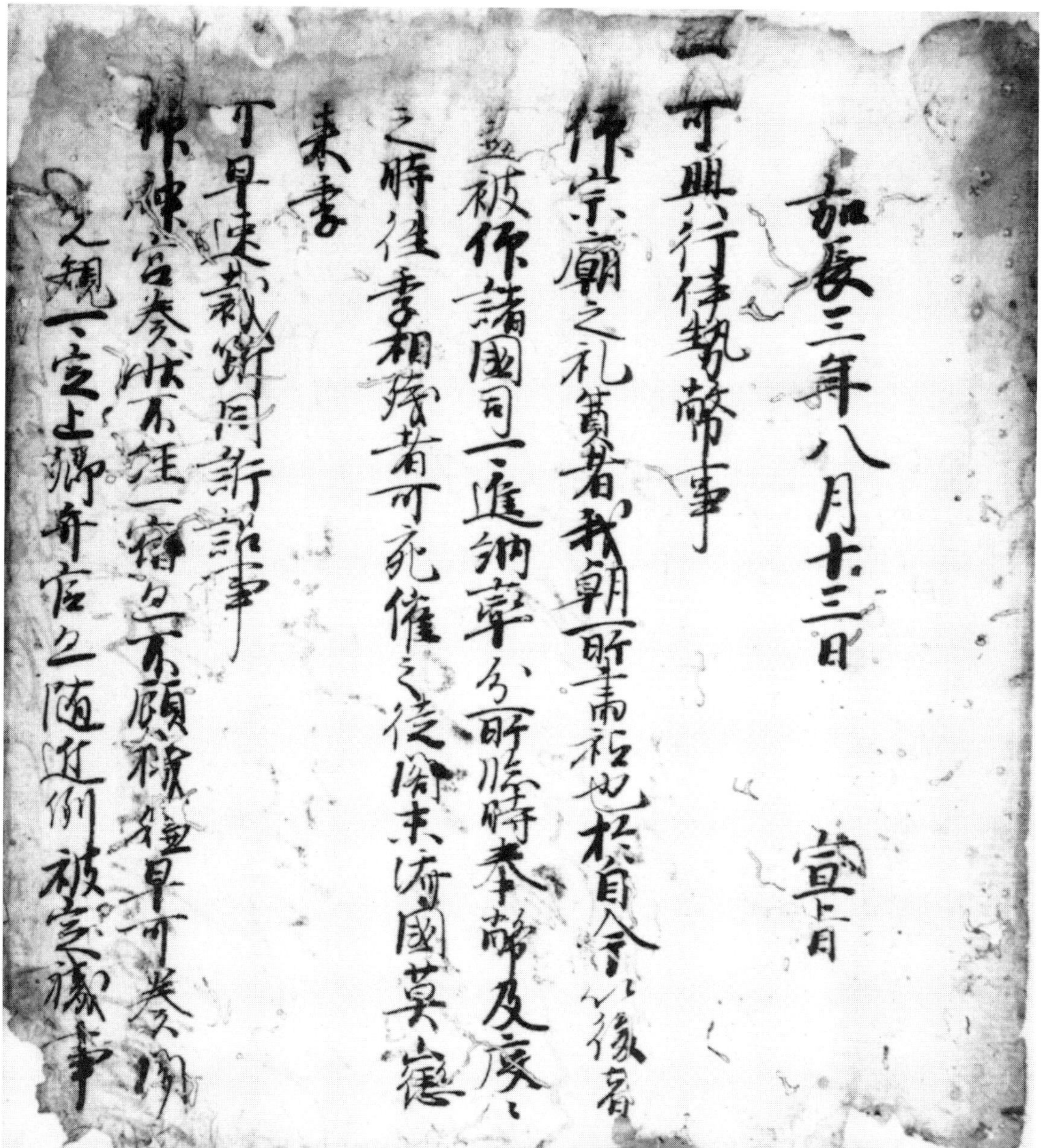
弘長三年八月十三日　宣旨
一可興行伊勢幣事
右宗廟之礼莫若我朝所崇祐也於自今以後者
並被仰諸国司進納率分所臨時奉幣及度々
之時往年相残著可充催之従御未済国莫寛
宥事
一可早速裁許訴訟事
右訴訟奏状不経一箇日不顧権貴早可奏聞
之親一宣上卿弁官々随近例被定議事

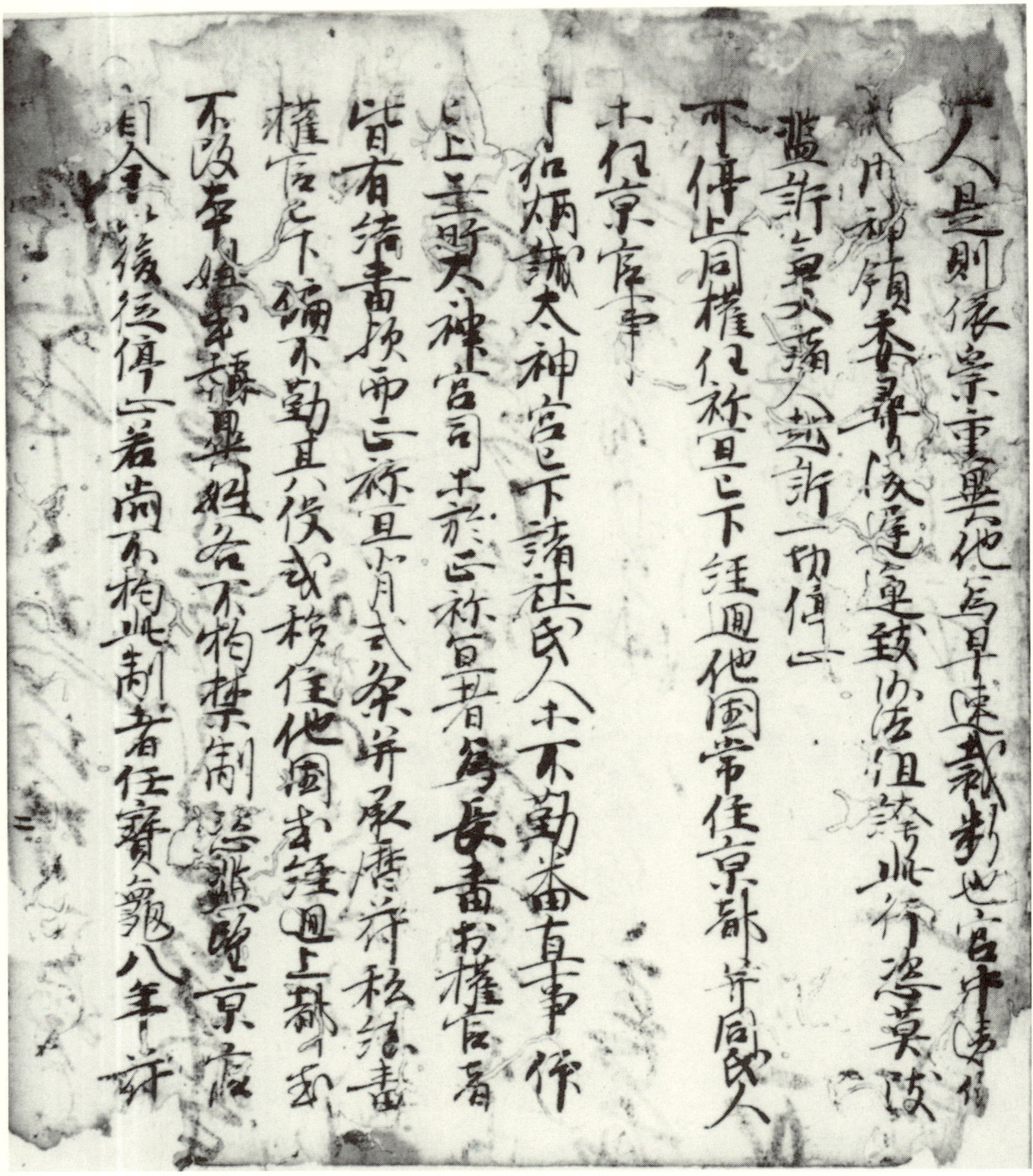
人、是則依崇重異他、為早速裁判也、宮中沙汰
内神領、委尋訴訟、後遅速致沙汰、但於此行事莫改
濫訴、慕入輩人、越訴一切停止
下停止、同權任祢宜以下経廻他國常住京都、并居民人
不住京官事
一伊勢太神宮以下諸社氏人、不勤神事輩事
以上、言上大神宮司、於諸社者、為長官并權官等
皆有緒書損而已、祢宜以月式祭、并承暦符私緒書
權官以下猶不勤其役、或移住他國、或経廻上都
不改本姓、各不拘禁制、遂離隠京
自今以後、從停止、若尚不拘此制者、任寶龜八年符

一具注記宜停従神事、其外諸社司者可直本社事
并奏祝之輩同
一可令諸社奉幣使公卿四位五位六位結番事
件使任結番不可忽緒、若四位五位者無故障輙忽者可
令駐一階
令随参着本社同使并幣物事
荷前山陵使結番并早着幣物不同前
件或直致秋之廬不来其社、或偸以米土令付宣命之
輩、於荷前使者雖参禁闕不向陵戸、彼是処罪宜
令解却者
一可令祇園御霊会馬長被定人数殊止結番騎進事
件馬長之所役者為供之帳存也、而近年頻雖有沙汰

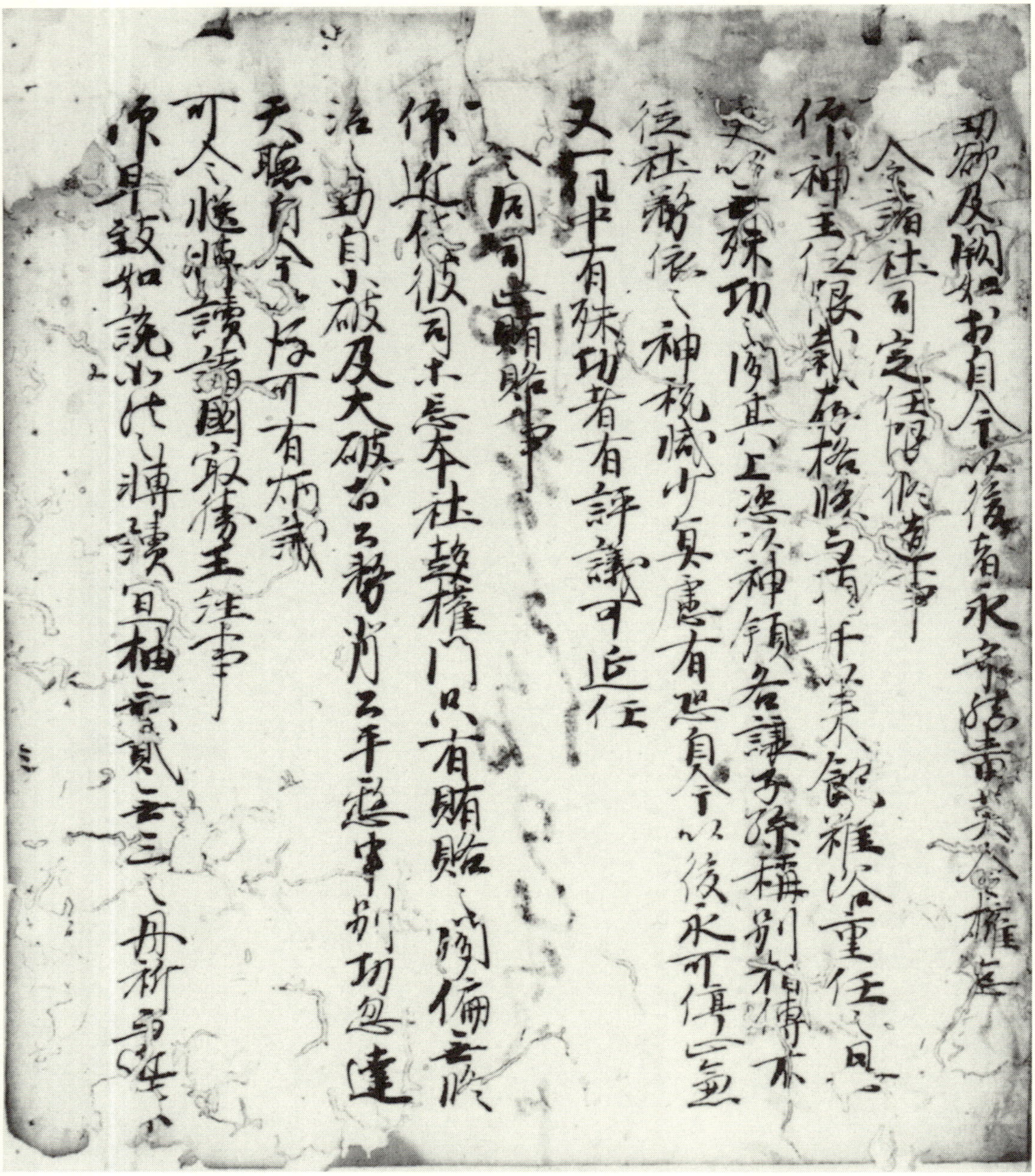
刃傷及闕如然自今以後宜永停止[illegible]雖[illegible]
一、可諸社司定任限事
仰、神主任限以六載為格條、若有千萬不慮、雖令重任之[illegible]、一
度[illegible]有殊功之[illegible]其上遷補神領名讓子孫稱別相傳不
從社務依之神税減少其恵有恐、自今以後永可停止焉
又社中有殊功者有評議可遷任
一、同可止賄賂事
仰、近代彼司不恐本社並權門之、有賄賂之間偏在於
治之間自小破及大破[illegible]宿年遷替別功忽違
天聴、自今以後可有沙汰
一、可令遂講讀諸國最勝王經事
仰、早致如説於代之講讀、宜抽無貳之丹誠、丹祈[illegible]

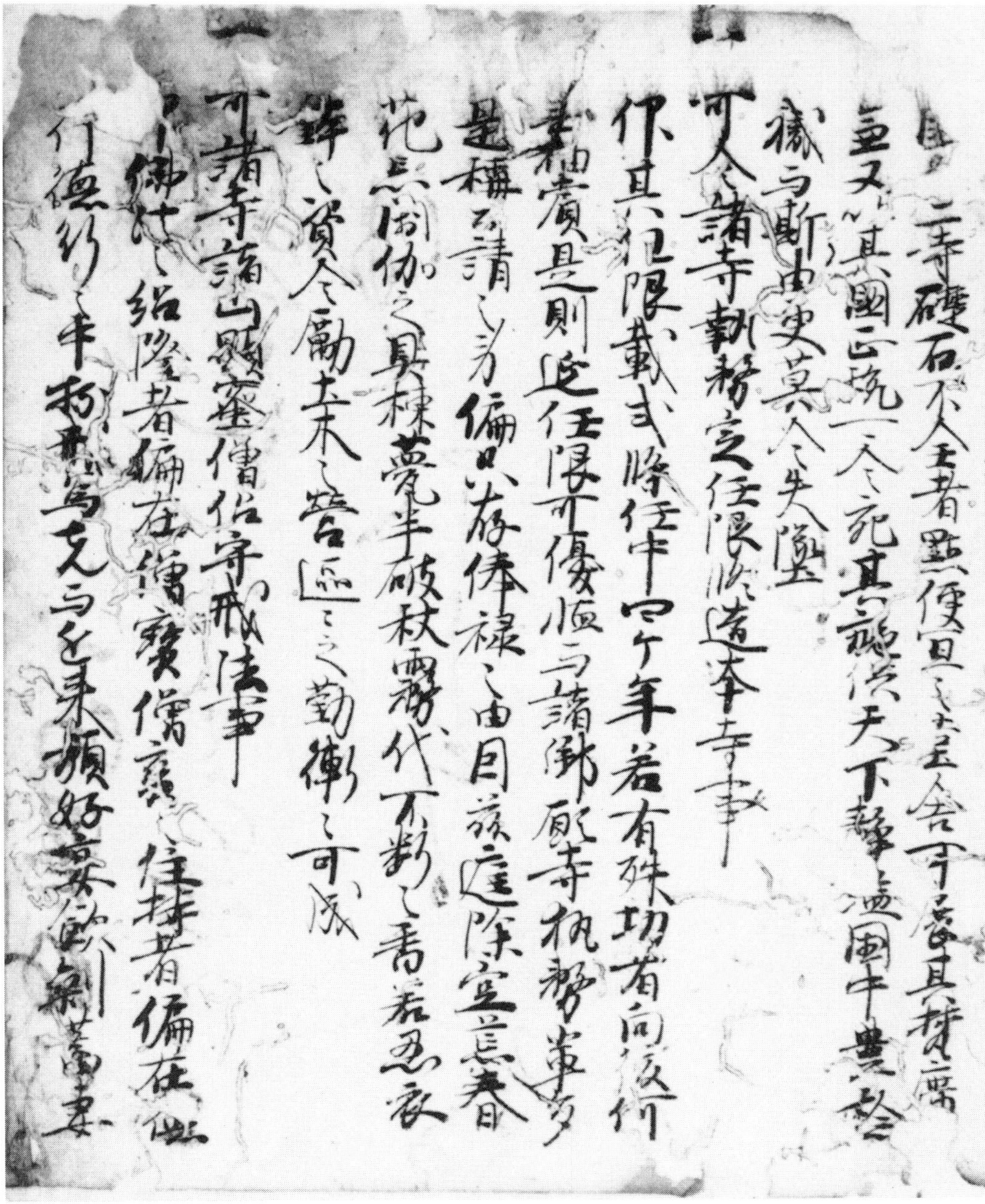

一寺礎石不入主者點便宜云々其寺[illegible]
無又其國亡破人々死其聽天下静謐國中豊稔
穢与斯由更莫人々失墜
一可令諸寺勤務定任限慎遂本寺事
仰其任限載式條任中四ヶ年若有殊功者向後仍
兼補實是則遂任限可優恤之諸衙廳寺執務事多
是稱不請之旁偏以存俸祿之由自茲庭除空荒春
花異欲伽藍之具棘荒半破秋霧代不斷之青苔夜
鐘之資今勵未之營遍之勤衛之可成
一可令諸寺諸山殿塗僧侶守戒法事
佛法之紹隆者偏在僧寶僧侶之住持者偏在做
行德行之中於[?]馬文与是未頻好妄欲兼[?]妻

妄四重犯不全十戒敢不禁断只黒衣異端国亦
紀國典早任道憲行之一員観并延暦讃嶋山
禁放逸之輩但其身不離濫戒律能言者国師也
下符之凡任僧綱呂并別請可撰用律行可勧後輩

一 可令諸社諸寺造國造修事
仰雖有経営之名更無土木之實寺社無光華更
愁只徒貪一州之土貢致多年之國務自今以後云
新造云修理早致不日之勤宜終成風之功若年遷朝
使加實検

一 可停諸院宮叙位給爲叙爵事
仰皆級近是流例已存近年近代人之争進頗過於
何可爲叙爵

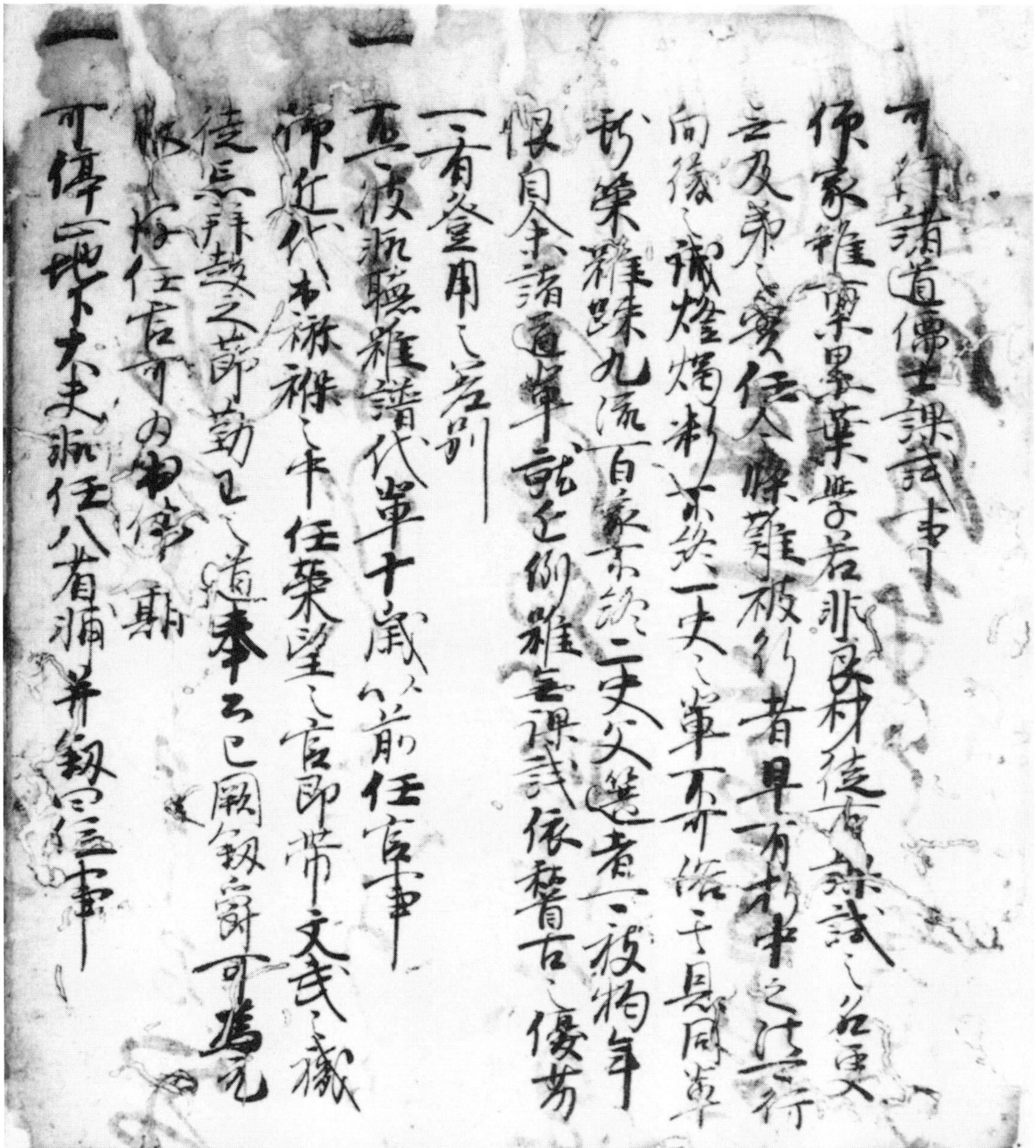
一 可令諸道儒士課試事
儒家雖稟累葉、若非其材、徒有課試之名、更
無及第之實、任人之條、雖被行者、早有相中之法、若行
向後之識、燈燭未彰、亦於一史之第、不可絡于是同業
新業雖九流百家、亦欲二史文選者、一被拘年
限、自今諸道業就正例、雖無課試、依稽古之優劣
有登用之差別
一 不被聴雖譜代、未十歳以前任官事
係近代未禄之年、任案望之官、郎帯文武之職
徒巳辞数之節、勤王之道、奉公已闕、叙爵可為元
服以後、任官可加制停事
一 可停一両地下大夫預任八省輔并叙四位事

仍八省輔月卿之子雲客、於地下者、秘疏不其任、
但於蔵人所衆制限者、同於本主及五位停止之、
一 可令停止同輩不補蔵人叙爵事
但倚停止之、登用其家之輩、望也不経其職而
望其叙爵、自今以後一切停止
一 可撰其人任諸国守事
右、頃年以降封人職国之禄也、依陵遅、雖月仙雲
客、補致国務、申任其人、年来公称之名国司、未挙家
僕、不撰以禄米、依但料、不嫌乱罪、自今以後撰其仁
可挙之、又一任之中莫改任
一 可正員修理撰其人事
右、修理可抽従行仍况於正員者、近来富蔵

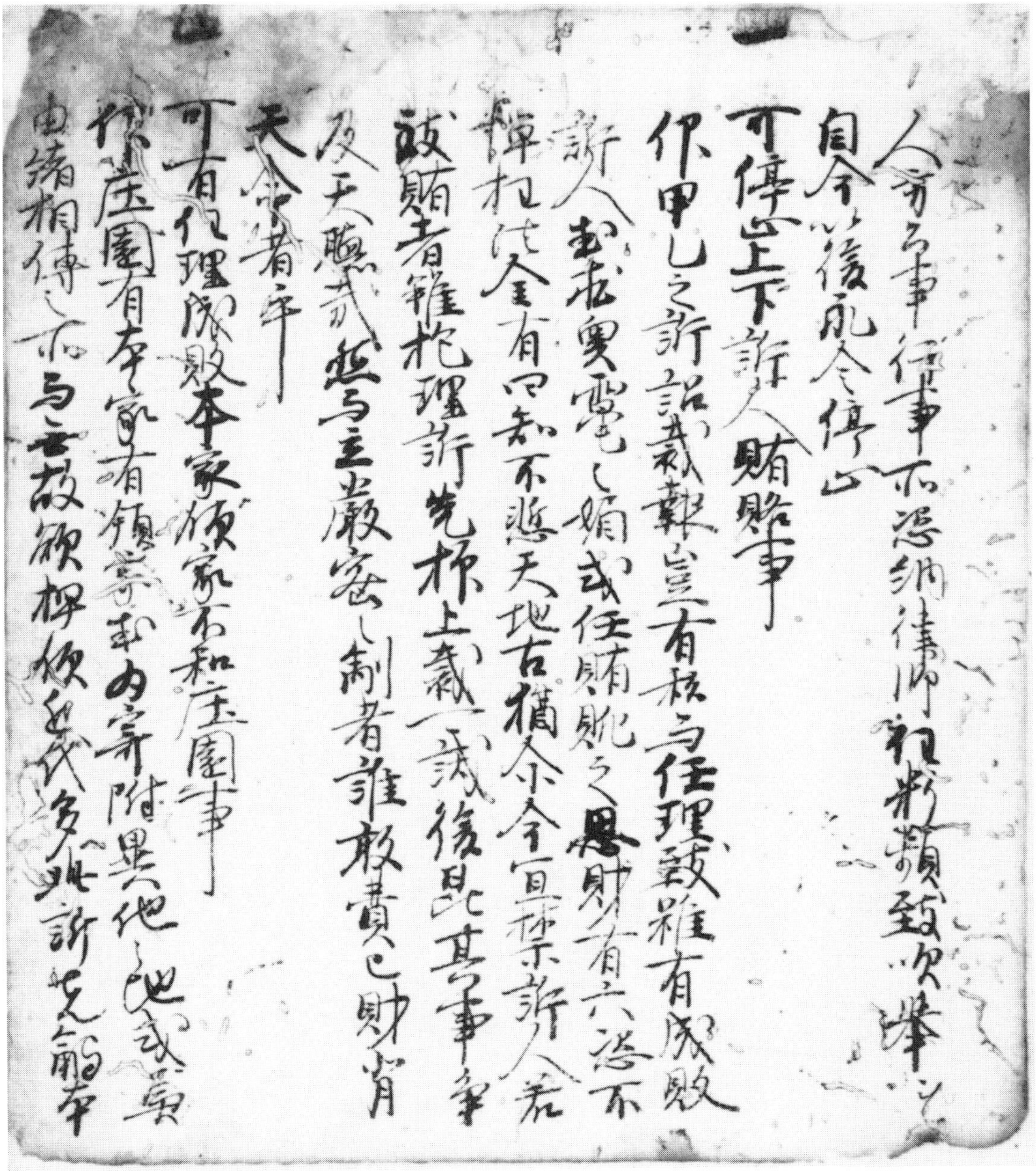
人〻訴事停止事不遵綱律師相擬預致吹挙之
自今以後永令停止
可停止上下訴人賄賂事
仰甲乙之訴訟裁断豈有私只任理致雖有成敗
訴人〻或求寶寵之媚或任賄賂之恩財有六遵不
憚相伝全有口舌不遜天地古猶今宜禁訴人若
被賄者雖抱理訴先棄上裁一〻誡後昆甚事争
及天聴哉然与主厳密之制者雖枚貴已財省
天下者乎
可有依理成敗本家領家不和庄園事
於庄園有本家有領家或内寄附異他之地或莫
由緒相伝不与一故領掌領家代多兆訴先翁本

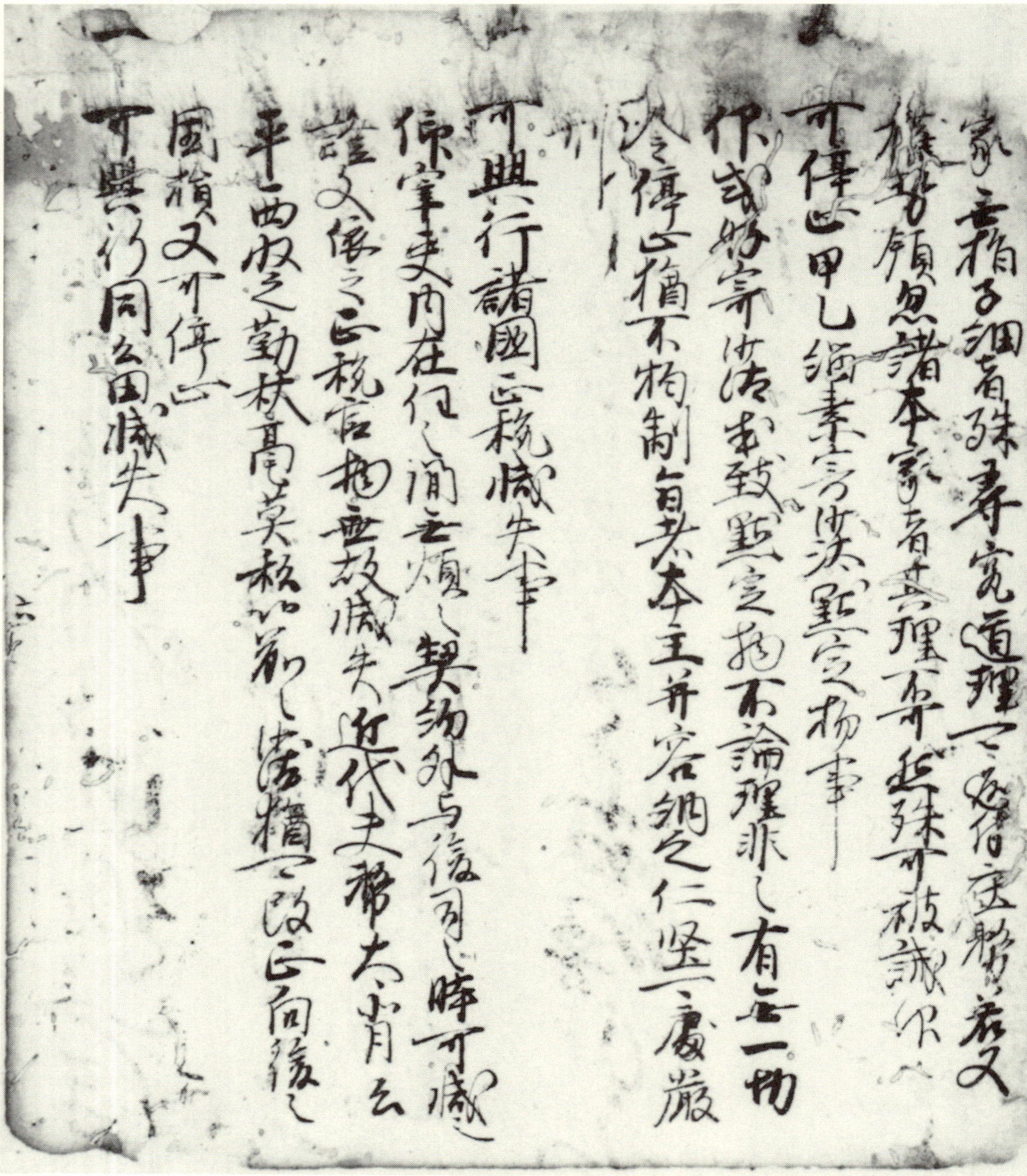
家、稍子細有殊寄、寛道理、可返付、延勝、於文
権門領忽諸本家有其理、并延殊可被誡仰へ
可停止甲乙預奉寄沙汰點定之物事
作或好寄沙汰、或致點定、總不論理非、有之一切
可停止、猶不拘制旨、其本主并容納之仁、堅処厳
科
可興行諸国正税減失事
仰、掌吏内在任之間、正税減之、契納外与後司、時可減
謹文、依之正税官物無故減失、近代吏都太以有之
平世所之勤、状高莫救、改諸、雖殊猶無改正、向後、
国務之文可停止
可興行同公田減失事

一
仰、聖主之政者、自人寄吏之務者、叶民望而所
来之代、誠非其宜、仍中国撿付、偏依地頭土民之訴
容不入今方頃百畝之田、救之、又假神威、或又寄権勢
國之凋弊職由斯、前司後雖遂祀後司且没直
安民者、君恵也、悔非者人之盧也、盆又雖前司去任
後、売買共可有其科

一
可優恤同土民不安堵事
仰、觀善疾非者、太守之行也、弊衣薄食者、百姓之
憂也、近年来國司之羸敗民肩難、自今以後、吏代之時
補令没情理之撫卹寒飢之、而擒取妻子眷属之
集九牛馬資財之條之土民逃脱田地荒廢、一夫不耕
者、民間受其飢、一婦不織、天下受其寒、國衙

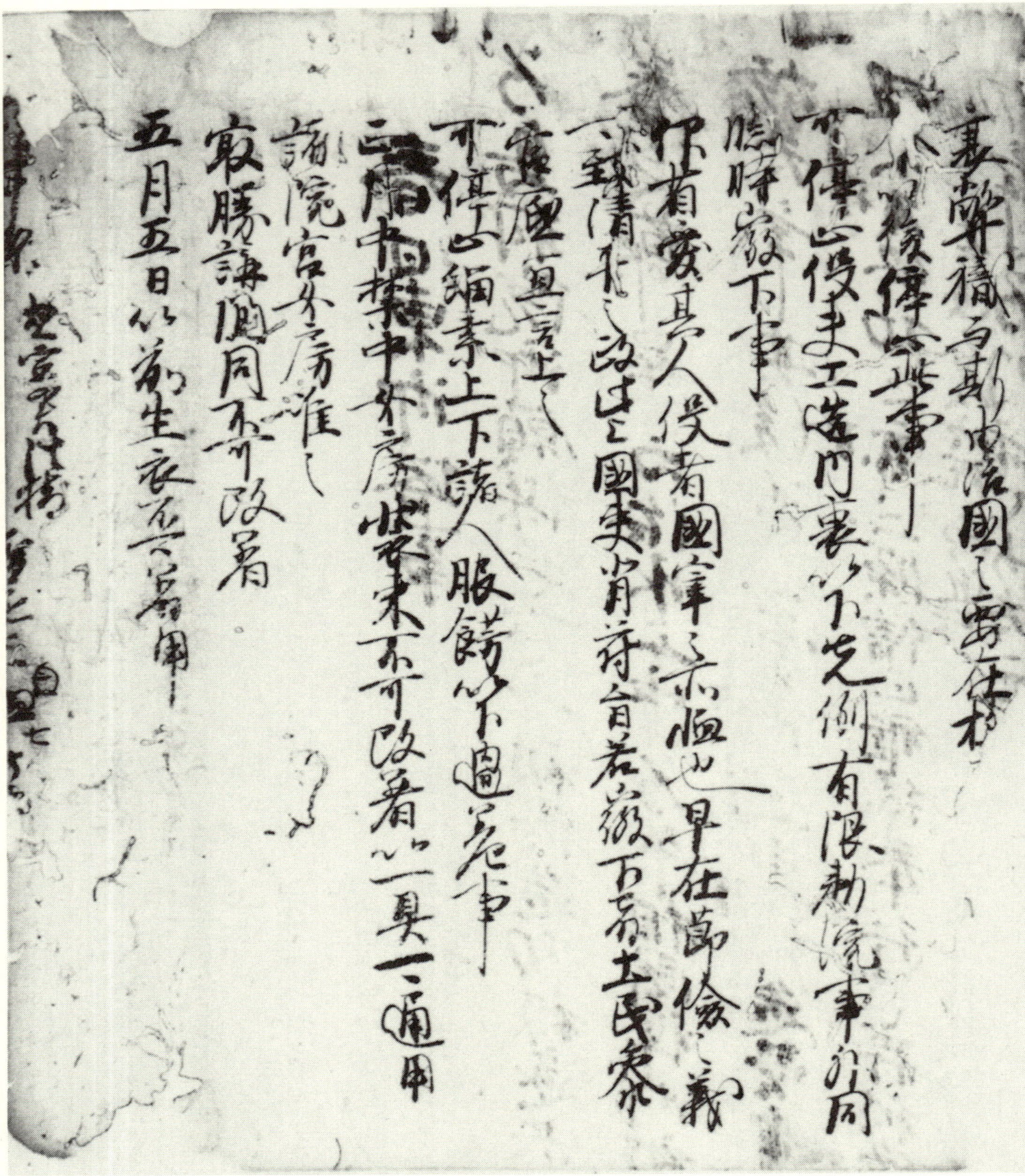

七月七日禁中院宮女房并物上童雑仕等可改
着帷末
九月九日綿衣可改着
盛金銀錦等衣服不論貴賤一切停止之
二倍織物二倍綾一切停止之
唐織物除后宮院宮外可停止之
縠綾一切停止之
織物除禁色人外不可着用　男女房并織物小袖等
錦禁色人一切停止之
男生衣一向可停止之
紫纐纈晴時之外不可着用之
綾被持参不論上下一切停止之

禁中院宮以下女房儀袴不可着用之
同女房之上臈尋常時不着袴
殿上侍臣以下不可着用織生并志々良
張袴可用平絹
初夜張袴不類薄浅停止之
繍若服者一切停止之
平裏不論上下停止織物
僧綱表袴僧正以下可用綾不可用織物同平袈裟
凡僧五重袈裟并椎鈍衣可停止織絹并美絹
僧綱表袴僧正以下可用綾不可用織物
同平袈裟五重并椎鈍衣可停止織絹并美絹

同裳不可用生絹可用練絹
院宮以下并市一切停止可為押事
院宮雑仕権用布但可有裳并懸帯同流布条者也
綪以下停止之懸帯裳腰等常時不可用指事
袍綾腰同
院宮半物雑仕已下小袖不可過二領
僮僕以下童子衣可停止紅紫二色
雑色大童子不可着用綾唐綾練貫并紺紅紫裳
院宮主殿下部雑賜白色之日不可着紅色衣
布衣可停止木
諸司諸衛官以下狩衣裏可停止厚綿

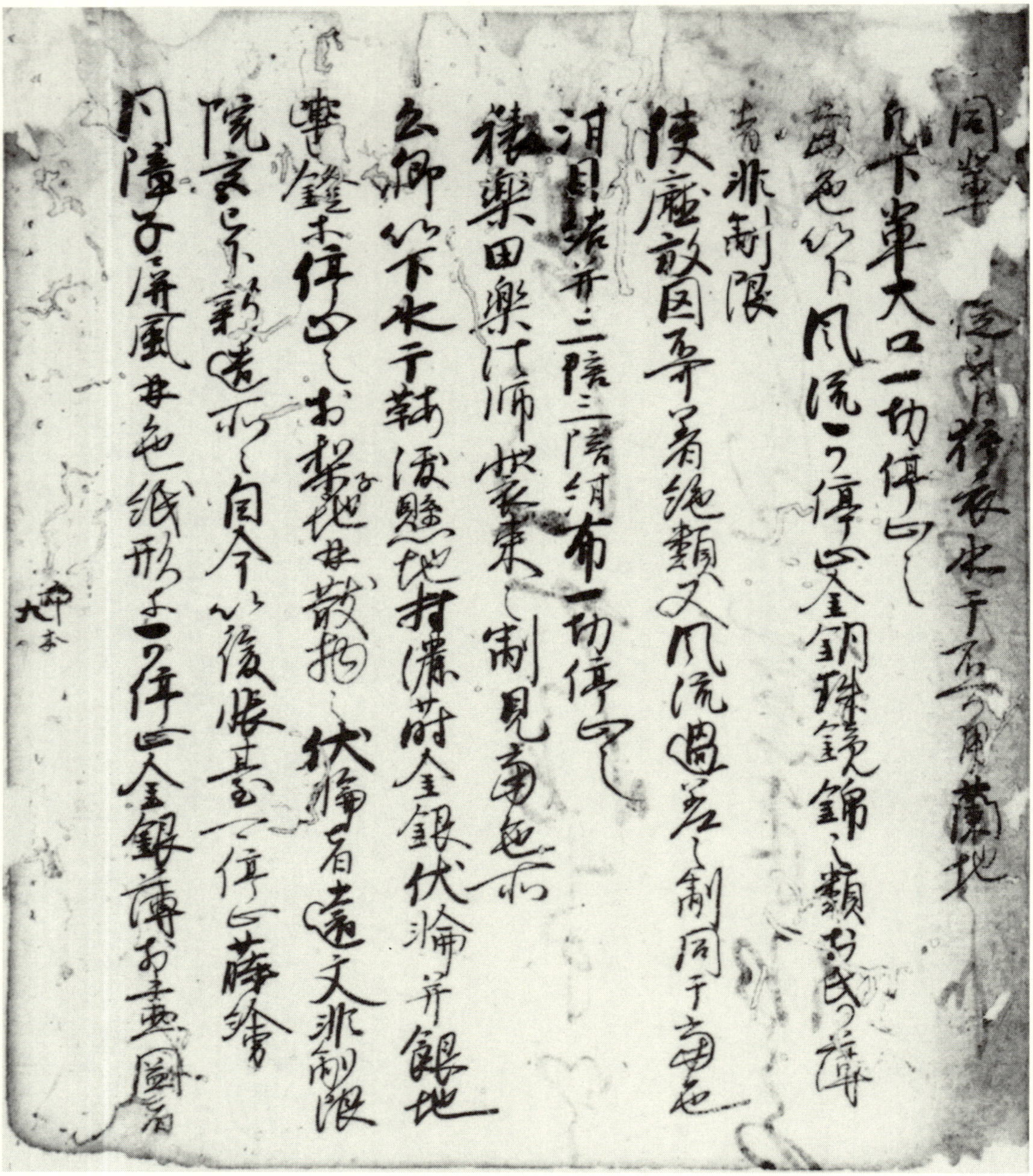
同筆　違[illegible][illegible]狩衣水干[illegible][illegible][illegible]蘭地
已下單大口一切停止之
并色以下風流一切停止之、金銅珠鏡錦之類并民之薄
者非制限
使廳放囚等着纐纈類、又風流過差之制同于前色
消息者并二階三階纈布一切停止之
猿樂田樂付師装束之制見前色而
上卿以下水干鞍[illegible]懸地打濃苛金銀伏輪并銀地
螺鈿等停止之、若押地并散[illegible]、伏輪者遠文非制限
院宮已下新造者不[illegible]向今以後帳臺停止之、薄繪
同障子屏風并色紙形等一切停止之、金銀薄并畫圖者

扇以為それ
薄様其権以下一伴四海
蝙蝠扇并檜破子以下
之儀
作風俗之奢侈者明哲之
乗高輿早随国家之儀宜寺以李
各守義南敢勿違犯
一可停止賀茂祭使中過差事
釜車
金銀珠鏡錦繡銅薄一切可停止

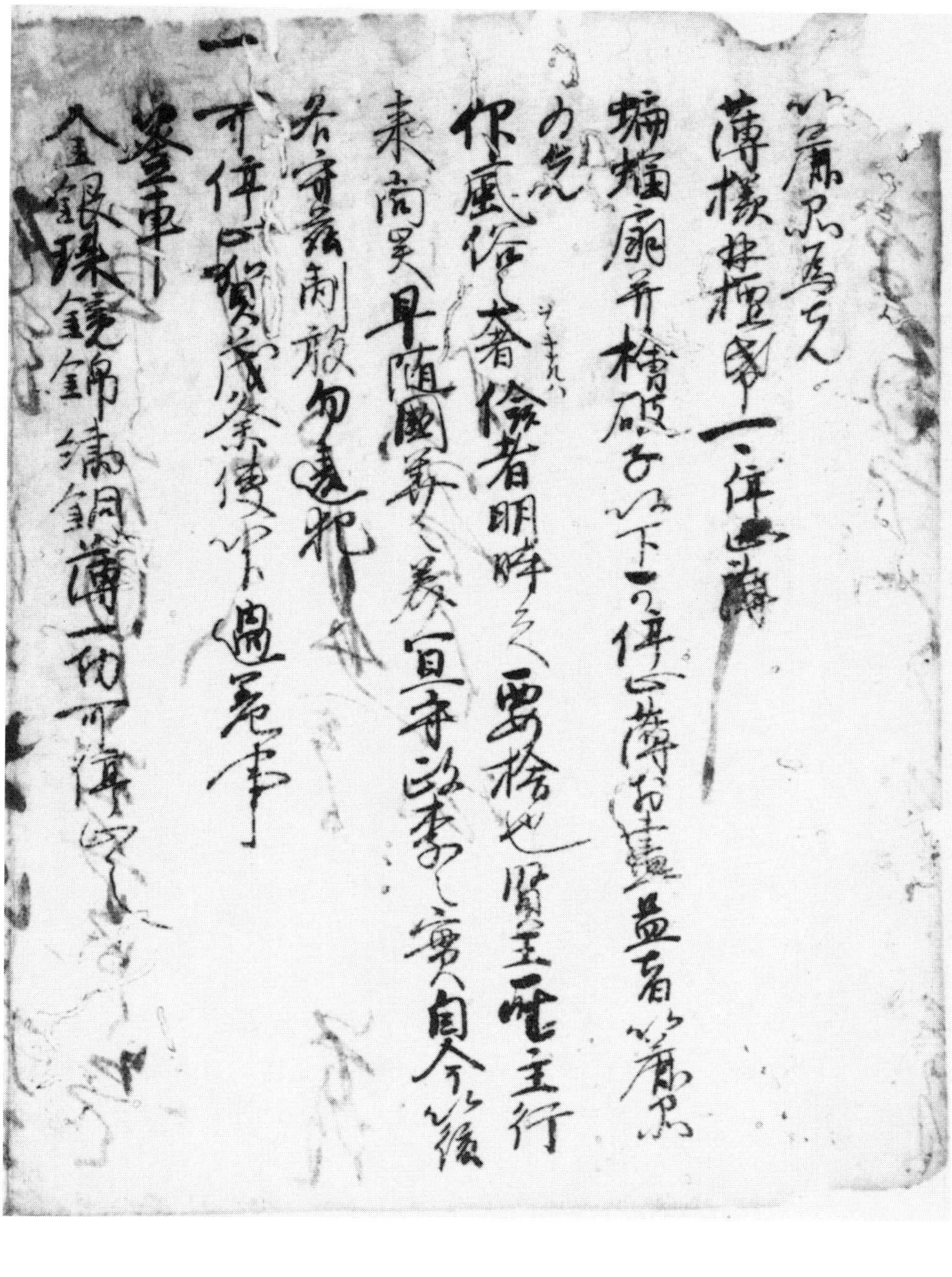

近衛使及諸官使所可被簡率
司馬
近末及ヒ下一切停止
﨟官人
諸使一切停止〻但大臣具別申請者非制限
馬副不可過三人
具装束者半正井衣著滾草伏組綱停止
手振不可過八人
練童不可過五人童臺者一切停止

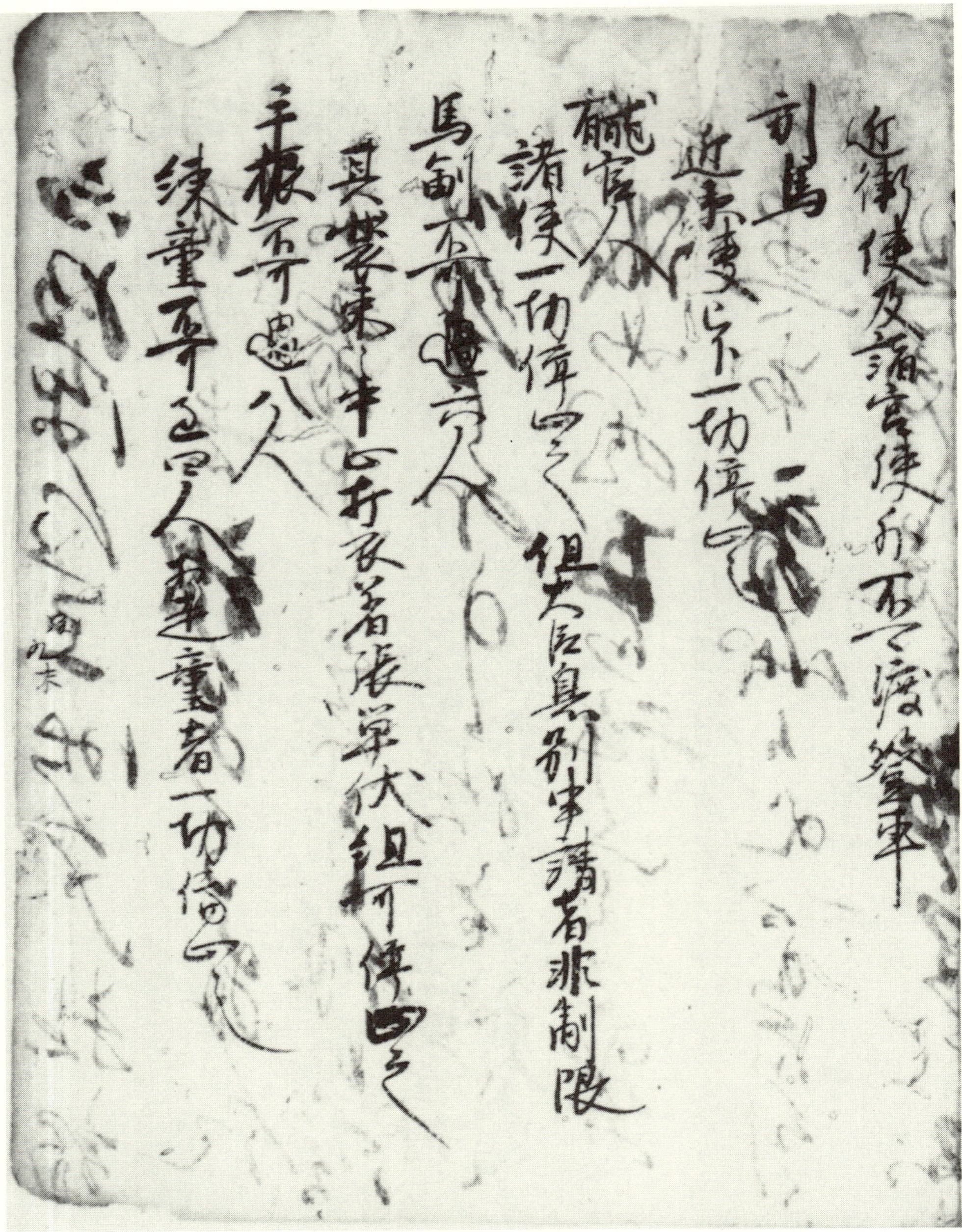

雑色
為諸司四位五位除取非人等不可過四人
其装束可制載左
傍官人等同停止之
一厩舎人　牛飼装束同雑色制
馬寮使
雑色一家以拘之不可過三人
童二人　馬副四人
手振四人

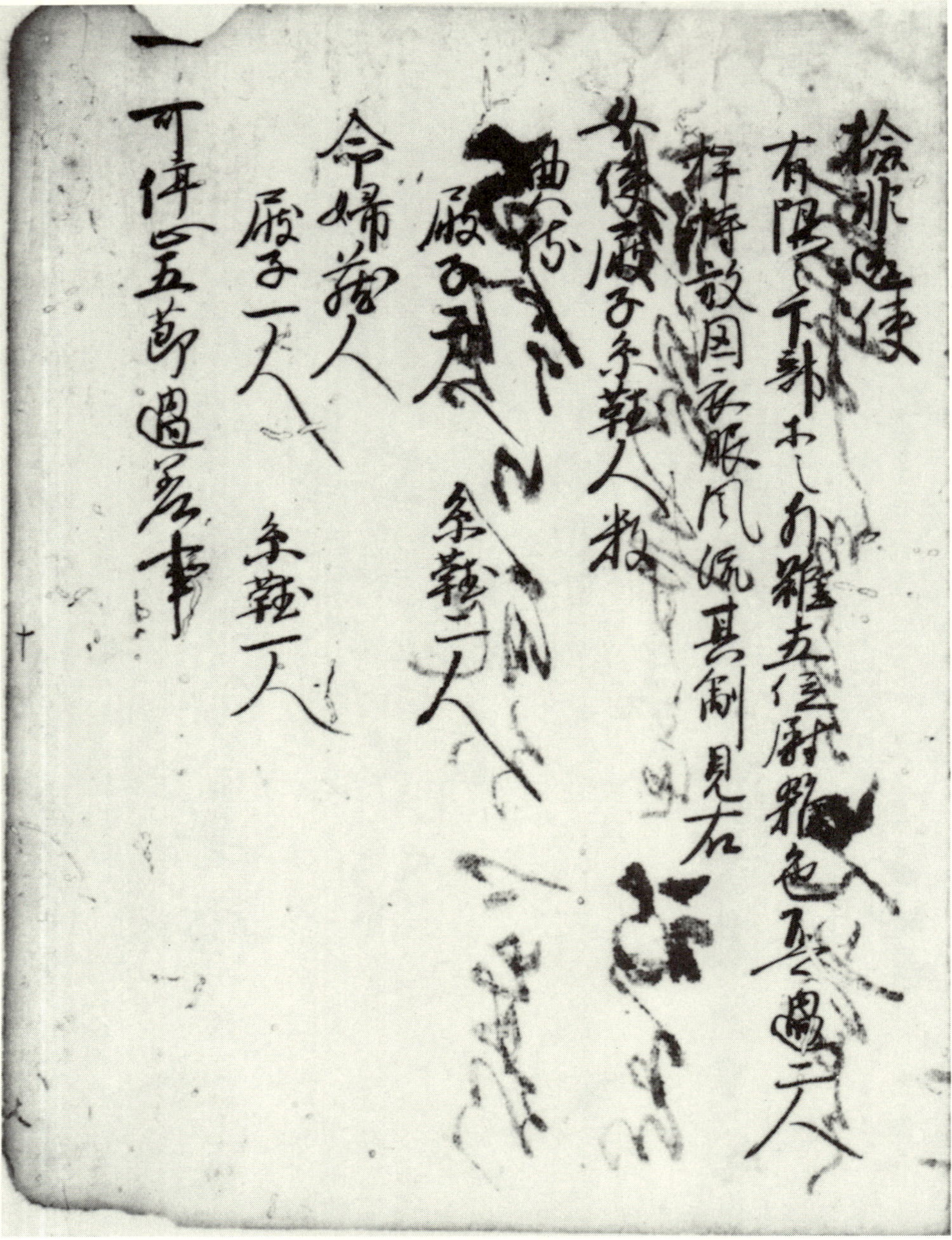

一
検非違使
有限下部并雑五位尉雑色五人当二人
并持放免衣服風流甚制見右
女房殿子糸鞋人数
典侍
殿子二人 糸鞋二人
命婦蔵人
殿子一人 糸鞋一人
一 可停止五節過差事

構棚一向停止之

後女人、侍女房并郷民女人、文領冒人、装束随色之當

御祓童女下仕不可着汲装束

童女下仕扇可停止金銅珠玉風流

五節所并出停止之、一切為御事

出火桶可停止金銀風流

殿上人、禁除禁色人之外、一向用綾、不可着織物

但并衣唐物之類、非制限

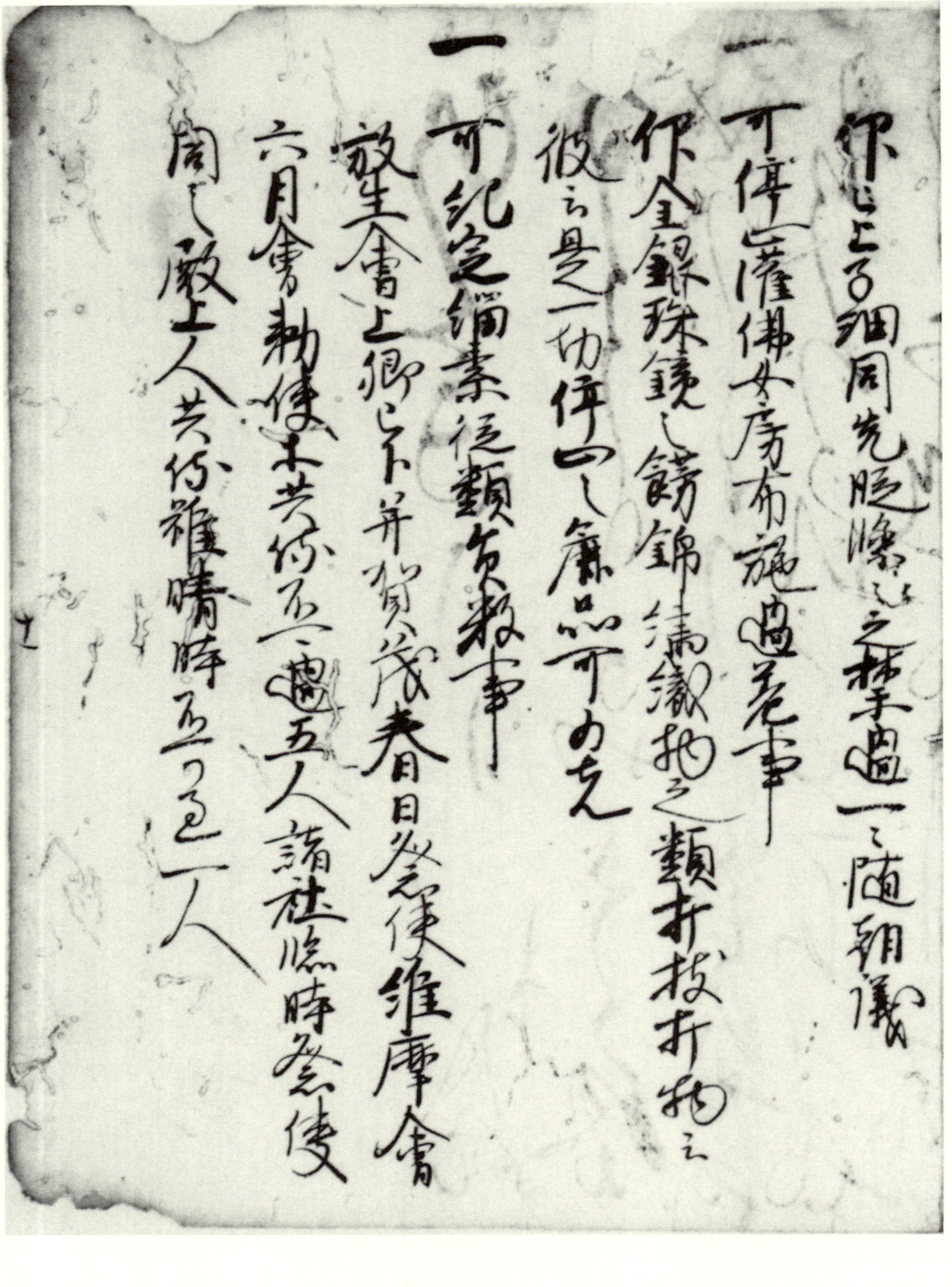

御下〻之細同先規臨〻之様手過一〻随朝儀
一　可停止僧俗女房布施過差事
作金銀珠鏡之鋳錦繍織物之類并抜折物之
彼云是一切停止之兼品可止之
一　可紀定緇素従類員数事
放生会上卿已下并賀茂春日祭使維摩会
六月会勅使各共従不可過五人諸社臨時祭使
同之殿上人共従雑色晴時不可過一人

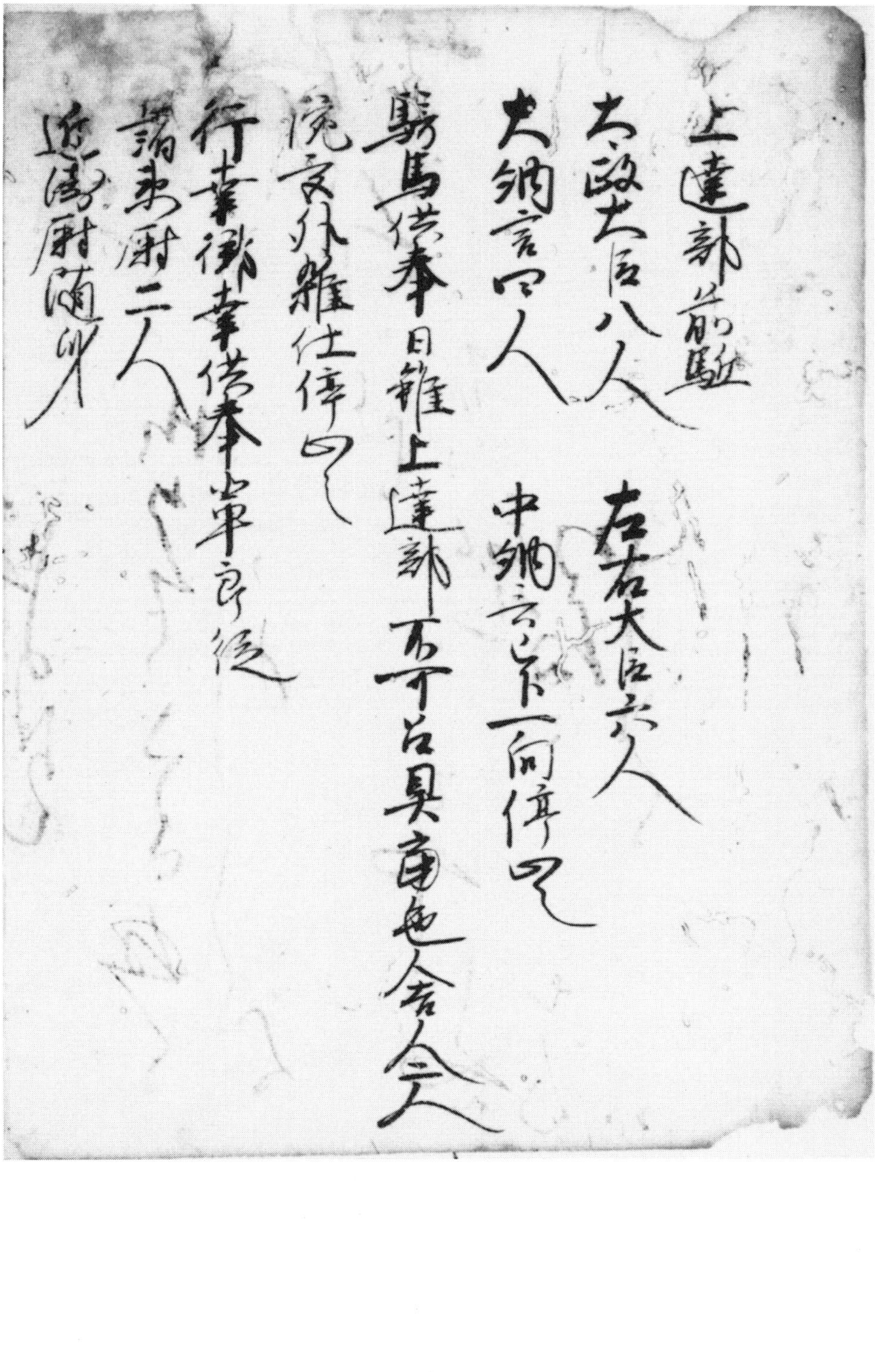

上達部前駈
太政大臣八人　左右大臣六人
大納言四人　中納言以下一向停止
騎馬供奉日雖上達部不可召具童色人舎人
院宮以外雖仕停止
行幸御幸供奉出車可従
諸衛府二人
近衛府随身四人

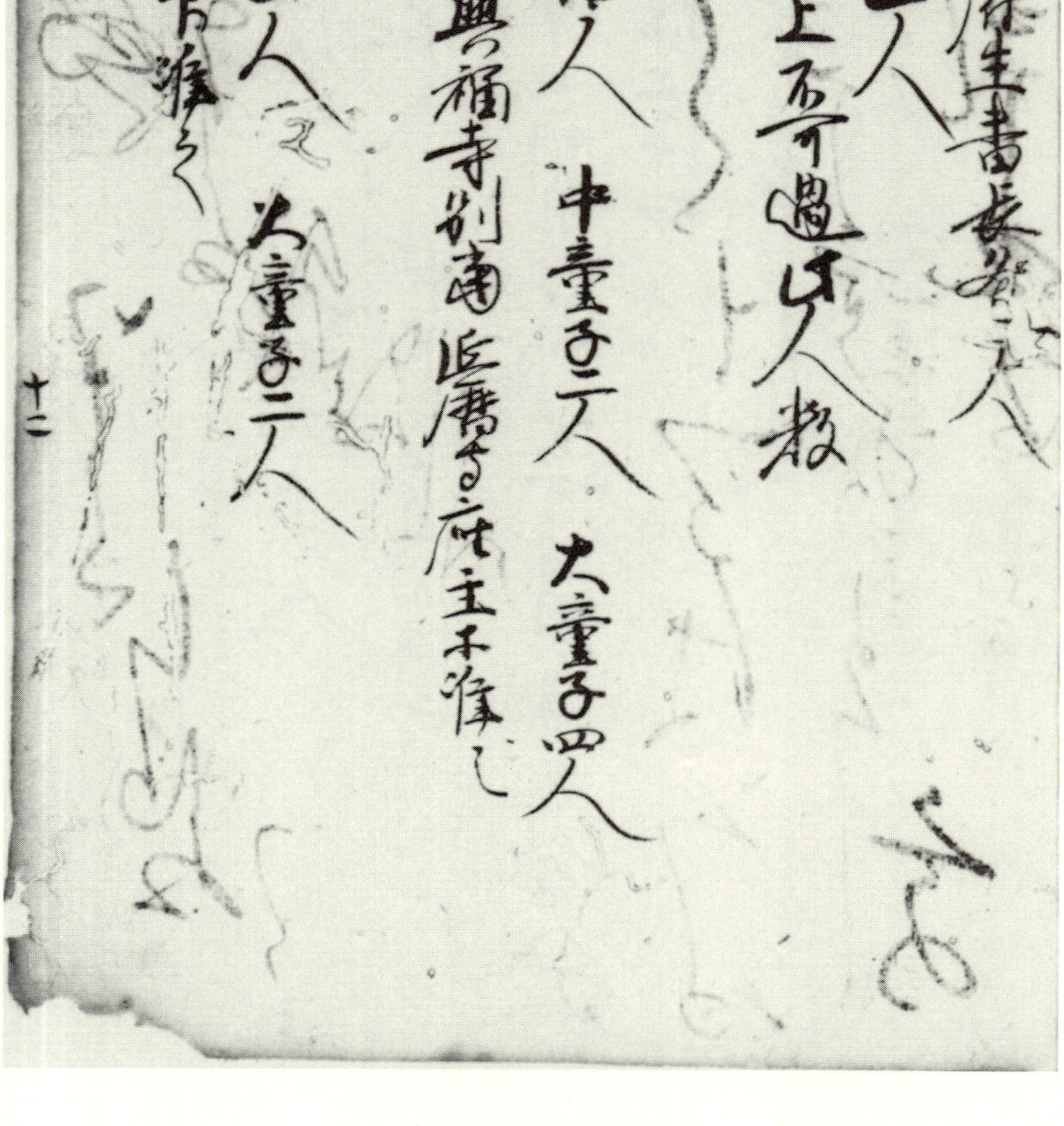

将曹府生書長各一人
近衛一人　已上不可過此人数
僧正
従僧四人　中童子二人　大童子四人
法務興福寺別当近衛司府生准之
僧都
従僧一人　大童子二人
法印准之
十二

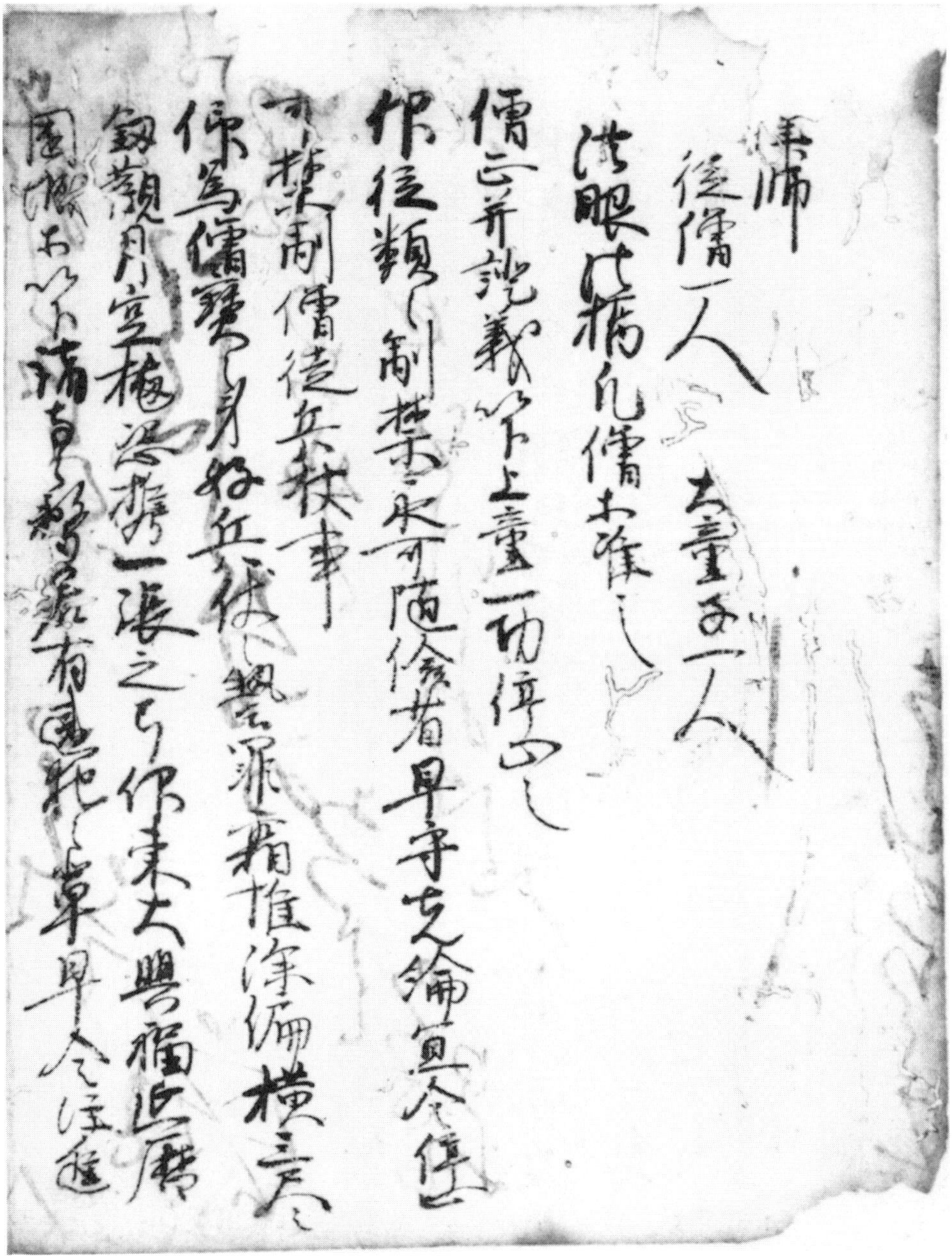
禅師
従僧一人　大童子一人
法眼法橋凡僧不准之
僧正并諸義以下上童一切停止之
非従類之制禁也可随分者早守其分宜令停止
可禁制僧徒兵杖事
右為僧徒之身好兵仗[illegible]横行[illegible]
[illegible]一張之[illegible]
[illegible]

兼又互作武家於[illegible]職

一 可搦禁人勾引諸人奴婢売人買人悪人出挙事

可催勤獄囚米事

仰上卿條仍舊符可遵行之

一 可停止博奕事

仰諸國之源趣自博奕使廳武家於禁遏者

盡遵行事 殊犯輩任法召取其身破却住宅

於限不犯之居處者雖[illegible]之隣家雖為上下并

十三

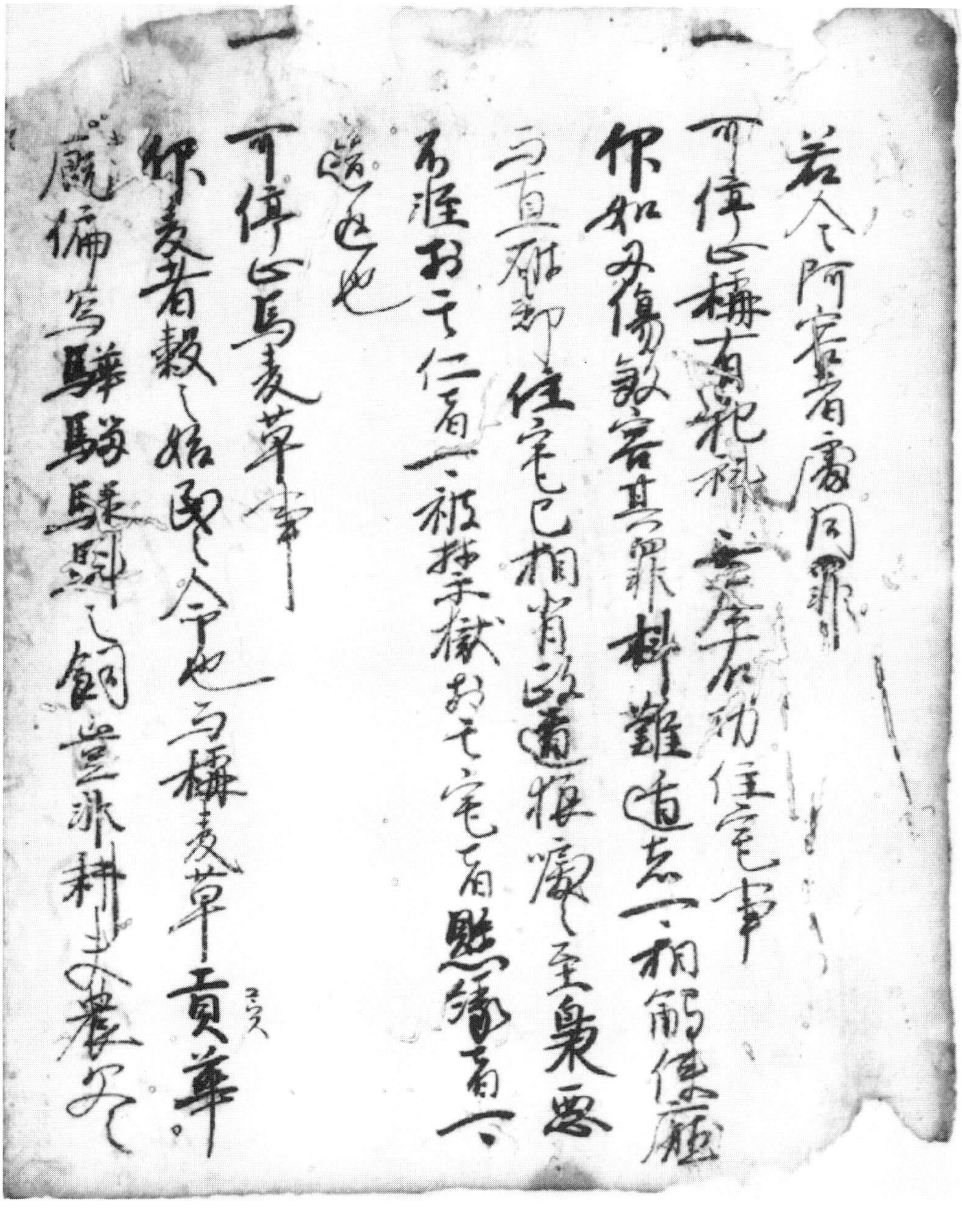

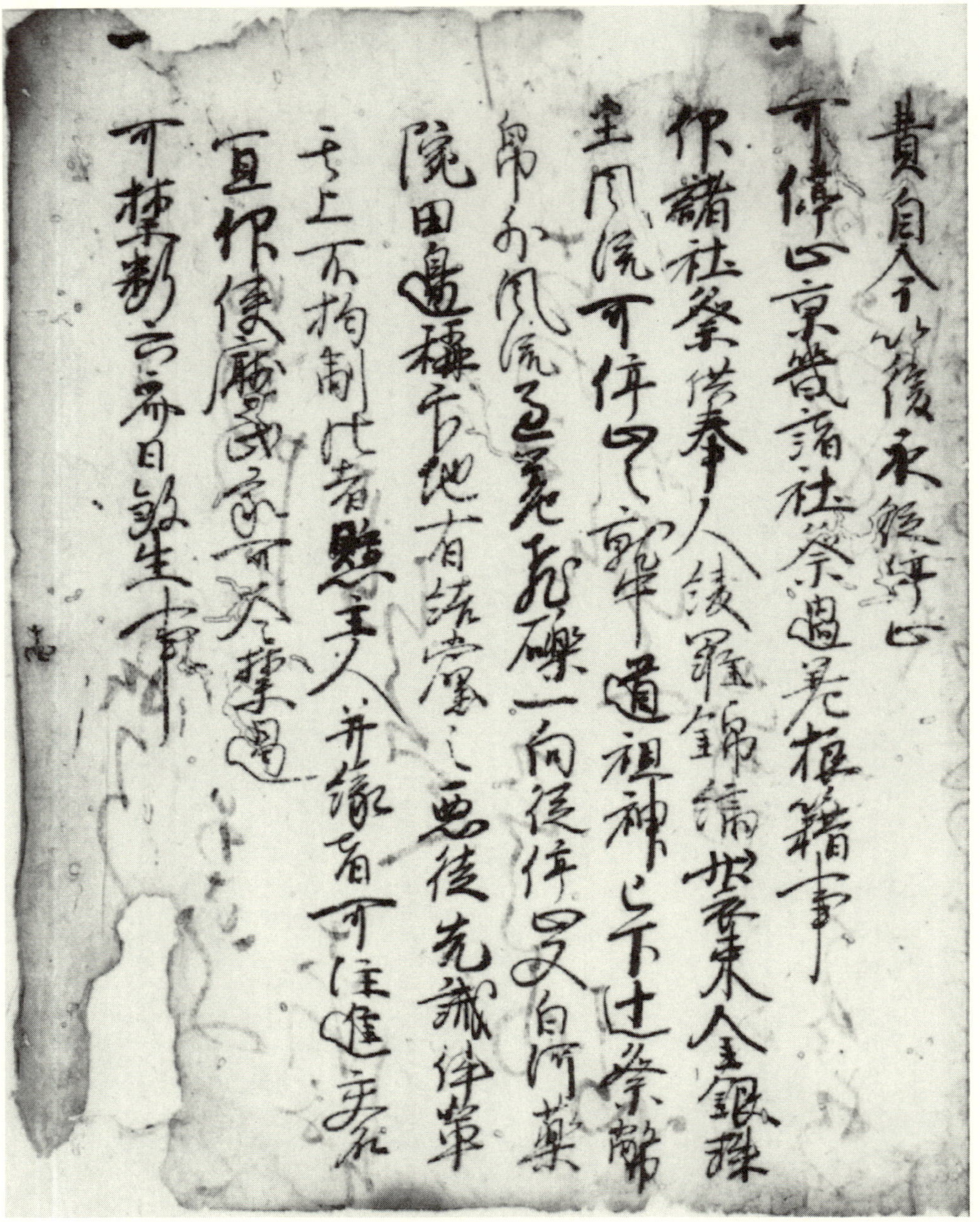

貴、自今以後永従停止、
一　可停止京畿諸社祭過差狼藉事
仰、諸社祭供奉人綾羅錦繍并金銀珠
玉風流、可停止也、就中道祖神之下往祭幣
帛、并風流過差、飛礫、一向従停止、又白河薬
院田島邊横行他有結党之悪徒、先識停革
之上、不拘制止者、慥注手人、并縁者、可注進交名
宜仰使庁武家、可令搦進、
一　可禁断六斎日殺生事

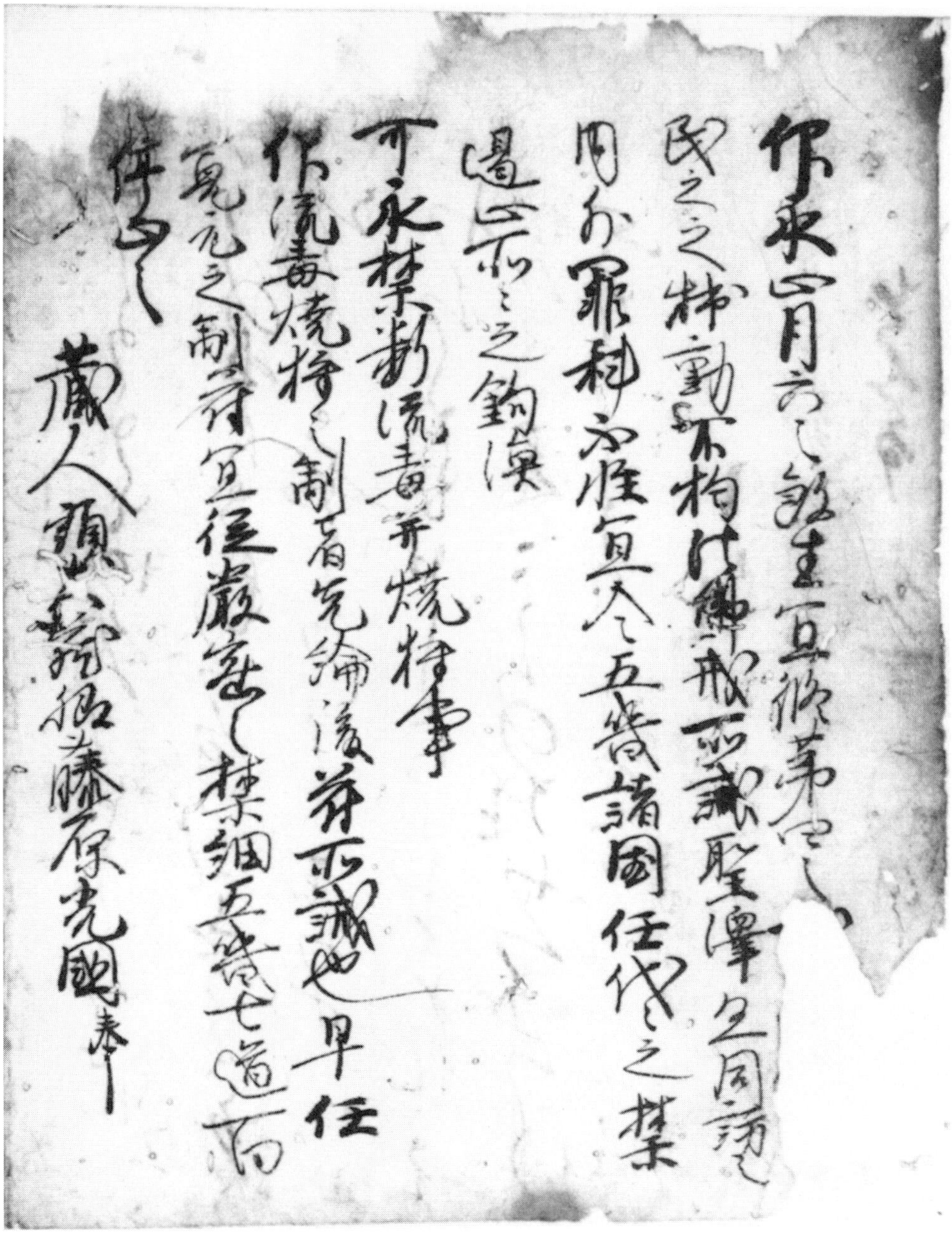

仰、承前六斎殺生一旦雖禁、殊可
民之々拝勤、不拘法令、所載聖断之周
用、而罪科不准、宜仰五畿七道諸国任代々之禁
遏、永々之鈎漁
可永禁断流毒并焼狩事
仰、流毒焼狩之制、旧符先綸後、并所載也、早任
寛元之制符、宜従厳密、禁制五畿七道、可
停止
蔵人頭右近衛権中将藤原朝臣光国奉

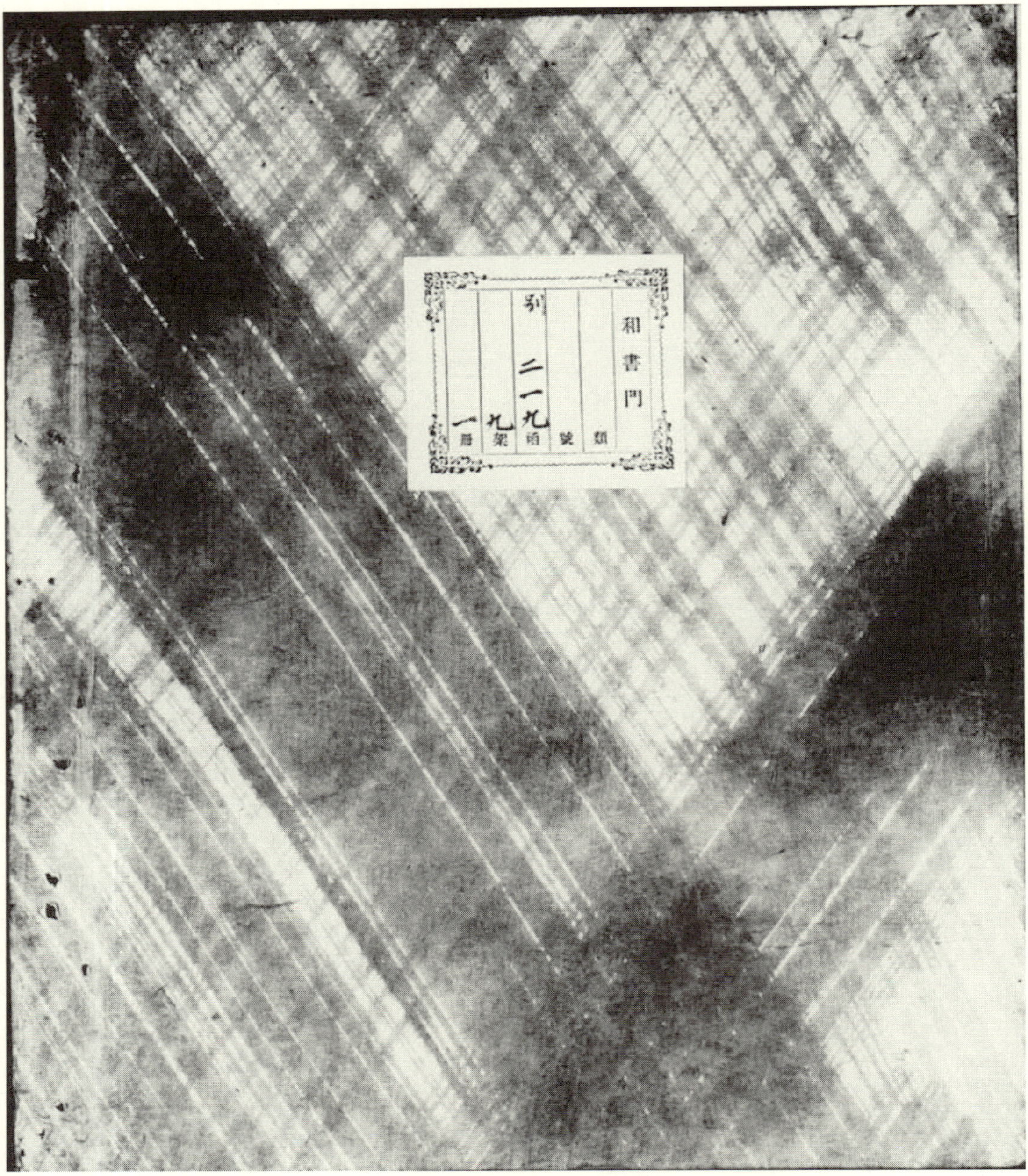
和書門 類
號
別 二一九 函
九 架
一 冊

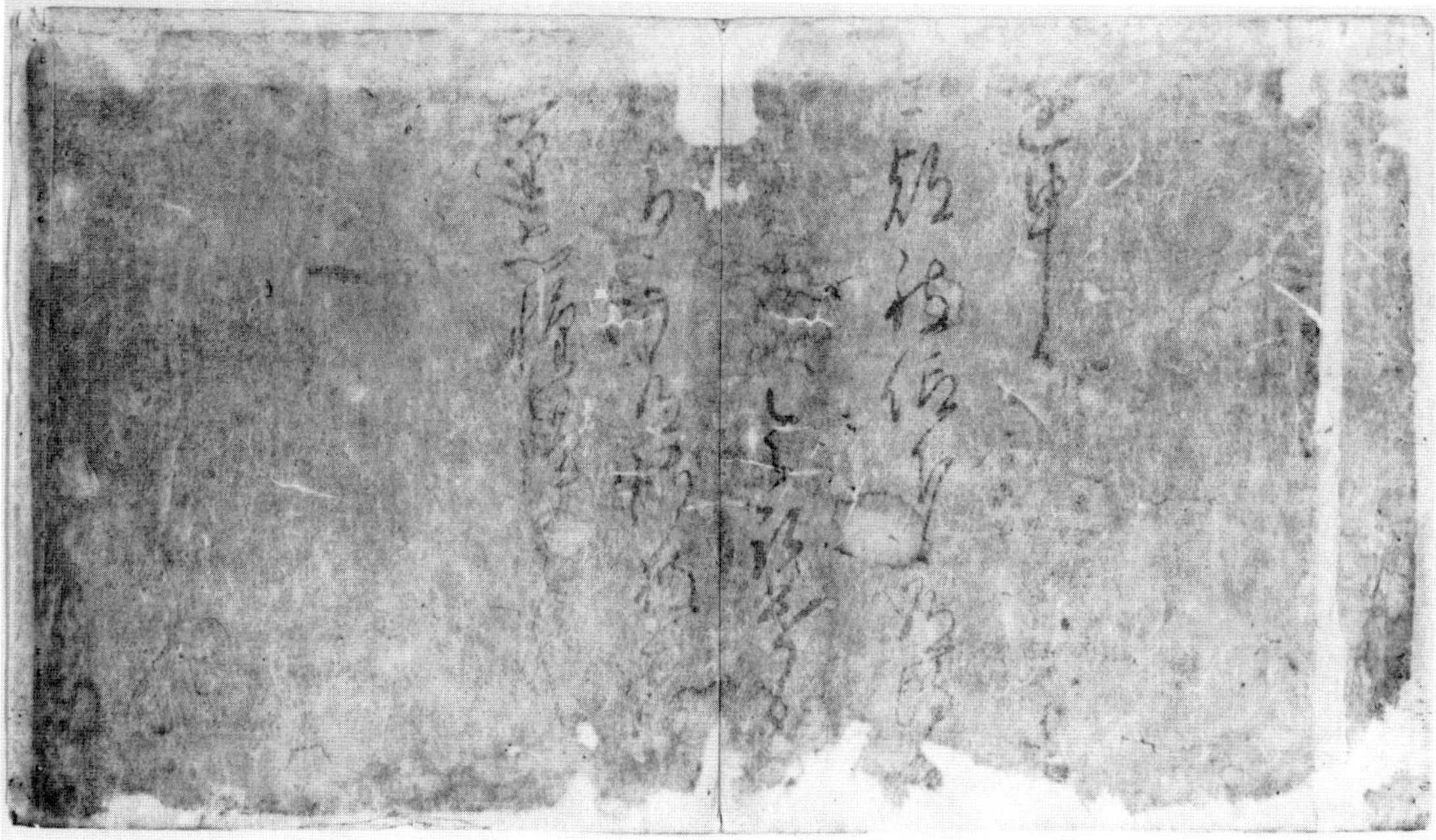

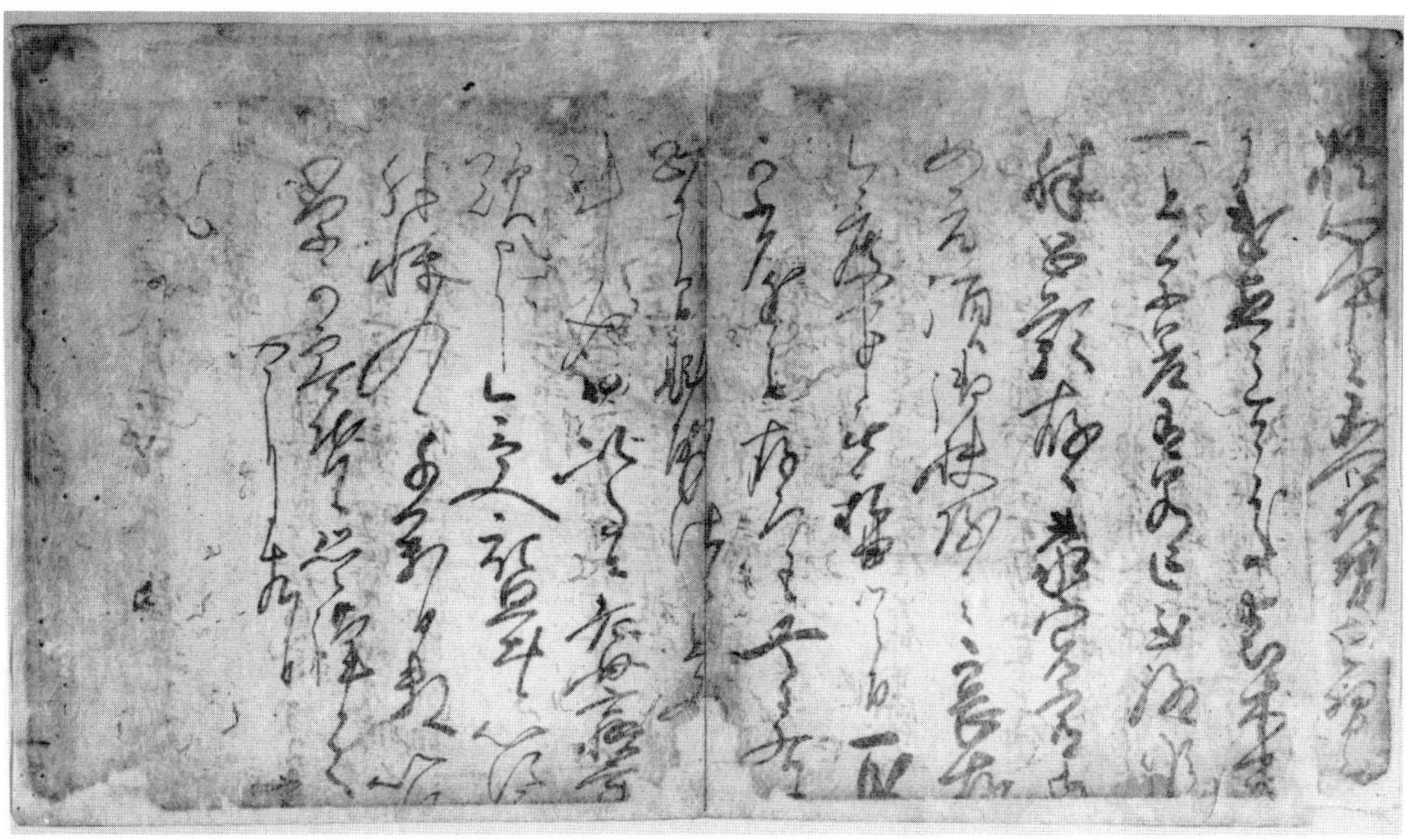

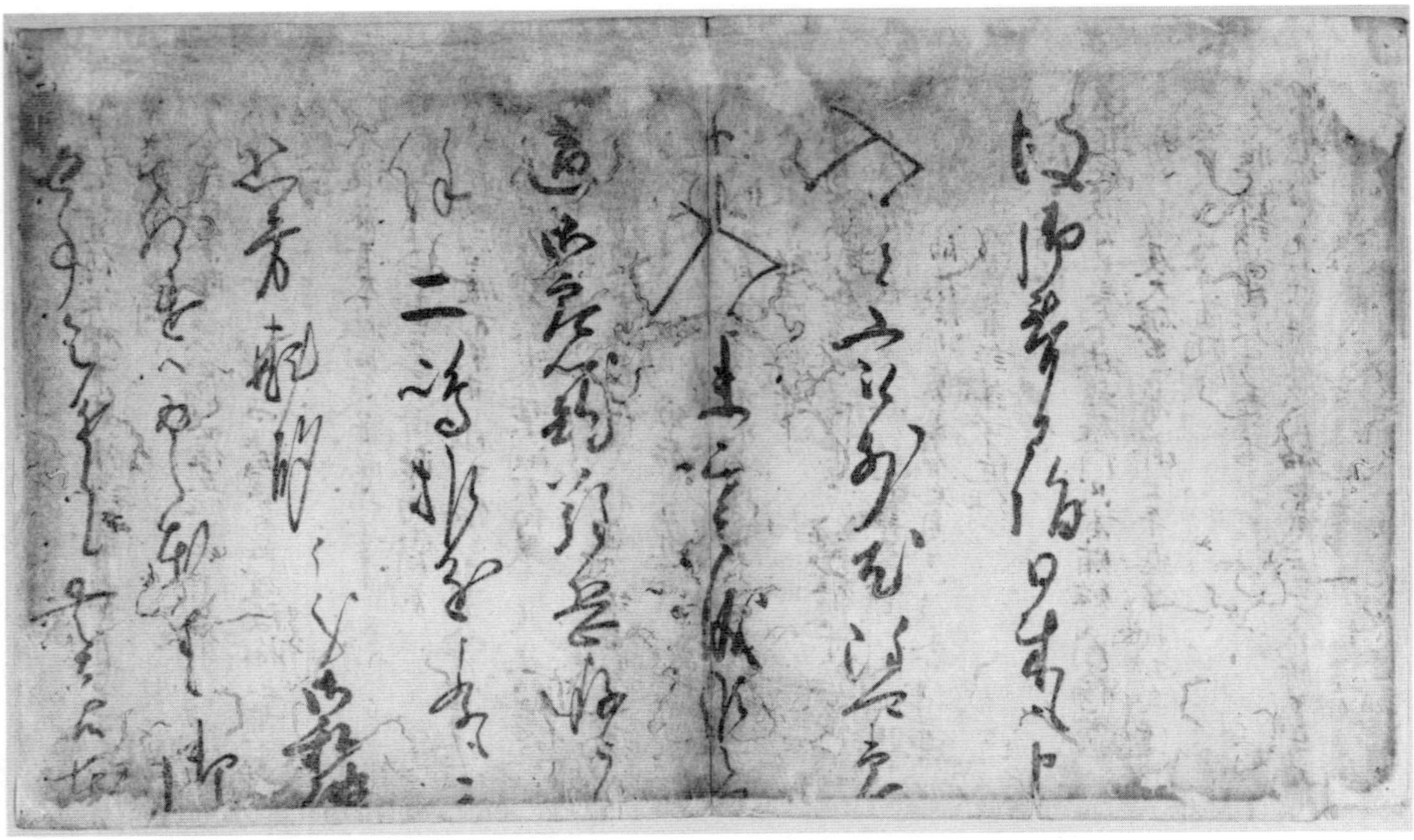

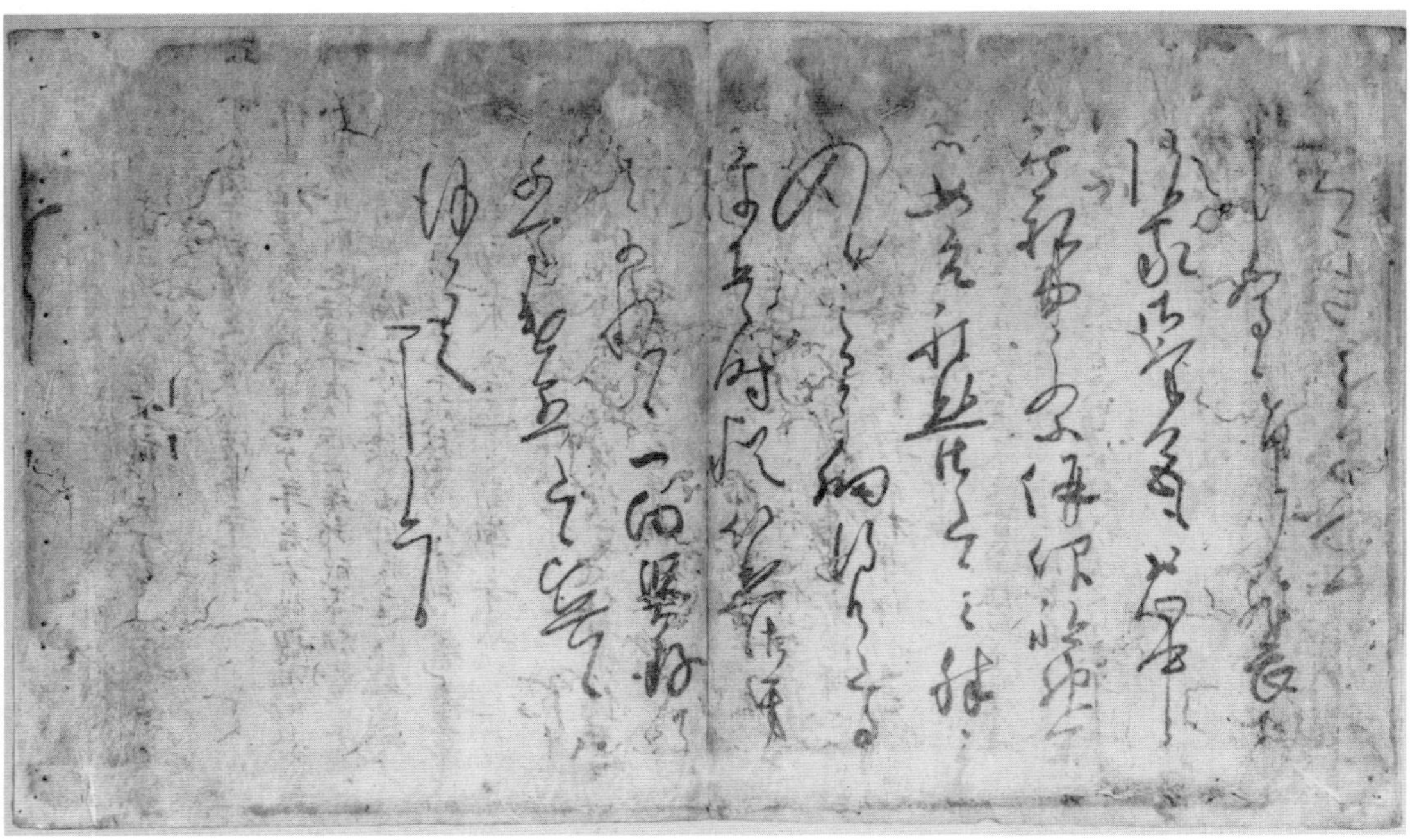

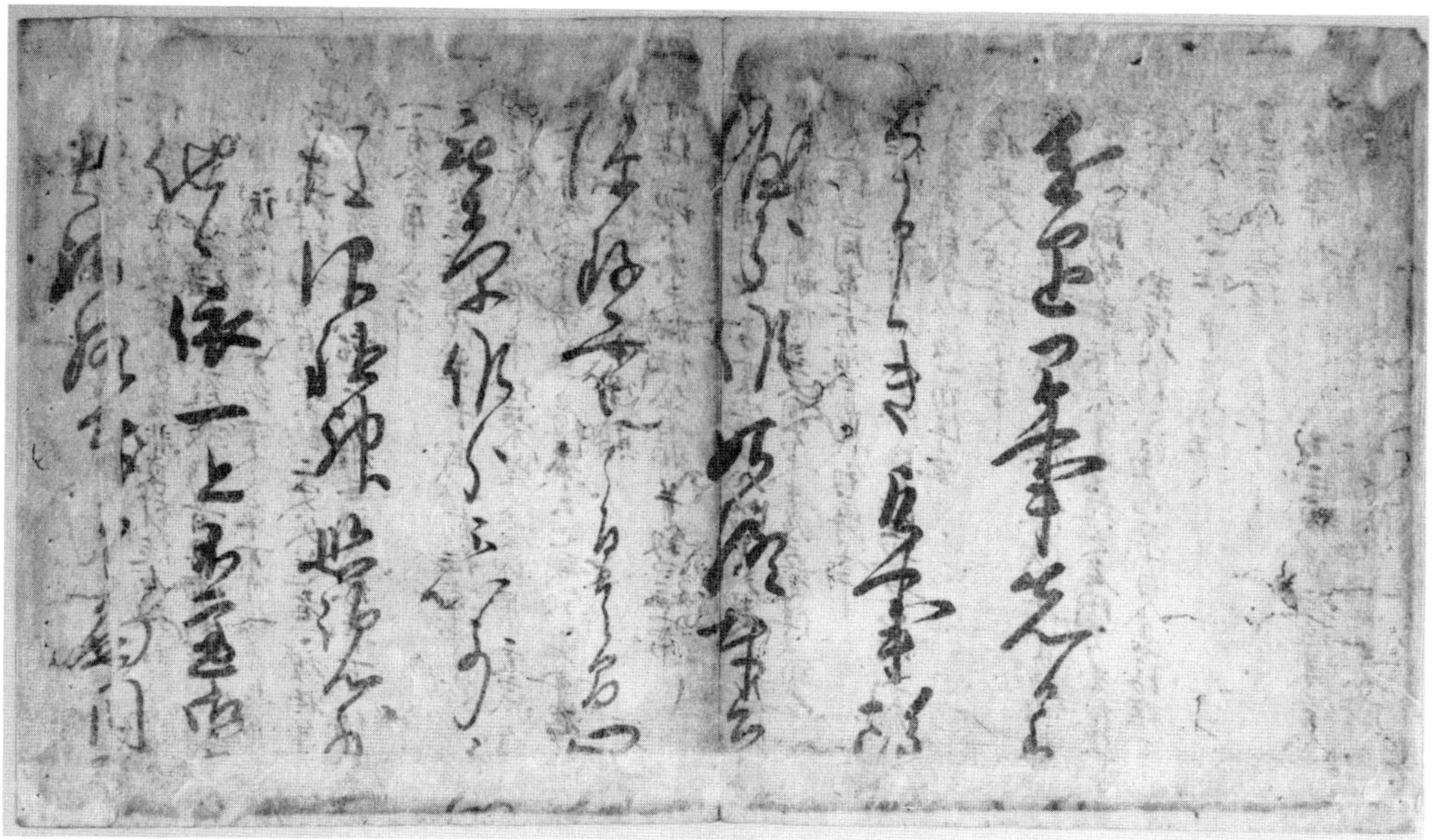

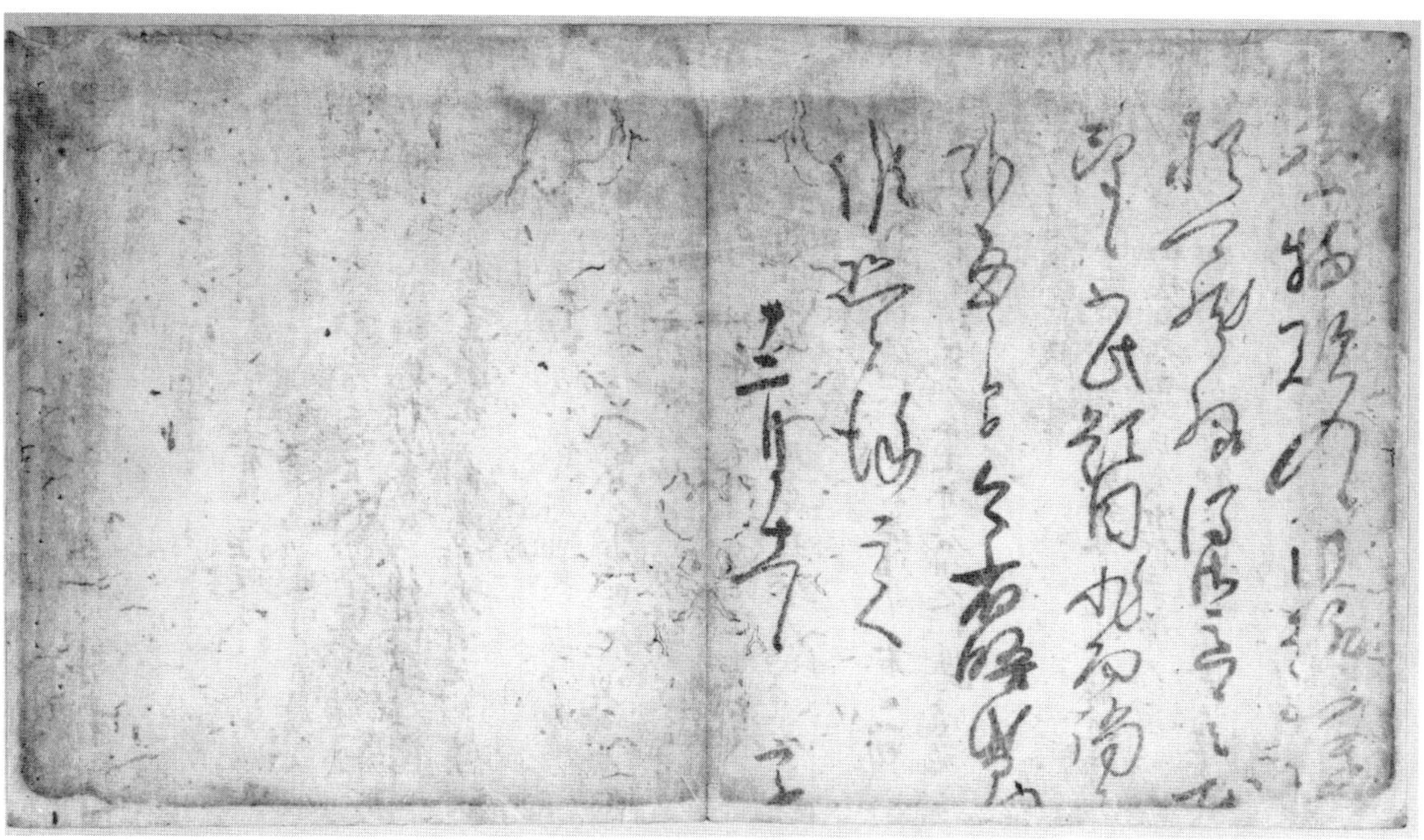

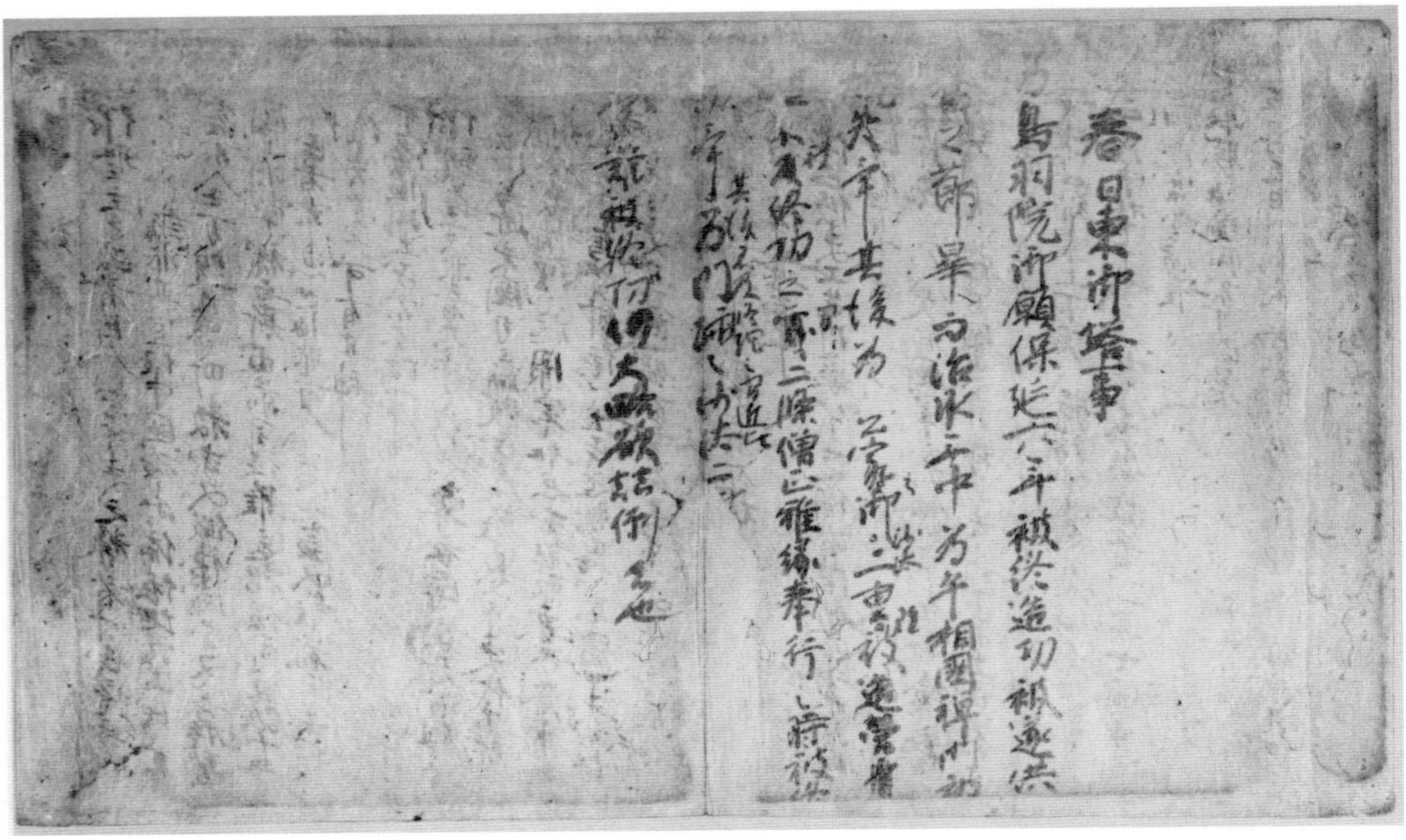

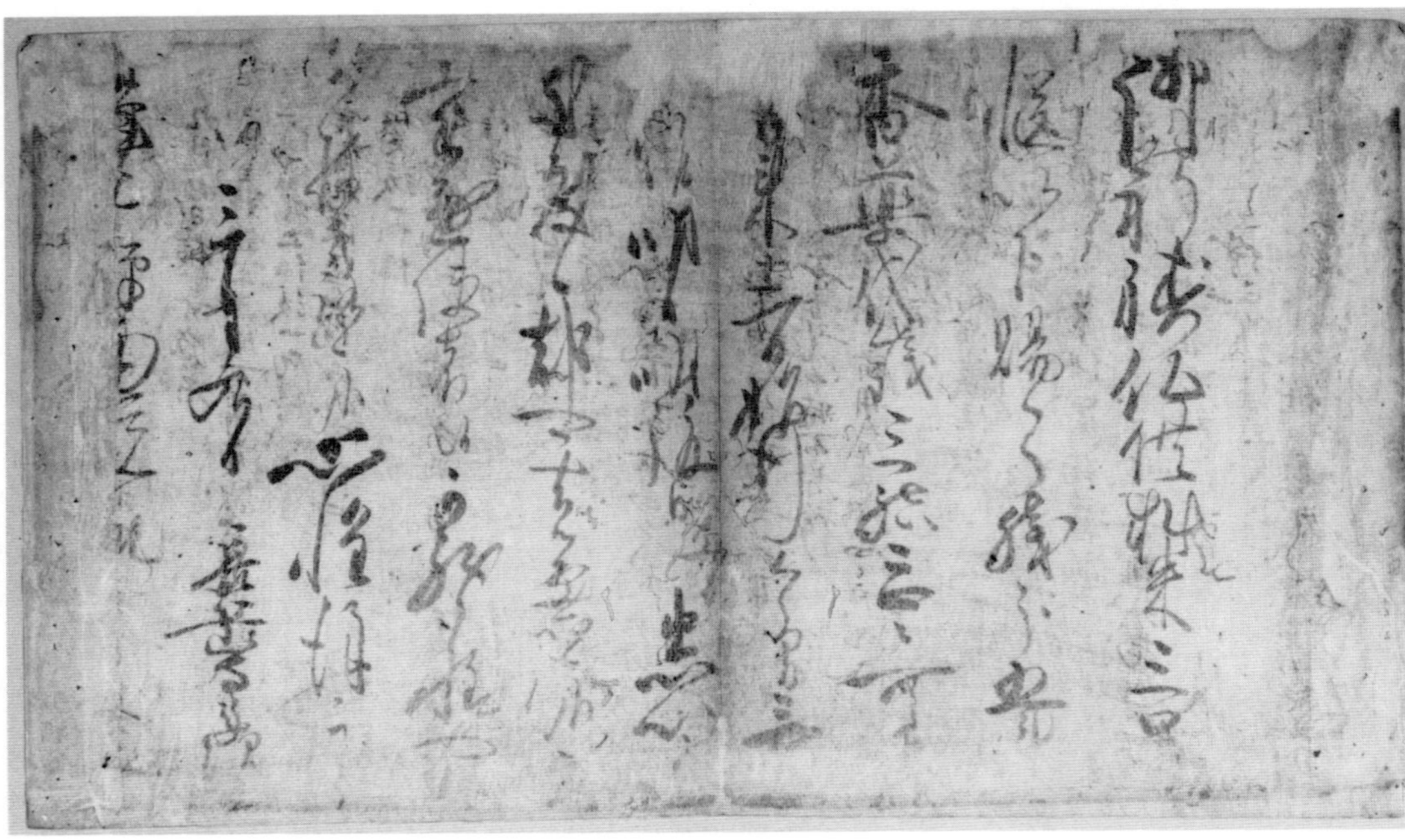

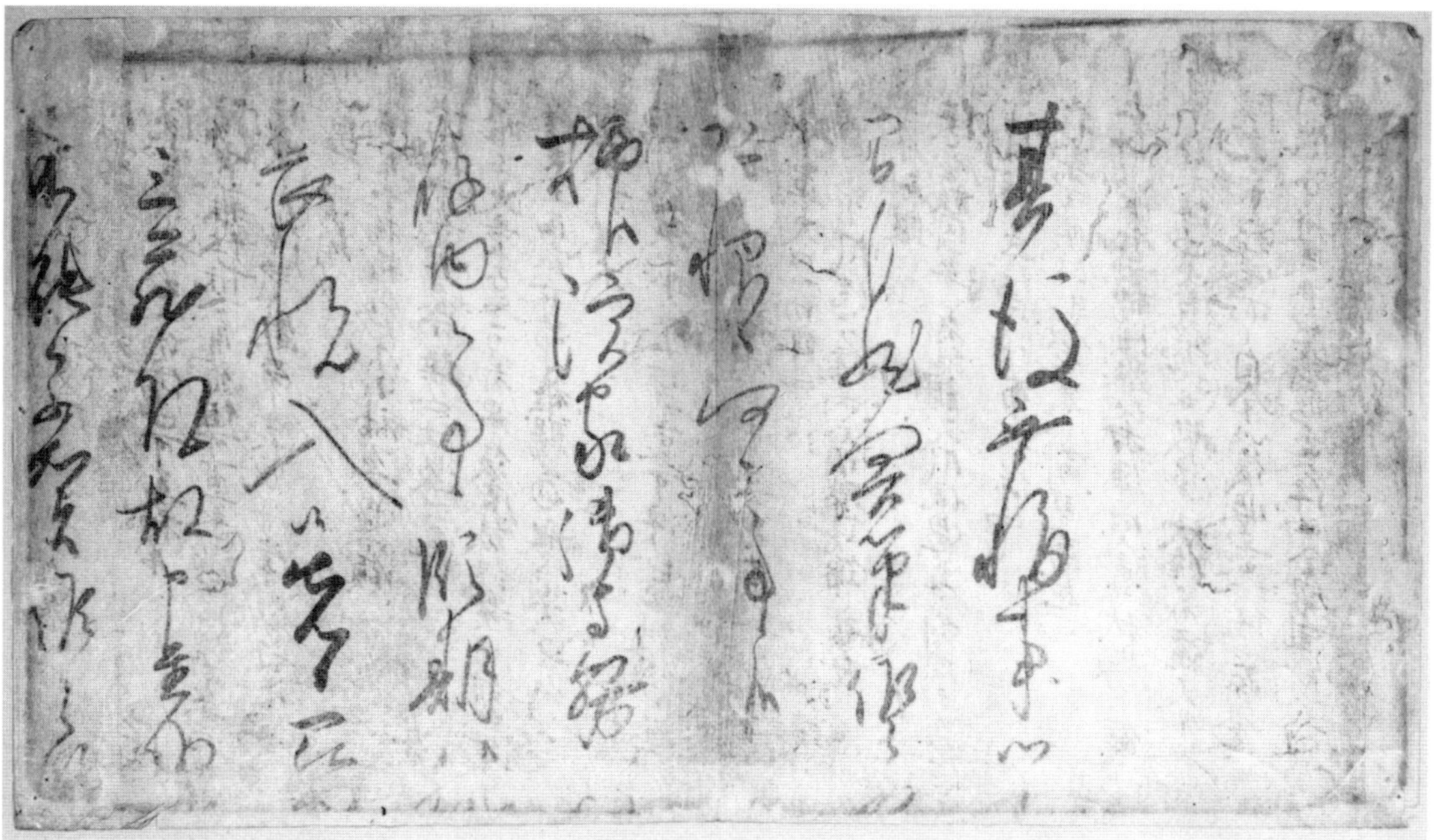

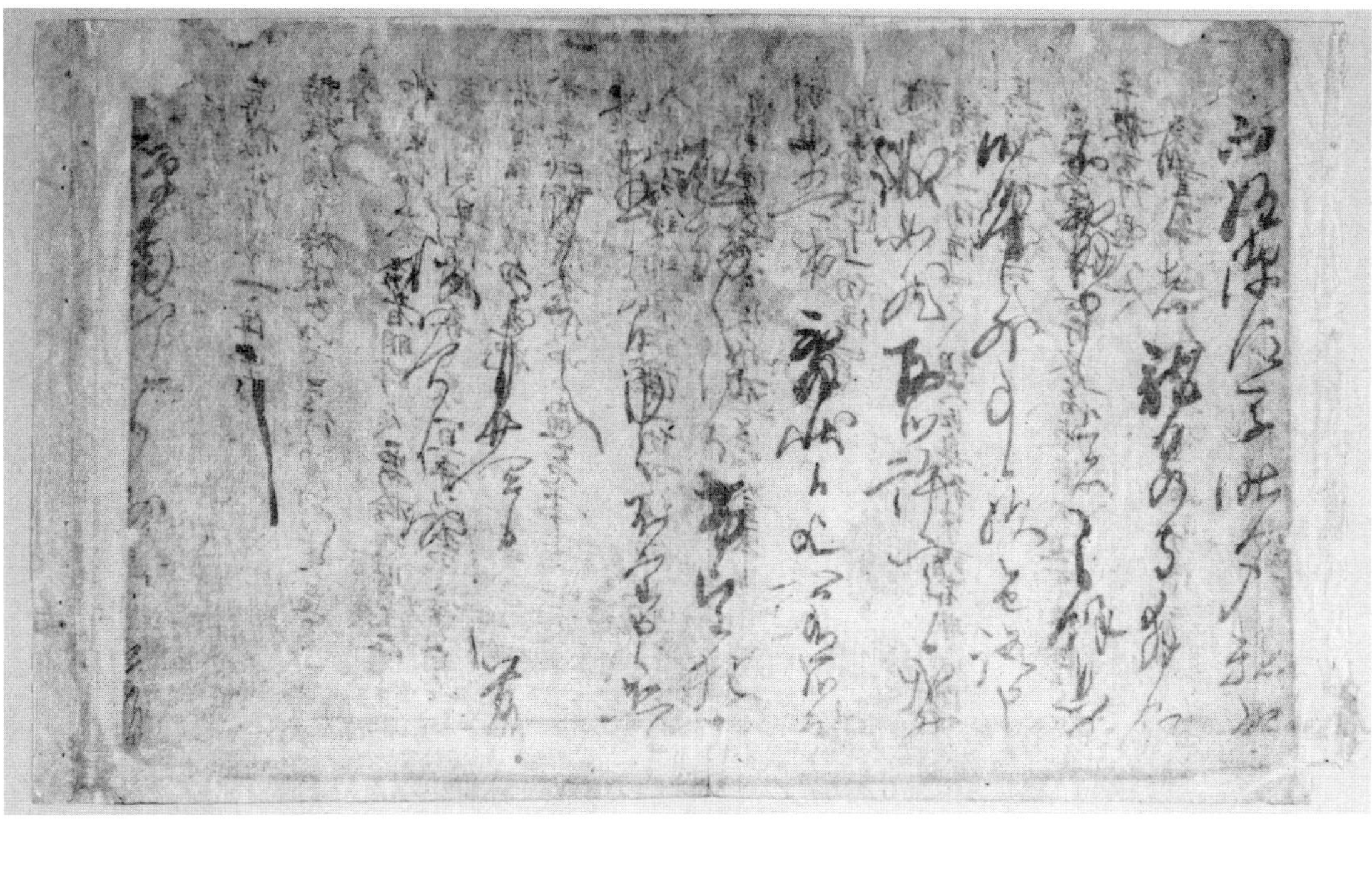

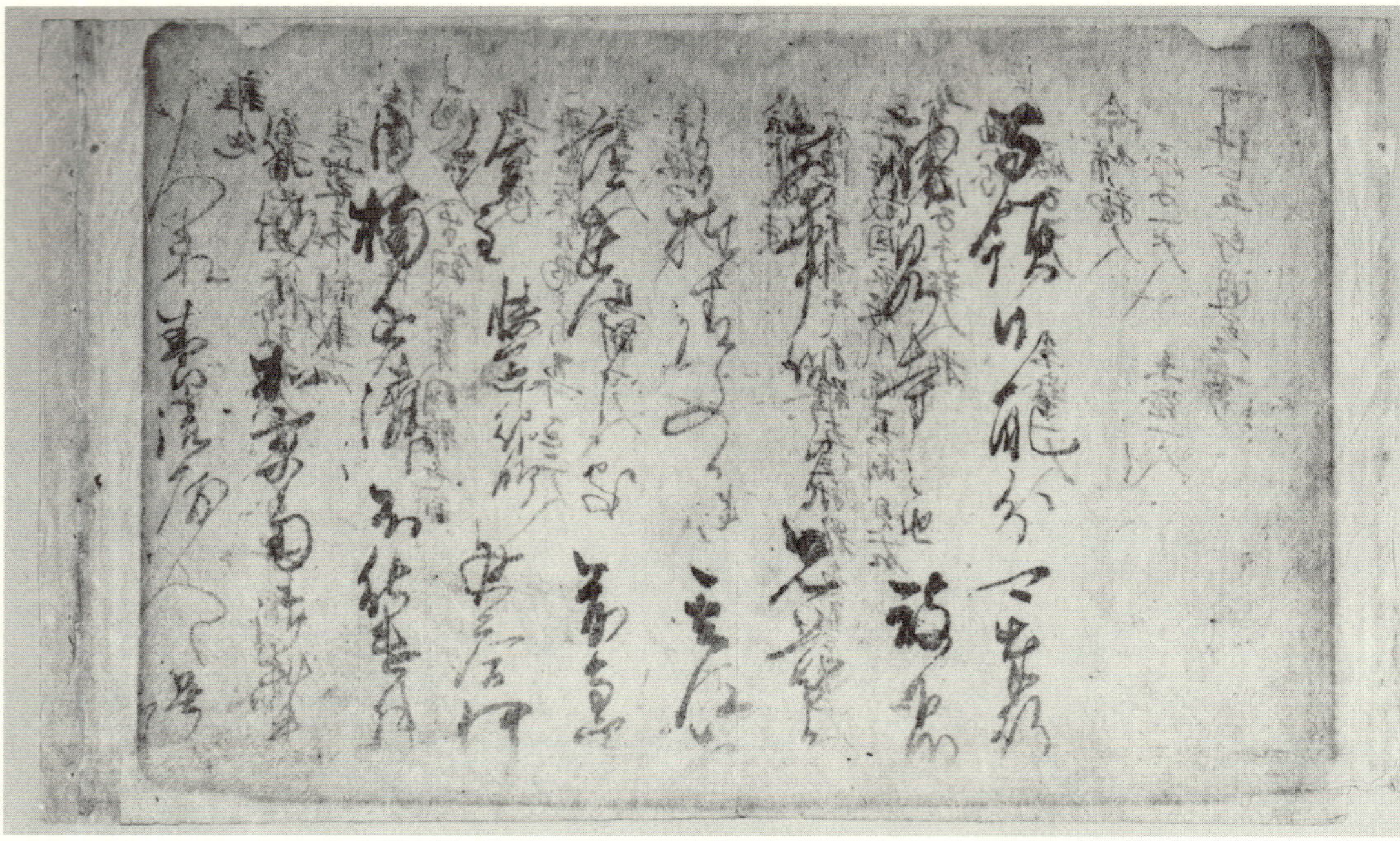

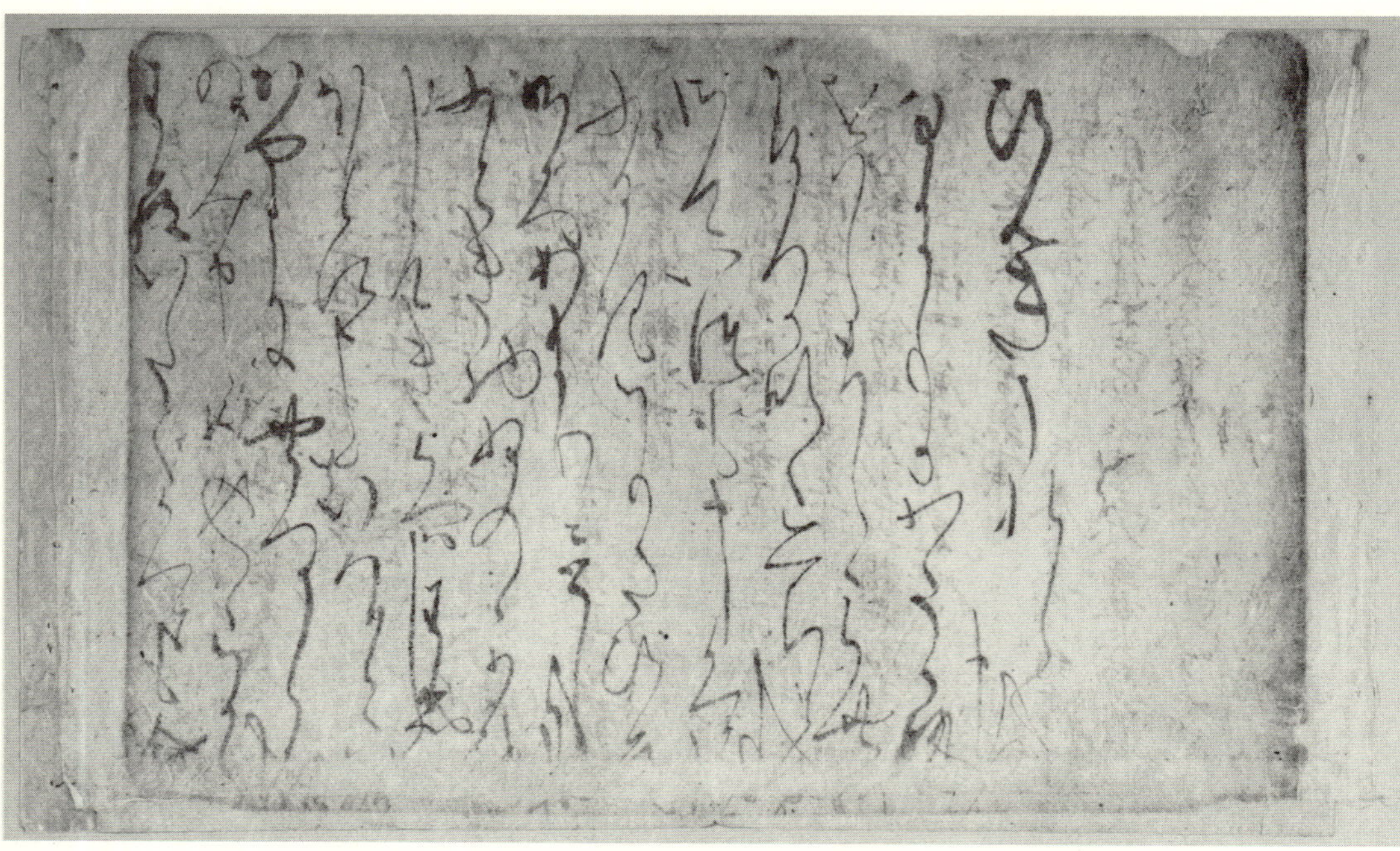

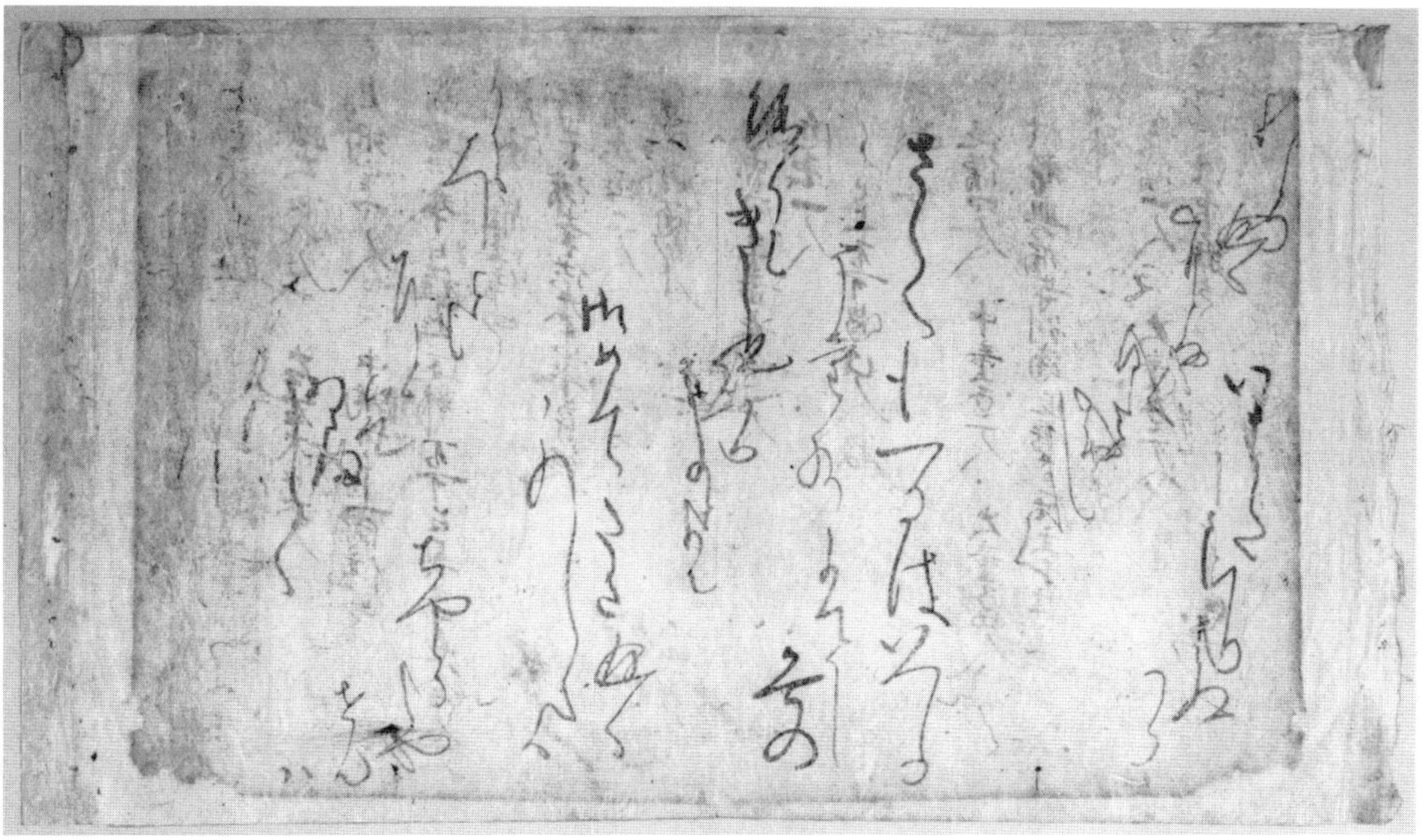

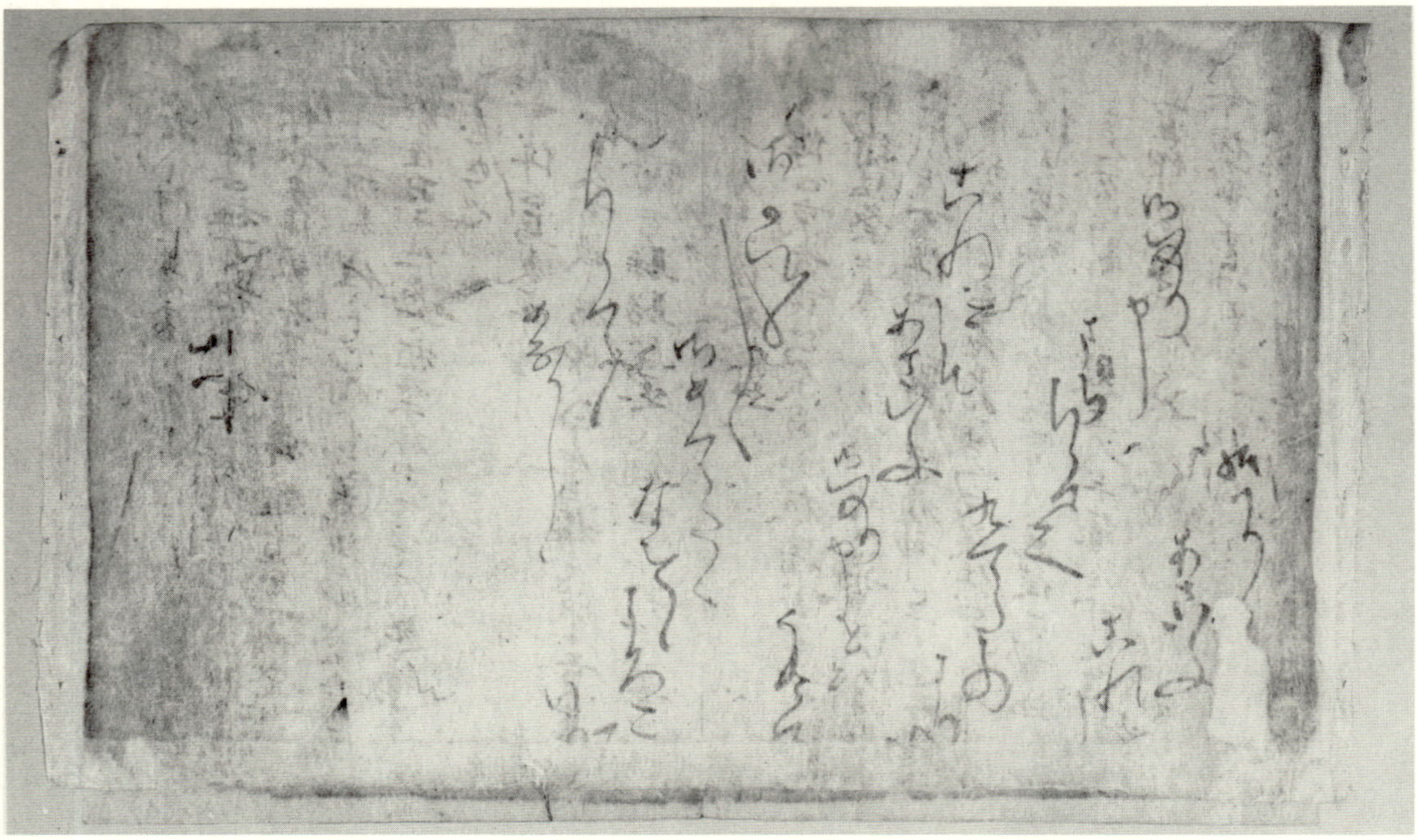

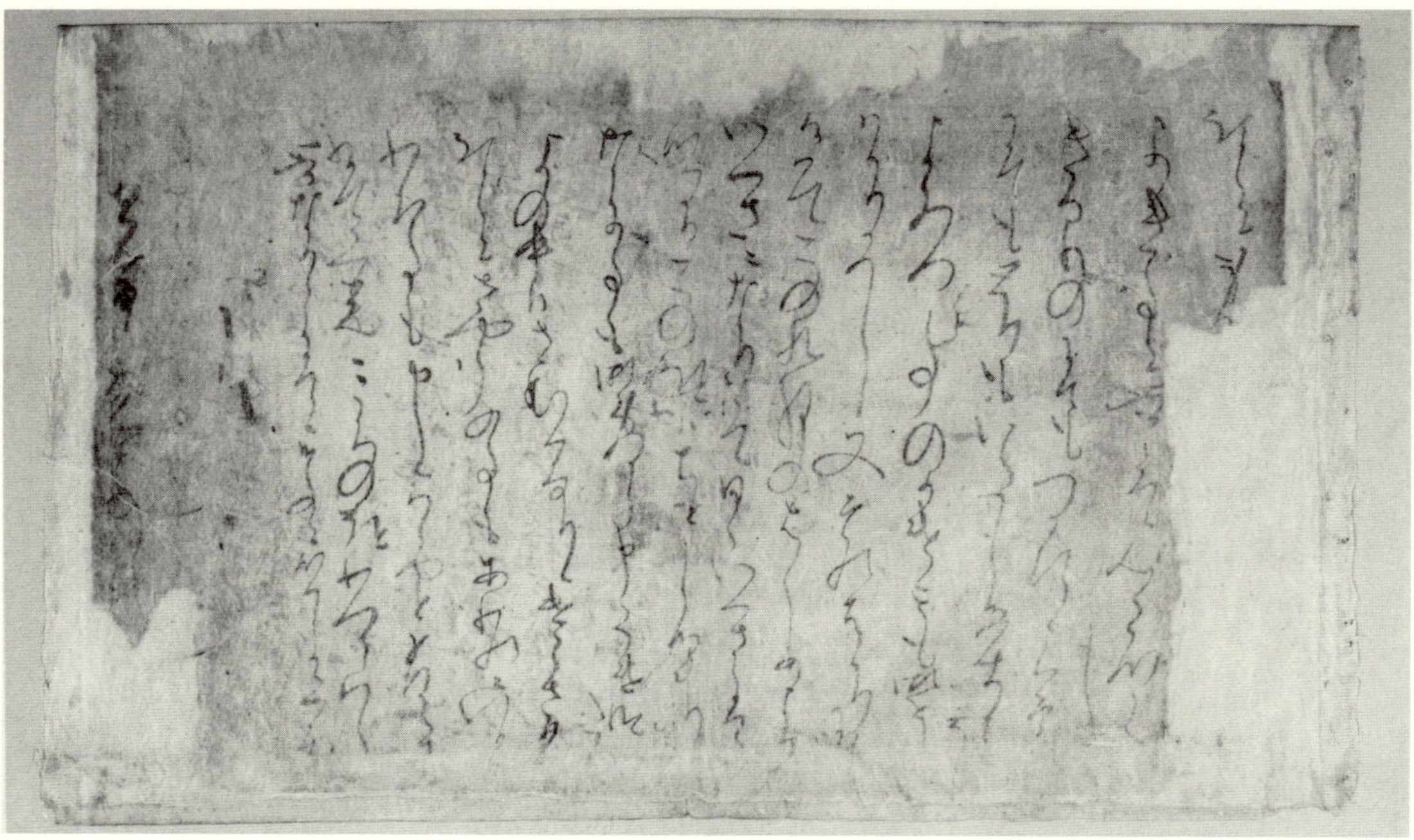

法曹類林

法曹類林
452
内閣文庫
三二四一八
號
冊
和書
三二四一八號
内閣文庫
番號　和　32418
冊數　3(　1)
函號　1　2

（第１紙）

法曹類林巻第百九十二

寺務執行十七

寺務

國師任限解由同事

私記云、問、延暦十四年八月十二日符、偁、諸國

金澤文庫
紅葉山本
日本政府圖書

寺務
國講師任限解由同事
同替

私記云問延暦十四年八月十二日符偁諸國
國師任限六年兼預他事煩以解由自今以後
宜改國師曰講師毎國置一人擧才堪講說者
衆推讓者申官奏聞然後聽補一任之後不得
輙替者案此文曰國師時任限六年而下文或
身期若死情無知是何時期若死未知所據如符
替講師一任期若死事不見可求

者訴所一任其夫死事不見一状

問負須他事煩以解由自今以後宜改國師曰

講師後不煩解由哉

答依此式文不煩解由依此下符更勘解由一

依舊例者

問舉才堪講説為衆推讓者雖堪講説無衆讓

者不舉哉稱衆者道俗衆欲

假令甲先年以乙為口入人入借書擬借用丙物

假令甲先年以乙為口入人入借書擬借用丙籾
一石而乙不令知於甲請取実（籾）宿置丁所其後
乙与丁同心逃行他人爰甲陳云不請物実可
返借書者而乙不返彼手契自経渉年月雖然
籾主不責徴於甲然間請籾実云乙以去春以亡
之了仍丙見乙死亡之由加四五箇年息利十余
斛籾可辨返之忽驚此事責尋問彼借書以

斛粮可辨返者忽驚此責尋向彼借書以
本一石〻子契書成二石〻文書暗愚之身不忘
所為明判〻之道可於理非皆請情意將為不驗也
答律云有贓應備受贓者備之令云察獄之官先備
備五聴又驗諸證信者今如同状甲以乙為口入誠
雖入粮借書甲既不請其物乙暗以請其實據捨
律案乙是受贓者也偏就借書難可責甲宜
尋證信以定償否

（第3紙）

借米

借官物於他司之人遷他司者可勘徵否事

尋證信以定償否

問民部省常収米太政官令年三月十日下省符云甲

限来九月卅日借米十石宜借之者依符借宛畢而

期日已過未有酬納今省官人等遷任他司物是

諸司之符借則官符旨也得依彼未納物此解由不

予奪在京諸司解由之與本為公文紛失官舎

破損公廨欠負今依問旨所借之米是由官符非

破損公廨欠負今依問旨所借之来是由官府非
省所為然則至于解由理不可拘仍須見任之官
徴納其物
弘仁二年閏十二月　明法博士物部敏久

借物事

伴福部真實問
天元四年十二月四日

借物加一倍弁返之後質人券契不返之事

假令甲置質乙許甲請借之後加一倍利弁済
已畢爰乙留置本文書未返行就中相副三
間一面板屋一宇券案文同以置而其文書于

間一面板屋一宇券案文同以畳而其文書于
今未返之旨未知法意謹問
答格云豊富百姓出挙錢財貧乏之民宅地
為質此至責急自償質家無處住居迸散他
國既失本業或民弊多為蠹實除自今以後
皆悉禁斷若有先日約契者雖至償期猶任
住居稍令酬償者為質宅地禁制尤重是則
失其住所失其本業之故也所謂舎屋乏是住

（第４紙）

共其住所失其本業之故也所謂舍屋者是住
所也而如同状甲所借之物已請得之後留置
本文書不返行之内屋一宇券案于今未返者
決争之道尋情為宗返補借物之後何不返
被借書況乎不返屋券甚乖格副
假令不出挙之物天借用人物平而誤天可利之由
成契状平仍有物主天任契状可償之由勘責経

借物事
非出挙之後誤號成息利契状不可收息利之事

（朱）借物事

成契状〔乎〕仍有物主〔天〕任契状可償之由勘責縦
（朱）此出挙之後誤號成息利契状不可返息利之事
雖誤成契状不可辨其利哉如何　答或儒
説云變所約之旨返其物之日請彼本數之外
稱可一倍之由抑論實則是贖勞之色拾法
未見息利之文縦誤成契〔状〕尚須無償理如此文
者誤成契状〔云〕除出挙物之外不可利之由已以明邑
假令有甲〔天〕以絹一疋々別充一石時之絹〔天〕借用之

（朱）借物事

借物事

錢直未返年條々依本物直事

假令有甲以絹一疋々別充一石時之絹借用之

後今年充一疋五斗時之定可辨之由甲所申

如何乙猶忌前日之高直天以後減直可受取如何

答律云平贓者據犯處當時物價及上布估天

暦三年八月八日官符云調布一端直百卌文已

下應和二年四月七日官符云調布一端直六十

文已下格云私舉錢宜限一年收半倍利

雖積年紀不得廻責者據此等文新舊之

（第5紙）

[illegible]
雖積年紀不得廻責者據此等文新舊之
錢徴償云理須依爭贓之律以從沽價之法
方今天曆應和之府是新古之錢之沽也仍
以借時即准彼時之布更以所當之布又准
新錢估以其所得之錢可為辨報之數但至于
息利可加半倍如此文者以借時之錢天准彼
甚深之道勸學修行更無如何至於梵唄散花

甚深之道勤學修行更無如何至於梵唄散花
用音之事今會集者掩口大咲着以此言之國
分僧者不堪講説修法由是所謂也
同延暦二年四月廿八日格云奉去天平十三
年二月十四日勅處分毎國造僧寺必令有廿
僧者仍取精進練行操履可稱者度之其雖可
稱不得輙度必須數歳之間觀彼志性始終無

程不俱、既度者、須數歲之間、觀彼志性、始終無
變乃聽入道者、而國司等不精試練、每有死闕
每令得度、今被大納言藤原朝臣是公宣、奉
勅、國分寺僧死闕之替、宜當五僧之中擇堪為
法師者補之、自今以後、不得新度者、據此文
於國分僧可請用、而何將行、更無如何云々哉
答、天平格前也、延曆格後也、依後格不請用歟
於好可案

荅天平格前也延暦格後也依後格不兼用歟

非好可案

政事要略第五十六　交替雑事十六

定額寺田分二寺油分稲同事

私記云問文云定額寺燈分稲便預講師三綱

法曹類林
内閣文庫
番號　和　32418
冊數　3（　2）
函號　1　2
452
内閣文庫

（第１紙）

法曹類林巻第百九十七

公務五　考選　解任　不上等事

考挍不實事　會赦免否事　付嶋

史生徳麿預省考別當漏落道繼考未成選之

道繼理所成選已了今憲麻呂遷任隨事露

金澤文庫

日本政府圖書

道継理訴成選已了令徳麻呂遷任随事露
顕欲除其考已経成選者除当年考乎
螺江継人
名例律云畢官犯罪遷官事発在官犯罪去官
事発犯公罪流以下各勿論考課令云其前任
有犯私罪断在今任者亦同見任法者（令傳麻呂　所在此處）
（坐准依法條　令從勿論）

坐准依法條
令從勿論

或人有犯不可預考而本司挾心与上等考
而間有恩赦令預考官人猶降其考以不

讃岐廣直

考課令云官人景迹功過應附考者皆須實録
若隱其功過致昇降者各准所失輕重降所由

内閣文庫

法曹類林
内閣文庫
番號 和 32418
冊數 3 （ 3 ）
函號 園 1 2
内閣文庫
452

（第１紙）

法曹類林巻第二百

公務八　座次二

勘申叙三位上臈与参議三位下臈署所上

下事

金澤文庫

明法勘文一通　同年同月廿五日明室有憚

下事

右左大史小槻宿祢政重仰偁右少辨藤原朝
臣宗成傳宣權大納言源朝臣能俊宣奉　勅
散三位上臈与参議三位下臈署所上下事宜
令明法博士寺勘申者謹捻公式令云文武職
事散官朝參行立各依位次爲序位同者五位
以上卽用授位先後就者云依位者正從上下

以上所司授位先後説者云依位者正従上下是各以次列同位者共上階共下階之類是式部式云元正行列次第参議以上在左親王諸王及餘官三位已上在右自外五位以上随便左右其四位参議雖是下階列同色上又條云諸節會行列次第親王及参議已上并諸官三位已上在左諸王左右行列在諸臣上其中政之時以官秩次但五位已上位色不同雖是下

之時以官秩次但五位已上位色不同雖是下
官猶先高色又除云非執政二位者列中納言
之下三位參議之上三位者四位參議之上若
例律云職事初位与八位同者攙於此等文如
令條者五位以上行列唯言授位之先後不言
官秩之爲畢式條者又乖位階之次第所貴見
任之職事也然而或令式共可謂貴位階也依

任之職事也然而或令式者可謂貴位階也依
五位以上用授位先後位已不同雖是下官尚
〔先〕高色等之文也或律式者可謂貴官秩也依職
事初位与八位同四位参議雖是下階列同色
上等之文也言令當式條而欲貴官職者則可
叅令文守令條而欲貴階級者忽似破式文因
斯言之行列之日者依貴官秩之式署所之時
者可隨用位階之令者歟是則不可違令違式

（第3紙）

者可随用位階之令者歟是則不可違令之違式
之故也雖然非有別　勅不可背憲章之制至
于如斯之事尚須依臨時之處分而已仍勘申
天養元年五月廿五日
従五位下行明法博士兼安藝権介中原朝臣明兼
従五位下行明法博士小野朝臣有隣

正據宣文

天承元年八月九日

官外記明法博士寄勘申散三位上﨟与参議
三位下﨟署所上下事

公卿定文

天承元年八月十九日

三位下臈署所上下事

中宮大夫藤原朝臣定申云

一條院御寛和二年十月五日有射場始時参

議従三位佐理与正三位時中有行列論被沙

汰後殊依　勅定以佐理可為上臈由所被仰

下也随忽畫科簡了仍行列署所共以参議為

上臈由已以顯然也右衛門督被定申寛和之

上薦由已以顯然也右衛門督被定申寛和之
例若是件年之事歟
聖代御時事已切了不可有異議歟治部卿源朝
臣權中納言源朝臣權中納言藤原朝臣皇后
宮權大夫源朝臣等定申云行列可在上之由
法家所勘申也何拘署所可書下薦年任官外
記勘文可被定行歟
民部卿藤原朝臣定申云法家勘文其趣兩端

請[illegible]
民部卿藤原朝臣定申云法家勘文其趣兩端
雖中左右令則依授位之先後定行立式亦随
見任之職事先官秩者唯依官秩可書署所
欲就中官外記所勘申可先参議者行立署所
何以爲列乎
左衛門督藤原朝臣定申云式令之文所立各
異偏依令文者悲（非歟）違式條偏就式條悲乖令文

異偏依令文者悲(非欤)違式條偏就式除悲乖令文
事涉兩端理雖一決然者共存令式可令署立
欤定申之意不可違法之故也抑
白河院廳下文并月奏等頗季卿与爲房卿有
署所論之時擢以藪三位被書上臈是依授位
前後之故也者例不可外求尤可爲勝躅就中
當院偏被移彼院廳不被改其例無殊難欤
[illegible]

當隊偏被移從隊廳不被改其後無殘難然

但新制隨時只可在勅定矣

右衛門督源朝臣定申云件署所事行列署所

何有差別就官外記勘申以同位下臈叅議可

令書同位上臈叅三位上欤就中寛和之比議

定已了前規已詳何有異議哉

左兵衛督藤原朝臣右近衛中将藤原朝臣等

定申云法家所勘申行列者依貴官之式署所

（第5紙）

左兵衛督藤原朝臣右近衛中将藤原朝臣等
定申云法家所勘申行列者依貴官之式署所
者随用位之令者推其理致非无不當式者補
闕之書也非背令條之文是補令條之闕其故
者公式令職事散官五位已上即用授位先後
者彼時唯有大納言未置中納言参議其後延
喜式追定中納言参議之行列欲令文只指大
概式文已存明文條貫雖別旨趣惟同一所緒律

[illegible]

概式文已存明文除貫雖別旨趣惟同一所稽律
令格式四者相須足以垂範並則依式文可被
定行致加之官勘文保安月奏前鑒在近遵行
無疑但先々如此之事蒙臨時處分且之可在
勅定

天養元年八月十九日

臨時之間不能他事

臨時之間不能他事

中宮大夫宗忠卿送大外記許之書状一通　八月言

獻上

宣旨

仰依諸卿定申以参議三位上之散三位上之状

諸卿定申散三位上﨟与参議三位下﨟署奉

上下事

副官外記明法勘文奉

仰依諸卿定申以参議三位書散三位上

仰依諸卿定申以参議三位書散三位上

右宣旨下知如件

八月廿四日　中宮大夫藤宗忠

謹奉　大外記殿

謹請

宣旨

大外記信俊請文一通

天永元年八月廿六日

諸卿定申散三位上﨟与参議三位下﨟

署一所上下事副官外記明法勘文等

署所上下事副官外記明法勘文等
仰依諸卿定申以叅議三位書敍三位上
右　宣旨可下知之状謹所請如件信俊誠惶
誠恐謹言
天慶元年八月廿六日大外記清原信俊請文

宣旨一通

宜以叅議從三位令上敍三位上事
同八月廿六日

正二位行權大納言兼中宮大夫藤原朝臣宗
忠宣奉　勅敍三位上臈与叅議三位下臈署

忠宣奉　勅散三位上臈与参議三位下臈署
所上下事依諸卿定申宜以参議三位令書散
三位上者

天養元年八月廿四日大外記兼博士主税助
周防権守清原真人奏

非執政三位上臈与参議三位下臈署所事

同本以同巻亡之

問
式部式云非執政二位者列中納言之下三位

（第７紙）

問

式部式云非執政二位者列中納言之下三位
參議之上三位者四位參議上者非參議雖為
敘日之上臈可列彼參議下之由既見此式而
院廳下文書別當署所之間以參議三位書散
三位之下其理如何

答

公式令云文武職事散官朝參行立各依位次

公式令云文武職事散官朝參行立各依位次為序位同者五位以上用授位先後上文義解未書云依位之科多稱各字文官武官散官不別列者各依位次為序者式部式云元正行列次第參議以上在左親王諸王及餘官三位已上在右自外五位以上随便左右其四位參議雖是下階列同色上孫王諸王同色先列孫王

雖是下階列同色上孫王諸王同色先列孫王
六位以下次以位階不依官袟外位不得列内
位上又云諸節會行列次第親王及参議已上
并諸官三位已上在左諸王左右行列在諸臣
上其中政之特以官袟次但五位已上位色不
同雖是下官猶先高色又云非執政二位者外
中納言之下三位参議之上三位者四位参議
之上又云前参議以上被呂見及預朝参者致

（第8紙）

中納言之下三位参議之上三位者四位参議

之上又云前参議以上被召見及預朝参者致

仕者在本位見任上以理解者在同位下就此

等文言之諸節會行列并式部進歷名之日署

所次第可依式文臨時所文書之署所者可依

令條欤然則院廳下文之署所以散三位上臈

可書参議三位下臈之上欤

問

問
謂令謂式共行立之文朝參之次第也爲臨時
之所未成文何恣以式文偏稱朝參行立之次
第以令條又判他處文書之署所哉彼令條者
言階級之上下不合官職之次第也因茲令制
此式文也然則縱雖臨時集會之所何乖式文
以可書署所哉就中散三位者雖交隸路更無

以可書署所哉就中散三位者雖交隷路更無職掌參議者皆列八座盡議朝政遠訪唐朝則起自唐太宗帝貞觀之秋淹近尋日域又始於文武天皇大寶之安曆上卿有故障之時二人聽政云云　錄是觀之參議以上職掌無心散三位不可比類職事初位同於八位之類貴職之故也縱叙日雖有前後論非同日有職掌与無職掌差別云陣攝文書之署所須以參議之下

（第９紙）

職掌差別云障擕文書之署所須以参議之下

藹書非参議上藹之上者歟

答

令式之文是灼然誰稱臨時之所哉今以朝参

行立之次第因准他所文書之署所文兼両方

疑難一决偏欲依式文則可背令條尚欲歸令

條又似破式文是以廻准據之法求比附之文

條又似破式文是以廻准據之法求比附之文
式者守職補闕之制也不涉他事令者文義普
通之典也言載衆務以始明終以終明始計彼
明此計此明彼者也所謂法令制作文約義廣
是儀制令在廳座上條說者云廳座者上位座
也何者太政大臣以下相見故也但會集所座
同之耳又云先八省但餘曹司座亦同者依此

同之耳又云先八省但餘曹司座亦同者依此等文准的可取故格序云律令是為從政之本格式乃為守職之要者朝廷行列雖全式文臨時所文書之署所須准據令條以依授位前後也至于式文者無可比附法之故也就中雜律云違令者笞五十別式減一等者爰知式輕令重者何閣令條強執式文哉抑參議依為職事可貴於散三位者粗諳憲章未詳其義官位令

重者何階令時須於式文書於參議何无職掌
可貴於散三位者粗訪愚章未詳其義官位令
云大臣以下書吏以上曰官公式令云内外諸
司有執掌者為職事无執掌者為散官義解云
有執掌謂官位令有文以外雖有職掌為散官
說者云内外諸司有執掌諸官位令有文職員
令有職掌也者今見參議者官位令不設位階
職員令不載職掌何以為職事哉何況選叙令

職員令不載職掌何以為職事哉何況遷叙令
云任兩官以上一可為正餘皆為兼者参議遂
授之日已不注兼字何可稱職事官哉

問

参議依不載令條不可稱職事者令外納言者
王者喉舌職掌是貴而載大納言漏中納言豈
又不可為職事歟又偏貴位階不依官職者不

又不可為職事歟又偏貴位階不依官職者不
令大臣納言臨時署所依位次可書歟又參議
非職事者重案式文以參議稱以理解若無官
職者可解何拘哉疑殆尚遺蒙霧未散

答
中納言雖不入令條以義可案職員令云大納
言四人掌參議庶事敷奏宣旨侍從獻替謂納
言王者喉舌官也又右大臣以上共參議天下

（第11紙）

言四人掌参議庶事敷奏宣旨侍従献替謂納
言王者喉舌官也又右大臣以上并参議天下
之庶事弘式格慶雲三年勅有大納言二人員
中納言三人其位擬正四位上天平宝字五年
勅改為従三位就之案之今大納言為中納言
大中雖異其趣一揆也彼職掌以大納言可知
歟子細見義解矣又不令大臣納言可書署所
歟者以大臣納言何准参議非参議之論哉考

歟者以大臣納言何准参議非参議之論哉考
獄令云右大臣以上為長官大納言為次官少
納言左右弁為判官式云非執政二位者列中
納言下又天長宣旨非参議二位列中納言下
者依此等文大臣以下弁官以上為互長次之
号更令職掌之事雖有位階上下大臣納言別
科位所上下専不可疑歟参議非参議尚可同

科位所上下専不可疑歟參議非參議尚可后
寺之故今有畧所之論歟又式文以參議雖稱
以理解考定之日式部不讀上日及功過行能
尚難謂官職歟然而令式之文義分每論理猶
于古先達疑之說未學哉

問

臨時所文書之署所事皆式文以令文可立會
釋法者朝家被量始參議以降不合公私參議

（第 12 紙）

臨時所文書之署所事背式文以令文可立會
釋法者朝家被量始參議以降不合公私參議
非參議同位之時未居參議上也今以此會釋
法永可改其座須不改座者雖書署所者須
答
自上古座著來之例者更所不知也就評問旨
文法所覃所答酬也今依此說尋見古賢之座
次至于臨時集會之所者未必依式文任令條

次至于臨時集會之所者未必依式文任令條
似執位階何者致仕之人可居本位見任上之
由式條所載也而天暦五年大卿良致仕保平應
兼相請就同位上藤兼明卿上兼明卿移就他
方兼相以下無所定行云々又致仕大納言冬
緒卿應昭宣公參（呂）彼家大饗所三獻之後謝座
而着時人感之彼時大納言良世卿為同位上

而着時人感之彼時大納言良世卿為同位上
臈也若有加其上何不許其由哉就之思之式
條雖有明文上古之人臨時之座皆以位階之
由既以炳焉況授位上臈於臨時處者何乖令
條書署所乎

問

就吏部記雖定座次彼時若有定行歟但參議
非參議相並炎京人移官書之中粗遺舊記哉

（第13紙）

就吏部記難定座次彼時若有定行狀任参議
非参議相並炎京人移官書之中粗遺舊記尤
可倫後記寛平元年七月十四日式部省勘文
云勘非執政三位与同位参議歴名帳事右撿
貞観式云非執政二位者列中納言下三位参
議之上三位者四位参議上以此案之以三位
参議可居同位散位上以前條事勘申如件此
勘文注付云式部省手来所進歴名帳以非執

勘文注付云式部省年來所進歷名帳以非執
政三位居參議三位上常作可改正狀而右
執論不改仍中大納言藤原朝臣下宣旨進此
勘文今須因此勘文令改正寛和二年大藏卿
正三位源時中偏存正位次兼自背和漢法式
因之從三位參議等不列次第于時右府奉
勅召問參議等理致顯然以從三位參議可列

勅召問叅議等理致顯然以従三位叅議可列
正三位非叅議上之由勅定畢同年十月五日
依勅定以叅議可列正三位之上之由一定既
畢随則書了場始料簡申者寛平勅文寛和勅
定載所見而不行傳風塵而長存然則謂署所
謂行之事不可異論歟
答
式部省勘文寛和日記雖稱先例未散鬱結彼

答

式部省勘文寛和日記雖稱先例未散欝結彼
朝參行列依背式文上進勘狀上可改正之由
遂降中旨既專非臨時文書署所之證文就件
日記業事必昔雖設式文人執令除行之不同
爭論不絶致而毎度以勅定被裁許者也有限
朝參行之勤破式文擬依位階況臨時所文書
之署所何不依令條哉就中白川禪定法皇御

之暑所何不依令條哉就中白川禪定法皇御
時雖有此論以非參議三位上﨟被書參議三
位下﨟之上畢是又依式文用令典之義也而
法皇昇霞之後陵夷来乾何乖彼睿旨歟哉〻〻

問

式者究本尋源編新除舊而忽出新意强汨舊
文非唯當時之裁當貽後代之疑何者以法意
問一以法意案之而以違式行刑罰之[illegible]登又

文非唯當特之裁當貽後代之疑何者以法意
問之以法意答之而以違式行列還引已證文
又以意見陳之言可謂監吹之法意歟王者之
政有二有權二者所与人共之也權者不与人
共之也縱雖存先例涇渭未流乞也重欲聞法
意矣

答

法令者百王不易之典万代不削之書也條例

答
法令者百王不易之典、万代不削之書也、條例
遍分比附至多一字、若異於此、千里必差於彼、
別式者、雖補法令之不足、未可律令為例者也、
故刑部式云、格式並制、不定其罪、律有本條依
律罪之、不緣違式之科者、如此則以式文無破
律令之文者也、人以違式行、並非引證文、古來
之說既令條之由、所答謝也、何求監吹由式凡

資十二

之説執令除之由所答謝也何不擧吹由哉凡
典籍之所載開塞從特寧由之所貴履繩叶誼
者歟是以令義解云猶有五刑雖若兩釐舊似
必稟皇明長質疑滯者宜任臨時　處分而已

天慶元年五月　日作此問答明兼

公式令云文武職事散官朝參行立各依位次
為序者

為序者
義解未書云依位之科多稱若字文官武官
散官不別列依位次爲序者

官位令
義解云臣事君盡忠積功然後得爵位然後
受官々有高下位有貴賤唯量爵位之貴賤
補任官職之高下故曰官位言官与位相當
令也

補任官職之高下故曰官位言官与位相當
令也
説者云先給位以任官職然則令曰位官令
云官位此取詞順更無異義者
類聚判集云
公會之日文武百僚五位以上二位以下皆
依位為序事　外記左右史及省蕃録位雖卑　下居二位上何則為整率諸司
其使於行故也然今臺弾云凡朝位
之次法須一列何以下位輙貪上座
公式令云朝參行立各依位次為序同位者五

之六位須一列位以下位輕貴上座

公式令云朝参行立各依位次為帯同位者五
位以上用授位先後六位以下以歯者内外百目除李
司座以外公事行列依位及歯為序此大学諸
博士分堂教授各生教授堂即各廳然更向寮
廳只為上日對見對見之座不異公事行列然
則五位以上依爵位次斷法意也舊例無異
但六位以下不足觀覧
依道而次理亦無失
案前答云寮廳對見之座不異朝参行列
者然則六位以下理須一同而五位以上

者然則六位以下理須一同而五位以上
六位以下叙之兩途未審所據
朝叙之日散事六位列上職事七位列下所以
貴位也選擬之日初位任職事六位補使部所
以貴才也貴賤乎在非必一例故寮聽隨宜依
道次其五位以上此為通貴恒不叙雜依授位
次雖有行守文不任六位下其別如此
所部人任親王家使与當國目座次如何

（第17紙）

次雖有行守文不任六位下甚別如此

所部人任親王家扶与當國目座次如何

格云官人於本部逢國司者同位以下必須下

馬 馬上之礼尚稱下馬違座之定何得上座然則扶於本部可著下耳

品官及史生与家扶誰可上座哉

史生既稱國司品官点可聞此例然則同位以

下者必有可下馬之理至違座雖可上座耳

京職進内膳奉膳同被寄大嘗會行事其座次

下者必有可下馬之理至連座雖可上座耳
京職進内膳奉膳同被寄大嘗會所其座次
以誰為上事
公式令云文武職事散官朝參行立次第各依
次為序五位以上即用授位先後六位以下齒
式云立行列次第六位以下次以位階不依官
秩其中政之特以官秩次但五位以上位色不
同雖是下官猶先高色又云應引諸司史政大

秩其中政之將以官秩次位五位以上位色不
同雖是下官猶先高色又云應引諸司中政大
政官者五位以上依色就座六位以下依官次
進就庇案下者五位已上同依位階為序於六位以下或依位階或随官秩朝
参中政以外不見相列之法方今會事緣公事
以諸司官人等令行同職掌序座列署之由何
得不定上下令欲准朝参之法六位令史可居
八者七位判官之上將據中政之式神祇之史
可着中務判官之上並事道人意理宜可然守
令檢官位令相列官令方来必依員之次一端
大内記弾正大忠左右弁大史正親正内膳奉
膳造酒正兵馬二以上正六位上若案之於同

（第 18 紙）

大内記弾正大忠左右弁大史正親正内膳奉
膳造酒正兵馬二以上正六位上若案之於同
位同階者須依職員次第而以大忠居大史上
以兵馬正次造酒正之下尋其例錯似顛貴賤然
則同色之内猶有此意何况於位階不同者乎
今奉膳此正六位上大進從六位上官也依官
為序事甚
為穏便

博士助教音博士書博士算博士等有五位
六位而講堂分業教授如何座次
興原敏久額中今足等　問
天暦二年四月廿日音博士
清内御音博士三人乃門健
讃岐廣直

讃岐廣直

公式令云文武職事散官朝参行立各依位為

序者（朝参之日不論官位高下皆須依位為序然則非有別勅是亦令意）

式部省簡擇才用人叅入之間須省官立前

文徒不問官秩依位行列事（省簡擇諸司官人堪属文者進）

叅或外記及史時有預此例者至於叅入立

省官上其簡抽文人事属式部立之次何用

官秩今既居被銓之處還立銓

官之上雖経行未曾無所據

穴太内人

官之上雖経行未曽無所據

考課令云銓衡人物擢盡才能為式部之職云（穴太内人）

式令云文武職事散官朝参行立各依位次為

序位同者五位已上即用授位先後六位以下

用歯者（須見百官行職之處各用官秩朝参之處皆依位色此是一部通例今簡擇才用事縁式部至于進奏不可引是也然則須式部引簡抽之筆立前名入被引文徒不向外記及史依位行列）

勘式部執申大祓行立事

及史伝
位行列

勘式部執申大祓行立事

大祓所行立并依官次事
敏久弘仁五九二月三日
四位五位勘文

式部省　　　穴太内人螺江継人中原敏久

一弘仁二年五月十二日右大臣宣得弾正臺解
偁公會之日八位已下巡察弾正随色異處不
便行事仍請處分者准據令条文武百官應須
依位階為序不得以官秩雜亂宜自今而後永
為立列者若役省有乙立官者又忽同之

為恒例者若彼首有八位官者又急同之
一弘仁四年十二月廿六日右大臣宣中務式部
相論大祓行立次第令明法師勘申大祓之日
三者各有所職坐立之儀不可不依官次者宜
自今以後永依官秩
以前欲遵先宣不可依官次若有八位官隨色
行列將據後宣還須依官秩雖有八位官元始

行列將擬後宣還須依官秩雖有八位官元始
坐立於職員令云式部掌礼儀因斯公會之
日引率群官中務是刀祢偏以領女官不可
立上列如今所論以領女官列式部上者縱令
御鎮魂日領内舎人已上供奉和儛事又臨時
宮中大秡女官参集此等日不坐立於式部上
此則以類炳然今至於臨大秡何殊得列上明
法所說頗有不宜兩度宣旨未知奉行

（第 20 紙）

此則比類炳然今至於晦大祓何縁得行已明
法所説頗有不宜両度宣旨未知奉行
令勘
一神祇令六月十二月晦日大祓者百官男女聚
集祓所
右准職員令中務式部兵部等省各掌文武
官及女司名帳令二季大祓之處百官男女
會集即須三省各引所管之人然則坐三之

會集即須三省若引所管之人然則坐三之
儀可依官次
一式部文云六月十二月二晦百官會集大祓儀
其日平旦大蔵木工掃部張幄鋪設於大伴壬
生二門間大路各有常儀神祇官主典馬寮陳
祓物祓馬亦各有儀午四剋外記左右史中務
式部兵部三省並録以下就坐三省省常各置

式部兵部三省並録以下更出三省省掌各立
假位弾正忠已下列立須遣省掌召諸司諸
司各摠計所管造竹簿文官於式部武官於兵部
縫殿及治部雅楽歌女大蔵縫部女竹簿於中務
各引就假進如朔日儀三省録讀申各於史生
摠計造竹簿訖未四剋大臣已下五位已上就坐
内命婦已下然就坐訖神祇官令宮内省奏之
奉秡麻東西文氏奉秡刀訖退秡所弁官引三

（第21紙）

奉祓麻東西文氏奉祓刀訖退祓所弁官引三
者輔並録進就大臣座前坐弁大史申司〻進
刀祢數状先式部次兵部次中務録讀申已訖
大臣命依常令祓大史共稱唯次六位已下共
稱唯引復坐神祇官中臣一人進就祓坐神部
捐分行祓麻中臣讀祓詞訖羣官散去
右式部記文具件如前今據此記二季大祓

右式部記文具件如前今據此記二季大秡
文武官及女司數簿各進三省記弁官引三
省輔並録申刀祢數於大臣〻〻命云依常
令秡大夫稱唯然則三省各依官次進就大
臣座前讀申所管刀祢之數共奉大臣令秡
之命所須各率管司依例令秡如今申數退
列刀祢則女司之秡誰令為之文云〻會之

外記稱則外司之秡誰令為之文云公會之
儀終始可一若如前説則中務坐依官符之
外記稱一司之儀何其參差
以前二季大秡三省行事令与説文其旨不異
此例行來年代久遠至于改張須時處分然式
部請云先依位次後依官符兩度宣旨未知所
行者令准令條事有兩途何者數司共列行事
之儀（大秡等類）可依官符唯獨式部行事之會（元日等類）

（第22紙）

之儀大祓等類可依官秩唯獨式部行事之會元日等類

可依位次其中不預臨時大祓蓋由不進刀祢

穀札或女官不會集致若有共預者亦須依官

次御鎮魂祭雖令条備其儀種異不可引比右大

臣宣依件行之同

日少進橘常主奉

弘仁五年六月三日

式部録正六位上年五寸織部佑從七位下

式部錄正六位上年五十織部佑従七位下

不論帯官之高卑以位階及年齒乎

年卅為一院別當誰上座

讃岐永直　川枯勝成等

公式令云文武職事散官朝参行立各依位次為序位同者五位以上即用授位先後六位以下以齒 以別當所推為一司以位階及年齒可為座須不可論之帯官高卑兼前所行之復如之

如之

陰陽師従七位上官漏尅博士従七位下官

而兼前之例以博士為上以師為下事

同孔直

公式令云朝参行立各依位次為序同位者六

位以下以歯　内外百司除本司座以外公事行

列依及歯為序今陰陽寮諸博士

并師等皆是品官各分業有所掌不可混座若

不得已就公事以應同座者須依兼前之例

侍医滋根補仁同　承平二年十二月廿三日

侍医正六位上也下列諸職之位案文上乎

在次

不待已就之事以應同座者須依兼前之例

侍醫正六位上之下行侍職之侍寮文上手

在次

侍醫滋根補仁問　承平二年十二月廿三日

假令侍醫与諸職進諸寮之誰可上坐乎又侍

醫二位官也典藥七位官也然則依位階可上

坐乎依職事可上坐乎望請明判解定坐次

彼此論謹問

答云式令云文武職事散官朝參行立各依位次

次為序位同者五位以上即用授位先後六位

次為序位同者五位以上即用授位先後六位
以下以造式云行列次第六位已下次以位階
不依官秩其申政之時以官秩拾官位令云侍
醫正六位上中中宮大進從六位上少進左右
京大膳職等大進從六位下大舍木工寮允
正七位下典藥允從七位上官者令以同状侍
醫与職進寮允座次以何者據拾法或職進寮

醫与職近寮各座次也何者樁於法寮職近寮
色相當之階是下於付醫之位然則事政之日
可依官秩臨時座次唯朝家法侍醫為上以叶
法意

座次事
書以史生座次依卿宣事

散位伴保正間
正暦三年二月廿八日　小草
假令早出仕之勞經廿五今年任外國二分而
不赴任國即蒙卿宣還着本所其宣旨傳如舊
為番頭史生聽其本座者爰早蒙件宣旨請奉

（第24紙）

為番頭史生聽其本座者爰早蒙件宣旨請奉
行還着之後早之下臈末座者爭論云至于還
着之人雖本為上臈猶宜降其座次為末座者
早答云六位以下依齒為次況早座之間尤第
二長者況宣旨之所指如舊聽本座者乙等遁
遁之来進何恣可成件論哉今早之所陳乙之
所論誰得其理乎将依法意以定爭論謹問
…式令云…式職事散官朝参行立各依位…

所論誰得其理乎将依法意以決爭論謹問

答公式令云文武職事散官朝參行立各依位

次為序位同者六位以下以齒式云行列次第

六位以下次以位階不依官秩其掌政之時以

官秩職員令云神祇官伯一人掌惣判官事餘

長官判事准此者六位以下同階之者不依官

秩次以年齒況至于同職不可有異論而如問

状[illegible]

被次之年齒次至于局臈不可有異議歟如何

状甲出仕労功五年任外国二分不赴任国蒙

御宣還着本所其宣旨偁如舊為當頭史生

聴本座者甲請奉行還着之後下臈末座乙寺

論云還着之人雖本上臈且降座次猶為末座

者甲答云六位以下依歯為次又為第二之長

老蒙聴本座之宣旨者凡厥諸司之政須諸官

之判也何亦御宣妄致私論辛甲之所陳自叶

（第25紙）

之判也何亦卿宣妄致私論辛早之所陳自叶
章條々之所執似無道理也

内八位人可叙外八位人上歟
在次

讃岐國山田郡國目代讃岐惟範問　萬壽二年八月十日
右衛門少尉櫻井右弼傳問
早國目代讃岐惟範留者之後満年季爰初位
八位兩階位記爰有元留有之符未到來八位
之者符国之負調絹也雖然依年季次序受取
差之位上而之國目代本職以位八位下讃岐

之者前国之貢調絹也雖然依季次序受取
從八位上而已國目代本職少領外位八位下讃岐
助則論云凡雖滿年季既無無八位之者前雖
有位既作貢調絹何受從八位上凡座次供
外從八位下之上者又帶內八位上已帶外八
位下其內外之程已有差別又同職者依位階
年齡為序之理流來尚矣而已已論如此之由
望請明判知理非謹問

望請明判知理非謹問

答云式令云文武職事散官朝參行立各依位

次為序者今如問状甲乙同共為国目代之職

甲帯内八位乙帯外八位同位之間已有内外

於其座次何妄差別哉然則八位省符雖未到国

甲之位記自非虚妄依内外之別可座乙上耳

金澤文庫

寛元二年六月八日書寫校合了

男之位記自非虚妄依内外之影可座上耳

金澤文庫

寿永二年六月八日書写校合

内閣文庫

貞顕

法隆寺伽藍縁起并流記資財帳

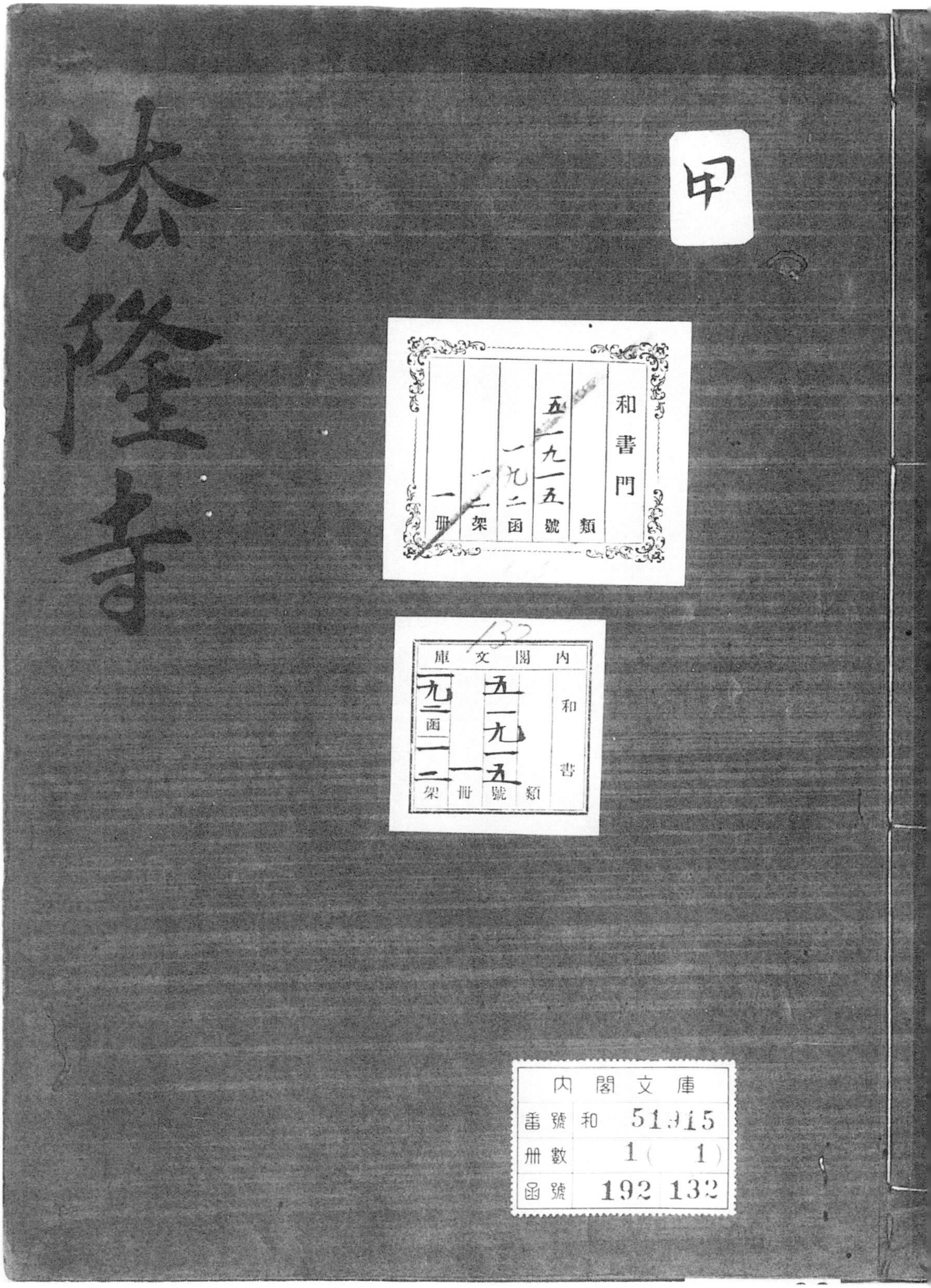
法隆寺
甲
和書門
五一九一五
一九二
二
一
類 號 函 架 冊
132
内閣文庫
和書
五一九一五
九二
二
一
類 號 函 架 冊
内閣文庫
番號 和 51915
冊數 1（1）
函號 192 132

法隆寺

法隆寺　　上
伽藍縁起并流記資財事
奉為池邊大宮御宇
天皇并在坐御世御世
天皇歳次丁卯小治田大宮御宇
天皇并東宮上宮聖徳法王法隆學問寺并
四天王寺中宮尼寺橘尼寺蜂岳寺池後尼寺
葛城尼寺并敬造仕奉名小治田
天皇大化三年歳次戊申九月廿一日己亥許世
徳陁高臣宣命為而食封三百烟入賜岐又戊

午年四月十五日請上宮聖徳法王令講法華
勝鬘等經岐其儀如僧諸王公主及臣連公民
信受無不嘉也講説竟高座尓坐奉而大御語
止為而大臣乎香爐乎手擎而誓願事立尓
白之久七重寶毛非常也人寶毛非常也是以遠
岐須賣呂次乃御地乎布施之奉良久波御世御世尓毋不朽
滅可有物止奈毛播磨國佐西地五十万代布施
奉此地者他人口入犯事波不在止白而布施
奉止白岐是以聖徳法王受賜而此物波私可
用物尓波非有止為而伊河留我本寺中宮

尼寺片罡僧寺此三寺分為而入賜岐伊河
留我寺地乎波功徳分食分衣分寺主分四
分為而誓願賜波久功徳分地乎持者在坐
御世御世
天皇御朝乎日月止倶長久令榮為而毎年
法華維摩勝鬘経乎説作佛御法乎万代尓
流傳令為興隆麻久欲止誓願賜岐食分衣分
地乎持者衆僧等為衣食而學習佛教令継
後代止誓願賜岐寺主分地乎持者此寺乎
造攝不朽壊丑為脩補寺主法師等料四

分為賜岐
合佛像貳拾壹具　伍軀　肆拾張
金埿銅藥師像壹具
右奉為池邊大宮御宇　天皇
小治田大宮御宇　天皇
并東宮上宮聖德法王丁卯年敬造請坐者
金埿洞釋迦像壹具
右奉為上宮聖德法王癸未年三月王后
敬造而請坐者
金埿銅像捌具

金埿押出銅像叁具
宮殿像貳具　一具金埿押出千佛像　一具金埿銅像
金埿潅佛像壹具
金埿千佛像壹具
金埿木像叁具
右人人請坐者
檀像壹具
右養老三年歳次己未從唐請坐者
金埿雜佛像伍軀
右人人請坐者

畫佛像肆拾張 卅七張人〻請坐者
立釋迦佛像壹張
十弟子釋迦佛像壹張
立藥師佛像壹張
右天平四年歳次壬申四月廿二日平城宮御
宇　天皇請坐者
觀世音菩薩像捌張
右天平四年歳次壬申四月廿二日平城宮御
宇　天皇請坐者
合塔本肆面具攝 一具涅槃像土　一具弥勒佛像土
一具維摩詰像土　一具分舍利佛土

右和銅四年歳次辛亥寺造者

合金剛力士形貳軀　在中門

右和銅四年歳次辛亥寺造者

合舎利伍粒　請坐金堂

右養老三年歳次己未従唐請坐者

合足経壹拾貳部　九部人々請坐奉者

金光明経壹部　八巻

右甲午年飛鳥浄御原宮御宇　天皇

請坐者

大般若経壹部　六百巻

華嚴經壹部 八十巻
右奉爲 天朝天平七年歳次乙亥法藏
知識敬造者
合雜經貳仟壹佰伍拾貳巻一千二百巻人〻坐奉者
金對般若經壹佰巻
右養老六年歳次壬戌十二月四日 平城宮御
宇 天皇請坐者
仁王經貳巻
右天平元年歳次己巳仁王會時平城宮御
宇 天皇請坐者

観世音経佰巻
心経漆佰伍拾巻
右平城宮御宇　天皇請坐者
合肆陸拾巻
合論疏玄章傳記惣壹拾参部拾壹巻（八部卅巻人々坐奉者）
法華経疏参部（各四巻）
維摩経疏壹部（三巻）
勝鬘経疏壹巻
右上宮聖徳法王御製者
智度論壹部（一百巻）

右奉為　天朝天平二年歳次庚午法蔵知

識敬造者

合見前僧貳佰陸拾叁口　僧一百七十六口　沙弥八十七口

合金壹両壹分　観世音菩薩金針一重一分　通分生金一両

合銀銭壹佰柒文　大六分四文　法分三文　金附分四文　佛分廿五文　聖僧分十六文　通分五十五文

合水銀壹仟柒佰玖拾壹両叁分　塔分一百卌二両三分　通分一千五百卌九両

合白鑞壹佰壹斤捌両　塔分卌六斤八両　通分五十五斤

合黒鑞伍拾壹斤　佛分者

合通分雑鐵陸佰参拾陸斤　小

合銭叁佰伍拾貳貫捌佰参拾貳文

佛分九貫四百卌四文　灌佛分二貫二百五十六文
法分七貫一百十五文　聖僧分二貫三百七十八文
通三寶分廿五貫七百五十四文　四天王分八十三文
金對分五十文　通分六十六貫三百廿一文
律衆十九貫八百卌文　三論衆卅貫
唯識衆卅六貫九百六十八文　別三論衆一百廿貫
一切通分八貫七百九十五文　寺掃分二貫二百五十八文
花知識分十貫四百文　溫室分十一貫一百九十文

合供養具貳拾肆口

佛分白銅供養具壹拾貳口
一口鉢口径七寸一分深四寸一分　二口多羅口径各八寸深一寸
七口鋺之中一口径六寸三分深二寸　二口径各五寸三分深二寸
四口径各五寸深一寸七分
一口釦長七寸五分

聖僧分白銅供養具壹拾貳口
一口鉢口径七寸一分深四寸一分　二口多羅口径各八寸深一寸
七口鋺之中一口径六寸三分深二寸　二口径五寸三分深二寸

四口径各五寸深一寸七分
一口鉇長七寸五分
右養老六年歳次壬戌十二月四日納賜平城
宮御宇　天皇者
合鉢捌口
丈六分鉢参口
一口白銅口径六寸八分深四寸四分一口白銅口径六寸
深四寸七分有合　一口鐵口径七寸三分深五寸一分
一口鐵鉢口径七寸四分深四寸六分一口塞鉢口
佛分鉢参口
径六寸八分深四寸八分　一口薫鉢口径七寸
深四寸
七分
聖僧分鐵鉢壹口　口径七寸深四寸九分
通分銅鉢壹口口径五寸三分深五寸三分

合白銅飯鋺玖口

佛分参口　一口径四寸三分深二寸三分　一口径六寸深二寸七分

一口径六寸五分深三寸七分飯鋺有合

薬師佛分壹口　口径四寸深三寸

観世音菩薩分壹口　口径四寸深二寸

塔分参口　口径各五寸六分深二寸三分

通分壹口　口径六寸四分深三寸

合白銅鋺伍拾捌口

丈六分壹拾壹口　一口径八寸四分深四寸　一口径七寸四分

深三寸四分　一口径六寸三分深三寸

一口径五寸二分深二寸四分　一口径四寸五分深二寸一分

二口径各五寸四分深二寸四分

一口径三寸三分深一寸三分

一口径六寸三分深三寸

佛分肆口　一口径三寸八分深二寸一分　一口径六寸五分深三寸
　一口径三寸五分深二寸　一口径三寸三分深一寸三分
聖僧分貳口　一口径五寸七分深二寸五分
　一口径七寸三分深三寸
維摩像分五重鋺壹㨨　第一径五寸八分
　有合深三寸
塔分貳拾貳口　廿口者二㨨各第一径七寸一分深四寸二分
　一口径五寸二分深二寸三分　一口径五寸深
　二寸三分
通分壹塔拾肆口　十口者一㨨第一径七寸五分深四寸二分
　一口径七寸一分深三寸　一口径四寸九分
　深二寸二分　一口径六寸一分深二寸九分
　一口径三寸七分深一寸
合多羅拾玖口
丈六分銀多羅貳口　一口重九斤
　一口重九斤二分
右天平八年歳次丙子二月廿二日納賜平

城宮　皇后宮者
佛分白銅貳口　一口径九寸深二寸一分　一口径九寸五分
深二寸二分
聖僧分白銅貳口　一口径九寸五分　深二寸一分
一口径八寸六分　深一寸九分
塔分白銅参口　一口径三寸四分深一寸一分　一口径三寸五分
深一寸　一口径二寸五分深九分
通分白銅壹拾口　一口径九寸深二寸一分
九口径各五寸　深　七分
合白銅鉳捌口
佛分参口　一長八寸二分　一長八寸五分
一長八寸
薬師佛分壹口　長八寸三分
聖僧分貳口　一長　七寸八分
一長　八寸八分
通分貳口　長各七寸

合白銅鉢陸口

佛分貳口長各八寸四分

聖僧分貳口 一長七寸 一長五寸六分

通分貳口 長各七寸

合香爐壹拾具

丈六分白銅單香爐壹口口径三寸二分高三寸六分

佛分叁具 二具鍮石一長一尺五寸一長一尺三寸八分 一具白銅長一尺三寸

弥勒佛分白銅壹具 長一尺四寸

法分白銅貳具 一長一尺二寸五分 一長一尺九寸五分

塔分赤銅壹具 長一尺五寸

通分白銅貳具　長各壹尺九寸八分
合白銅水瓶壹拾陸口
丈六分壹口　高八寸五分
　一高七寸七分　一高八寸二分　一高八寸五分
佛分陸口　一高八寸　一高八寸三分　一高　五寸五分
觀世音菩薩分壹口　高七寸二分
木叉分捌口　五口高各一尺九分　一口高一尺　六分
　一口高八寸五分　一口高六寸二分　頸折
合器貳拾壹口
佛分白銅肆口　三口香坏一口径四寸三分　深一寸七分
　一口径四寸二分　深二寸　一口田径二寸二分
　深八分　一口径三寸　三分
　深一寸七分
法分白銅鋺肆合　一口径三寸四分　深一寸八分　一口径三寸
　四分深二寸　一口径三寸　深一寸八分

一口径三寸二分
深二寸

通分白銅鋺玖合　三口径各四寸八分深各二寸六分　一口径二寸
二口径各三寸一分　深二寸　一口径二寸八分
九分深一寸八分　一口径三寸深一寸八分　一口径二寸八分
深一寸九分　一口径二寸五分深一寸八分

白銅壹叁合　一口径三寸一分深三寸七分　一口径三寸
一分深四寸二分　一口径二寸五分深三寸七分

鐵藥臼壹口

合白銅鏡陸面

丈六分肆面

貳面　一径一尺九寸六分五　一径一尺五寸五分
並裏海磯形

右天平八年歳次丙子二月廿二日納賜平城

宮皇后宮者

壹面花形　径九寸八分裏禽獸形

右天平八年歳次丙子二月廿二日納無

漏王者

壹面　径九寸七分裏禽獸形

右納圓方王者

佛分壹面　径四寸八分裏禽獸形

塔分壹面　径五寸八分裏禽獸形

合鐘貳口

一口高七尺五寸　口径四尺八寸　厚三寸五分

一口高五尺一寸　口径二尺五寸　厚一寸

合磬貳口

一口銅径一尺七寸

一口鐵径一尺二寸五分

合錫杖貳枝

弥勒佛分壹枚　長五尺一寸五分

観世音菩薩分壹枚　長五尺九寸八分

合釜壹拾肆口

温室分銅壹口　口径四尺五寸深三尺九寸

通分鐵壹拾参口　一口径二尺六寸深三尺六寸

一口径二尺二寸深二尺三寸

一口径一尺八寸深六寸　一口径一尺六寸五分　深一尺六寸

一口径一尺五寸深一尺五寸五分　一口径一尺五寸　深一尺

六寸　一口径一尺三寸深一尺一寸七分　一口径一尺深

一尺二寸　二口径各九寸八分　深一尺二寸三分

二口径各一尺三寸深六寸

一口径九寸深三寸

合錯貳口　一口銅口径四寸深一寸七分

一口鐵口径一尺八寸高一尺三寸

合火爐玖口

佛分白銅壹口 口径一尺 深二寸九分

法分白銅肆口 一口径一尺一寸六分深三分 一口径一尺五寸二分 深三寸五分 一口径七寸四分 深一寸八分 一口径六寸 深一寸五分

塔分白銅壹口 口径八寸 五分 深二寸五分

温室分鐵壹口 口径二尺 深二寸七分

通分鐵貳口 口径各一尺四寸五分 深一寸五分

合度量貳拾衡 呉量四衡 福量四衡 俵量四衡 斗四口 升四口

合鋺肆拾口 廿口寺内 廿口所々庄等者

合鍱子叄拾口 廿口寺内 十口所々庄等者

合銅印漆面 一面寺内 六面所々庄等者

合法分肆種
經臺三足　案机一足
經囊十口　麈尾一枚
經臺壹足
右癸巳年十月廿六日飛鳥宮御宇
天皇為仁王會納賜者
合薦參拾陸床
法分雜色壹拾壹床　一長七尺四寸　廣四尺七寸　一長八
尺三寸　廣四尺二寸　一長七尺五寸
廣四尺　一長八尺四寸　廣四尺　一長六尺九寸　廣五尺五寸
四各長四尺九寸廣三尺　二各長四尺　廣三尺
通三寶壹床　表紫葛形綾裏緑
長八尺　廣四尺
通分壹拾玖床　一長九尺七寸　廣四尺一寸　一長七尺四寸
廣四尺六寸　一長八尺　廣三尺五寸
一長八尺二寸　廣三尺八寸　一長七尺四寸　廣四尺
一長七尺三寸　廣四尺六寸一長七尺一寸　廣四尺六寸

一長六尺四寸　廣五尺　一長六尺一寸　廣五尺三寸
一長六尺一寸　廣三尺四寸　一長八尺　廣四尺一寸　一長八
尺九寸廣四尺　一長七尺六寸廣四尺　一長八尺　廣四尺
一長七尺二寸廣三尺八寸　一長七尺八寸　廣四尺　一長七尺
廣四尺二寸　一長七尺八寸　廣三尺八寸
一長六尺八寸廣四尺一寸

塔分肆床　二表花欸錦裏赤
二表紫紺裏緑

阿弥陁佛分壹床　長八尺六寸廣二幅
表赤紫羅綾裏緑結幡

右天平五年歳次　酉納賜平城宮皇后
宮者

合氈參拾肆床

伴分參床　一長八尺六寸廣四尺五寸　一長八尺五寸　廣
四尺三寸一長八尺七寸　廣四尺二寸

法分壹拾肆床　一長八尺六寸廣六尺八寸　一長九尺四寸廣
三尺七寸一長八尺七寸廣四尺

一長八尺五寸 廣四尺二寸 一長一丈五尺 廣五尺八寸
一長一丈四尺 廣五尺 一長八尺一寸廣 四尺一寸 一長八尺二寸
廣四尺一寸 一長八尺五寸 廣四尺一寸 一長八尺 廣四尺
一長八尺二寸 廣四尺 一長 七尺五寸 廣 四尺二寸 緋
一長八尺四寸 廣四尺二寸
一長八尺七寸 廣四尺 緋
通分壹拾伍床 一長七尺二寸 廣四尺一寸 一長八尺二寸 廣
尺三寸 一長八尺三寸 廣四尺三寸 一長八
尺五寸廣四尺四寸 一長八尺一寸廣四尺二寸 二長各八尺
七寸廣四尺四寸 一長八尺廣四尺 一長八尺四寸 廣四尺二寸
一長七尺八寸廣四尺 一長八尺一寸 廣四尺一寸 一長九尺一
寸廣五尺二寸 二長七尺三寸 廣三尺五寸 織氈
二長各八尺二寸廣四尺一寸 花氈一長八尺六寸 廣四尺
二寸
塔分貳床 一長八尺 廣四尺九寸
一長八尺七寸廣四尺二寸
合八部玖枚
法分陸枚 一長六尺八寸廣四尺三寸 一長六尺五寸
廣四尺八寸曾人者 一長八尺三寸 廣五尺五寸

曽人者一長八尺八寸 廣四尺五寸 一長八尺五寸
四尺二寸赤毛 一長八尺五寸 廣四尺二寸 赤毛

通分叄枚 一長八尺八寸 廣四尺八寸 一長八尺五寸 廣四尺
九寸 一長八尺四寸 廣四尺九寸

合法分小幡壹佰肆拾捌首 緋纈肆條

緋纈肆條壹佰首

右養老六年歳次壬戌十二月四日納賜平
城宮御宇 天皇者

五色絲交幡肆首

右天平六年歳次甲戌二月 納賜 平城宮
皇后宮者

合法分灌頂幡壹拾肆具 十二具人々奉納者

秘錦灌頂壹具
右養老六年歳次壬戌十二月四日　納賜
平城宮御宇　天皇者
金埿銅灌頂壹具
右片岡御祖命納賜不知納時
合蓋壹拾壹具
佛分肆具　一具紫
法分柒具
壹具　紫者
右癸巳十月廿六日　仁王會納賜飛鳥

宮御宇天皇者

合阿弥陁佛寶頂壹具 表子料黒紫羅 裏赤紫羅 長七尺二寸 廣二幅

右天平五年歳次酉納賜平城宮

皇后宮者

合通分繍帳貳張 其帯廿二條 鈴三百九十三

右納賜淨御原宮御宇天皇者

合袈裟壹拾壹領 隂脊肆領

裳壹疊 坐具玖枚

丈六分袈裟貳領 一領綿納

壹領白綵 高五尺 廣八尺三寸 蘇比色大唐玄弉三藏者

佛分袈裟伍領　一領麻七條　一領赤色
一領紫羅綾　二領橡七條

隂脊壹領　坐具叁枚　二枚紫結幡
一枚赤錦

弥勒佛分麻納袈裟壹領

聖僧分坐具貳枚　一枚紫綾
一枚表緑綾裏赤綾

通分坐具貳枚　一枚表碁磐料子　錦裏赤錦
一枚表雲幡

木叉分袈裟叁領　二領黄褐
一領青褐七條

隂脊叁領　一領黄褐　一領紫羅綾
一領青褐

嚢壹胥　鴟染色

坐具貳枚　一枚橡在中甑
一枚紅染

合丈六分雜物肆種　犀角鉢一口重五两一分　象牙
尺一口長三寸　象牙縄解一口

小刀
八柄

右天平六年歳次甲戌三月納賜平城宮

皇后宮者

合白檀誦數貳烈

丈六分壹烈

佛分壹烈

合練絶帳捌張

佛分肆張　一長一丈五寸　廣四幅　一長一丈五尺　廣二幅
一長一丈二尺　廣四幅　一長一丈四尺　廣五幅

右養老六年歳次壬戌十二月四日納賜平城

宮御宇天皇者

寺掃分肆張　一長六尺四寸廣四幅　一長一丈五寸廣三幅

二長各七尺五寸　廣四幅

右納賜平城宮皇后宮者

合布單帳柒拾陸張　十六張細

十二張麁

佛分單帳貳拾捌張

一長一丈二尺三寸廣四幅　一長九尺七寸　廣四幅

一長一丈四寸廣三幅　一長九尺五寸　廣四幅

一長一丈二寸廣四幅　一長一丈五寸　廣四幅

一長九丈九寸廣三幅　一長八尺八寸　廣四幅

一長九尺　廣三幅　一長二丈六寸　廣四幅

一長一丈三尺　廣二幅　一長一丈九寸　廣四幅

一長九尺九寸廣四幅　一長七尺七寸　廣三幅

一長八尺九寸廣四幅　一長一丈一寸　廣二幅

以上細

三長各八尺廣三幅　一長一丈廣五幅　一長一丈六尺廣四幅

一長一丈三寸廣五幅　一長九尺七寸廣二幅　一長六丈二寸

廣四幅　一長七尺八寸　廣三幅　一長八尺二寸　廣三幅
一長八尺八寸　廣三幅　一長一丈一尺　廣三幅
以上麁
法分單帳貳張　一長七尺八寸　廣四幅
一長九尺四寸　廣三幅　並細
通分單帳貳拾漆張　十六張細
十一張麁
一長一丈　廣四幅　一長一丈五寸　廣四幅
一長一丈一寸　廣三幅　一長八尺　一寸　廣四幅
一長七尺　廣三幅　一長七尺　五寸　廣三幅
一長一丈一尺　廣四幅　一長八尺四寸　廣三幅
一長八尺　三寸　廣三幅　一長八尺九寸　廣四幅
一長一丈　一尺五寸　廣四幅　一長一丈　四尺　廣四幅
一長一丈七尺　廣三幅　一長一丈　廣三幅
一長一丈四尺　廣四幅　一長一丈一尺　廣四幅
以上細
一長八尺　一寸　廣三幅　二長各九尺七寸　廣三幅
一長八尺　九寸　廣三幅　一長九尺五寸　廣三幅

二長各八尺　廣三幅　一長八尺五寸　廣三幅
一長七尺　廣三幅　二長各七尺五寸　廣二幅

以上麁

塔分單帳肆張　並麁
一長九尺五寸　廣四幅　一長八尺　廣四幅
一長八尺七寸　廣三幅　一長九尺　廣三幅

法藏分單帳壹拾張
四長各七尺　廣三幅　四長各六尺八寸
二長各六尺四寸廣三幅

温室分單帳伍張　長各六尺
廣二幅　並麁

法分花香具陸具　帳肆張　褥貳枚

黑紫沙花覆貳張　長各九尺
廣五幅

赤紫沙花覆貳張　長各八尺九寸
廣五幅

縹机敷貳張　長各七尺　廣三幅
縹机敷貳張　長各七尺　廣三幅
右養老五年歳次辛酉寺造者
黄帳壹帳　長九尺六寸　廣二幅半
緑帳壹張　長九尺八寸　廣□幅
　長八尺三寸　廣二幅
右癸巳年十月廿六日仁王會納賜飛鳥
宮御宇　天皇者
紫沙覆壹張　長八尺四寸　廣三幅
淺緑沙机敷壹張　長七尺五寸　廣二幅半

淺緑沙机敷壹張 長七尺五寸 廣二幅半
右天平元年歳己巳為仁王會納
賜平城宮御宇 天皇者
香机褥壹枚 表秘錦 裏緋花形綾
經机褥壹枚 表料子錦 裏緋葛形綾
紫羅□□□ 長丈 廣
紫羅綾花覆帳 二 一長九尺七寸 廣三幅 一長八尺 廣二幅
右養老六年歳次壬戌十二月四日 納賜平
城宮御宇 天皇者
合香壹拾陸種
丈六分肆種 薫陸香一百六十八兩寺買

沈水香十両　浅香三百六十五両
薫陸香卌六両　青木香卌八両

右天平八年歳次丙子二月廿二日納賜

平城宮皇后宮者

佛分壹拾種
白檀香四百七両
沈水香六十六両
淺香四百三両二分　丁子香八十四両　安息香七十両
二分薫陸香五百十一両　甘松香九十六両
楓香九十六両
蘇合香十二両　青木香二百八十一両

聖僧分白檀香肆伯玖拾陸両

塔分白檀香壹伯陸拾両

合藥壹拾肆種

丈六分麝香壹両

右天平六年歳次甲戌二月納賜平城宮

皇后宮者

法分貳種　欝金香九両
甲香十四両

聖僧分捌種　香附子八十両
詹唐香卅六両
金石綾卅六両　五色龍骨八十七両　紫雪十六両
桂心卅四両　鬼臼十四両　甘草一百廿八両二分

通分参種　治葛八両二分　芒消三百八十二両三分
無食子卅四両

合綵色物壹拾三種

佛分貳種　同黄九両
丹四両

通三寶分貳種　朱砂十三両二分
緑青廿五両

塔分陸種　朱砂六十二両一分　胡粉二百八十両一分
同黄五両二分　丹二百八十両　烟子一百廿八枚

雌黄卌七両

通分参種　丹五百五十五両　朱沙六百二分
緑青三千二百九十六両一分

合漆埿机伍足

佛分壹足

法分参足

聖僧分壹足

右養老六年歳次壬戌十二月四日納賜

平城宮御宇　天皇者

合𢹂筥捌拾貳合

大六分白筥貳合

右天平八年歳次丙子二月廿二日　納賜平
城宮　皇后宮者
佛分漆塗埦参合
法分漆塗漆拾漆合　廿合寺造者
伍合
右養老六年歳次壬戌十二月四日納賜
平城宮御宇　天皇者
貳合
右天平元年歳次己巳仁王會納賜平
城宮御宇　天皇者

伍拾合

右天平六年歳次甲戌三月納賜平城宮

皇后宮者

合革箱漆合

丈六分肆合

壹合 長一尺二寸 廣八寸五分

右天平八年歳次丙子二月廿二日納賜平城

宮皇后宮者

参合人々奉納 一合長一尺七寸五分 廣一尺四寸
一合長一尺一寸 廣一尺
一合長一尺七寸五分
廣一尺三寸

佛分壹合 長七寸七分 廣六寸五分

法分壹合 長一尺二寸 廣三寸

木叉分壹合 長一尺二寸 廣九寸

合韓櫃叁拾柒合

佛分壹合 長三尺四寸 廣二尺二寸

法分壹拾陸合

伍合 二合長各三尺四寸 廣二尺二寸 一合長三尺七寸 廣二尺三寸 二合各長三尺 廣各二尺一寸

右養老六年歳次壬戌二月四日納賜平

城宮御宇天皇者

貳合 一長三尺八寸七分 廣二尺二寸七分 一長三尺八寸 廣二尺四寸

右天平六年歳次甲戌二月納賜平城宮
皇后宮者
陸合人々奉納　二長各二尺七寸八分　廣二尺三寸三分
一長六尺二寸　廣二尺五寸
一長三尺三寸　廣二尺三寸　一長三尺二寸　廣一尺九寸
一長五尺九寸　廣二尺三寸
一長四尺三寸　廣二尺四寸　一長四尺三寸
廣二尺八寸　一長六尺六寸　廣二尺四寸
通分貳拾合
一長參尺二寸　廣二尺一寸　一長三尺八寸　廣二尺二寸
一長六尺六寸　廣二尺六寸　一長二尺六寸　廣二尺一寸
一長五尺一寸　廣二尺二寸　一長三尺五分　廣一尺八寸
一長四尺三寸　廣一尺六寸　一長三尺五寸　廣二尺三寸
一長四尺二寸　廣二尺一寸　一長四尺五分　廣二尺八分
一長五尺八寸　廣二尺四寸　一長五尺七寸　廣二尺七寸
一長四尺一寸　廣二尺六寸　一長三尺二寸　廣二尺二寸
一長八尺七寸　廣三尺六寸　一長四尺三寸　廣三尺三寸
一長五尺五寸
廣三尺

合佛分雜物叁種 小刀七柄 銅鈴四口 赤糸細六條
合法分雜物肆種
高坐叁具 二具寺造者
壹具
右天平元年歳次己巳仁王會時納賜
平城宮御宇天皇者
紋壹拾貳條
幢肆具 衣具紺色
伎樂壹拾壹具
師子貳頭 五色毛 在袴四冑 師子子肆面 衣服具

治道貳面 衣服具　呉公壹面 衣服具
金剛壹面 衣服具　迦樓羅壹面 衣服具
崐崘壹面 衣服具　力士壹面 衣服具
波羅門壹面 衣服具　孤子參面 衣服具
醉胡柒面 衣服具
合塔分雜物伍種 朱芳帳一張長一丈廣二幅　小刀三柄
水精三丸　朱芳三百八十八斤　小赤玉一丸
合温室分雜物貳種 犀角一本重三斤八両
小刀五柄
合通分雜物參拾伍種
繡八部帳壹張 長七尺廣五尺
帳壹張 表紫裏緑在緒

呉人錦帳壹張　長六尺二寸　廣五尺
秘錦貳張　一長七尺九寸　廣四尺九寸　一長七尺五寸　廣四尺九寸
毛錦帳貳張　一長九尺一寸　廣四尺四寸　一長九尺　廣四尺四寸
紫籠目紗垣代帳壹張　廣廿二幅
紫紗貳端　一長十三丈八寸　一長六丈三尺五寸
紺布幕肆張　各十六幅
紺布垣代帳陸張　各三幅
綵色畫屏風貳牒
牒子陸拾伍口　一口径一尺八寸　深三尺四寸　一口径一尺九寸　深五尺
[illegible]壹佰口　七寸一口径一尺八寸　深三尺三寸

一口径一尺九寸　深三尺九寸　一口径二尺　深三尺五寸
一口径一尺五分　深三尺三寸　一口径二尺七分　深三尺四寸
一口径一尺七寸　深二尺九寸　一口径二尺　深三尺五分
一口径二尺五分　深三尺三寸　一口径一尺九寸深三尺七寸五分
一口径一尺九寸　深三尺九寸　一口径一尺九寸　深三尺五寸五分
一口径一尺九寸五分深三尺二寸　一口径一尺六寸　深三尺一寸五分
一口径一尺六寸八分深三尺四寸　一口径一尺七寸　深三尺七寸
一口径一尺二寸五分深二尺八寸五分一口径一尺四寸五分　深三尺
一口径一尺六寸　深二尺九寸　一口径一尺八寸八分深　三尺八分
一口径一尺九寸八分深三尺一寸八分一口径一尺八寸　深三尺一寸三分
一口径一尺二寸　深三尺　一口径一尺七寸　深二尺八寸
一口径一尺八寸　深三尺四寸五分　一口径一尺七寸　深三尺二寸七分
一口径二尺　深四尺八分　一口径一尺六寸　深三尺一寸五分
一口径二尺　深三尺　四寸　一口径一尺八寸　深三尺六寸
一口径一尺八寸　深三尺二寸五分　一口径一尺八寸　深三尺一寸
一口径二尺　深三尺二寸五分　一口径一尺八寸　深三尺四寸五分
一口径二尺三寸　深三尺九寸　一口径一尺八寸　深三尺二寸
一口径一尺九寸五分深三尺二寸　一口径二尺一寸　深三尺二寸五分
一口径一尺九寸深三尺二寸五分　一口径二尺一寸五分　深三尺三寸
一口径一尺九寸　五分深三尺一寸　一口径一尺九寸三分深三尺三寸

一口径二尺五分　深三尺四寸　一口径一尺七寸　深三尺九寸五分
一口径一尺七寸五分　深三尺二寸　一口径一尺八寸　深三尺五寸
一口径一尺三寸　深三尺四寸　一口径一尺六寸　深三尺一寸七分
一口径一尺九寸　深三尺一寸　一口径一尺八寸　深三尺三寸
一口径一尺六寸　深三尺二寸五分　一口径一尺六寸　深三尺三寸五分
一口径一尺七寸五分　深三尺二寸　一口径一尺八寸八分　深三尺五寸五分
一口径一尺七寸　深三尺五寸　一口径一尺五寸　深三尺三寸
一口径一尺八寸六分　深三尺五寸　一口径一尺六寸　深三尺六寸五分
一口径一尺三寸五分　深三尺一寸　一口径一尺七寸　深三尺三寸
一口径一尺五寸　深三尺三寸五分　一口径一尺一寸　深三尺
一口径一尺三寸　深三尺六寸　一口径一尺六寸　深三尺二寸
一口径一尺五寸　深三尺二寸五分　一口径一尺六寸　深三尺三寸
一口径二尺一寸　深三尺八寸　一口径二尺　深三尺一寸
一口径一尺六寸五分　深三尺一寸　一口径一尺七寸　深三尺四寸
一口径二尺二分　深三尺五寸　一口径一尺七寸　深三尺一寸
一口径一尺三寸　深三尺一寸五分　一口径一尺二寸　深二尺九寸
一口径一尺四寸　深三尺五寸　一口径一尺四寸　深三尺二寸
一口径一尺三寸　深二尺七寸五分　一口径一尺二寸　深二尺九寸五分
一口径一尺二寸　深四尺二寸　一口径一尺九寸五分　深三尺五分
一口径一尺一寸五分　深二尺九寸　一口径一尺七寸五分　深三尺七寸

一口径九寸　深九寸　一口径一尺九寸　深三尺六寸
一口径一尺四寸　深三尺二寸　一口径一尺三寸　深二尺八寸五分
一口径一尺四寸　深三尺四寸五分　一口径一尺二寸　深三尺六寸
一口径一尺四寸　深三尺　一口径一尺四寸　深三尺三寸
一口径一尺　深二尺四寸　一口径一尺八寸　深三尺　五分
一口径一尺五寸五分　深二尺九寸　一口径一尺八寸　深三尺三寸参分
一口径一尺四寸　深三尺一寸　一口径一尺七寸　深三尺四寸五分
一口径一尺四寸　深三尺一寸　一口径一尺四寸　深三尺一寸三分
一口径一尺一寸
深二尺七寸五分

瓺壹拾口
一口径一尺三寸五分　深二尺二寸　一口径一尺一寸五分
深二尺二寸二分　一口径一尺一寸五分　深二尺二寸二分
一口径一尺四寸　深二尺二寸　一口径一尺三寸五分　深二尺四寸
一口径一尺二寸　深二尺一寸　一口径一尺五寸　深二尺二寸五分
一口径一尺四寸　深一尺九寸　一口径一尺二寸
深二尺二寸五分　一口径一尺一寸　深一尺五寸

⿺瓦氐（⿺瓦氐）壹佰貳拾口　机壹拾伍足
食器肆拾合　倭櫃貳拾合

田笥貳伯口　　中取机壹拾足
飯轝貳具　　粕米轝貳具
餅轝貳具　　樽玖口
圓船壹口（口径五尺五寸　深一尺五寸）
槽叁口（一口径三尺五寸　高三尺五寸　二口各径一尺三寸　高二尺一寸）
黒葛編箒陸拾枚　　串箒伍枚
蔕壹佰貳拾壹枚（一枚錦端　四枚緑端　一枚黄端　五枚上野）
長疊漆（八枚折薦）拾捌枚（二枚錦端　一枚緑端　六枚黄端　卌二枚紺布端　十六枚白布端）
半疊玖拾叁枚（一枚錦端　五枚紫端　十三枚緑端　十七枚黄端　卅枚白布端　廿五枚折薦）
蒲薦壹拾枚

蓑貳拾玖枚　床伍拾漆足

七枚床　十一指床
卅九長指床

搨貳拾陸足　長椅陸具

合生絶伍佰肆拾伍匹　通三寶分八疋　寺掃分

塔分六疋

一切通分二疋

通分五百廿六疋

合絁肆伯捌拾壹約　佛分一百卅約　法分廿七約

聖僧分卅約　通三寶分廿一約

塔分二約　知識分二約

通分二百卅九約

合綿壹伯陸拾玖屯　佛分二屯　通分一百十五屯

法分三屯　通三寶分卅九屯

合長布捌伯捌拾陸端　佛分五十一端　法分廿八地

聖僧分九端　通三寶分十八端

塔分二端　寺掃分三端

通分七百七十三端　一切通分二端

合商布漆佰貳拾漆段 通三寳分二段 通分七百廿五段
合寺院地 四方各一百丈
門伍口 佛門二口之中 一口在金剛力士 一長四丈二尺 廣二
大八尺 一長三丈八尺 廣一丈九尺
僧門三口 一長三丈四尺八寸 廣一丈 一長三丈
廣一丈七尺 一長三丈五寸 廣一丈六尺
塔壹基 五重高十六丈
堂貳口 一口金堂二重長四丈七尺五寸 廣三丈六尺五寸 柱高
一丈二尺六寸 一口食堂長十丈二尺 廣五丈七尺
柱高一丈
五尺九寸
燈貳樓 高各一丈一尺五寸
廡廊壹廻 長各卅尺 八尺
廣各廿丈六尺
樓貳口 一口經樓長三丈一尺 廣一丈八尺
一口鐘樓長三丈一尺 廣一丈八尺

僧房肆口 一口長十七丈五尺廣三丈八尺一口長十八丈一尺
廣三丈八尺一口長十五丈五尺 廣三丈二尺
一口長十丈六尺
廣三丈八尺

温室壹口 長七丈八尺
廣三丈三尺

太衆院屋壹拾口

貳口厨 一口長十五丈廣四丈二尺
一口長九丈四尺 廣二丈

壹口竈屋 長九丈五尺
廣四丈三尺

貳口政屋 一口長七丈廣三丈三尺
一口長六丈八尺廣一丈八尺 已上並蓋瓦

壹口碓屋 長六丈八尺
廣二丈四尺

壹口稲屋 長八丈一尺
廣二丈五尺

壹口木屋 長五丈二尺
廣二丈

貳口客房　一口長四丈七尺廣一丈五尺
　　　　　一口長六丈二尺廣一丈八尺　已上並檜皮葺

合倉漆口　四口並瓦之中二口雙倉　一口土倉一口甲倉
　　　　　三口菅草

以前皆伽藍内蓄物如件

合賤伍佰参拾参口之中　廿五口訴未判竟者在大倭国十市郡与
　　　　　　　　　　　山背国宇遅郡奴九口婢十六口並家人者

家人壹佰貳拾参口　奴六十八口
　　　　　　　　　婢五十五口

奴婢参佰捌拾伍口　奴二百六口
　　　　　　　　　婢一百七十九口

浄寺奴壹口

右壹口天平十年歳次戊寅正月十七日納

賜平城宮御宇　天皇者

合馬参疋　二疋鹿毛牡歳各十二
　　　　　一疋栗毛牡歳十一

合牛玖頭
一頭黒毛歳十二　一頭班毛歳七　一頭黒班毛歳十
一頭腹班毛歳九　一頭大班毛歳九　一頭黒毛歳八
一頭黒毛歳七　一頭班毛歳五
一頭黒毛歳五

都合本記地壹伯壹拾陸萬参仟壹佰肆拾代
成町二千三百廿六町二段二百八十八步
合水田参佰玖拾陸町参段貳伯拾壹步参尺陸寸
十三町七段讀涅槃經料
六十九町四段九十八步功德分料
六十八町卅三步衆僧衣分料
一百廿一町九段七十步食分料

十三町三段十歩三尺六寸寺主分料

近江國栗太郡貳拾壹町柒段壹佰肆拾肆歩

大倭國肆拾玖町壹段伍拾柒歩參尺陸寸

平群郡卌（卌）六町九段二百一歩三尺六寸

添上郡二町一段二百十六歩

河内國捌拾柒町陸段壹佰捌拾柒歩

志貴郡一町　澁川郡卌六町二段百八十七歩

更浦郡卌町　和泉郡卌五町九段

攝津國葛原郡參拾壹町陸段貳佰捌拾捌歩

播磨國揖保郡貳佰壹拾玖町壹段捌拾貳歩

右播磨田小治大宮御宇　天皇戊午年

四月十五日請上宮聖德法王乎令講

法華勝鬘等経而布施奉地五十万代
即納賜者之中十万九千五百六十一束二把代
成町二百十九町一段八十二歩
合陸地壹仟玖伯貳拾玖町玖段漆拾陸歩貳尺肆寸
薗地参拾壹町貳段
近江國栗太郡物部郷肆段
大倭國平群郡壹拾伍町
河内國陸町貳段 渋川郡六町 和泉郡二段
播磨國揖保郡壹拾貳町貳段
山林岳嶋等貳拾陸地

大倭國叄地

平群郡屋部郷一地東限鳥方岳板垣嶺北限澁谷北
至枚保伊知比石違西限石違至大谷須疑墓南
限寺鎮同郡坂戸郷岳一地東限平羣川南西限久度
川北限志比坂路添下郡菅原郷深川栗林一地
東限道南限百姓家習宜池
西北限百姓田

河内國日根郡鳥取郷深日松尾山壹地
東限高峯　西限路
南限尓我紀谷　北限智川

攝津國雄伴郡宇治郷宇奈五岳壹地
東限弥奈刀川南限加須加多池
西限凡河内寺山北限伊米野

播磨國貳拾壹地
揖保郡五地　於布弥岳佐伯岳　佐乎加岳
小立岳為西伎乃岳

印南郡餝磨郡内嶋林十六地止奈祢乃利山
伊奈豆母山　伊布伎山　左豆知乃乎利　多居知乃乎
利　斯止々山　石井前山　夜加山　弥多知山
比利布乃佐伎山　大嶋山　加良止麻利山　比乃利祢山
弥多知乃乎利　奈閇嶋　加夜波良林

合海貳渚
右在播磨國印南郡与餝磨郡間

合池陸塘
大倭國平群郡寺邊三塘　河内國和泉郡軽郷一塘
攝津國菟原郡宇治郷一塘　播磨國揖保郡佐々山池一塘

合處々庄肆拾陸處

合庄々倉捌拾肆口屋壹佰拾壹口
右京九條二坊壹處

近江國壹處　在栗太郡物部郷

大倭國貳處　平羣郡一處
添下郡　一處

河内國陸處　大縣郡一處　和泉郡一處　澁川郡一處
志貴郡一處　日根郡一處　更浦郡一處

攝津國伍處　西成郡一處　武庫郡一處
川邊郡一處　雄伴郡二處

播磨國參處　明石郡一處　賀古郡一處
揖保郡一處

備後國壹處　在深津郡

讃岐國拾參處　大内郡一處　三木郡二處
山田郡一處　河野郡二處
鵜足郡二處　那河郡三處
多度郡一處　三野郡一處

伊豫國拾肆處　神野郡一處　和氣郡二處
風速郡二處　温泉郡三處
伊奈郡四處　浮穴郡　一處
骨奈嶋一處

合米壹仟貳佰陸拾斛捌斗
合穀肆仟貳佰拾貳斛
佛分肆佰肆拾陸石捌斗叁升伍合
灌佛分肆拾陸石玖斗貳升
法分伍拾叁石貳斗
聖僧分貳佰捌拾石叁升
通三寶分壹佰叁拾肆石伍斗
觀世音菩薩分貳拾貳石柒斗
塔分貳仟壹佰肆拾柒石玖升在二國
別燈分壹拾玖石陸斗叁升

通分玖佰玖拾柒石柒斗陸升
一切通分貳拾肆石陸斗陸升
寺掃分肆石陸斗叁升伍合
四天王分伍石伍斗
金對分壹石伍斗肆升
温室分貳拾柒石
合稲壹拾壹萬壹佰伍拾肆束（束）叁把
佛分壹仟肆佰拾陸束玖把
灌佛分叁佰柒拾玖束柒把
法分叁拾貳束柒把

聖僧分陸束貳把
通三寶分肆佰肆拾捌束
塔分肆仟捌佰玖拾捌束貳把
法藏分貳拾肆束
常燈分壹仟束
別燈分叁仟壹佰捌拾伍束壹把
通分陸萬伍仟貳拾壹束柒把
一切通分叁萬叁仟柒佰肆拾壹束捌把
合食封貳佰戸 永年者 在四國
播磨國揖保郡林田郷五十戸但馬國朝来郡牧田郷五十戸
相模國足下郡倭戸郷五十戸上野國多胡郡山部郷五十戸

右天平十年歳次戊寅四月十二日　納賜
平城宮御宇　天皇者
合食封叁佰戸
右本記云又大化三年歳次戊申九月
廿一日己亥許世徳陁高臣宣命納賜已
卯年停止
又食封叁佰戸
右養老六年歳次壬戌　納賜平城宮
御宇天皇者　神龜四年歳次丁卯
年停止

牒以去天平十八年十月十四日
被僧綱所牒稱寺家縁起并資財
等物子細勘録早可牒上者謹依
牒旨勘録如前今具事狀謹以牒

天平十九年二月十一日都維那僧靈尊
上坐僧隣信
寺主僧玄鏡
可信半位僧𡚴印
可信複位僧賢廣

可信複位僧乗観

僧綱依三綱牒撿件事記仍為恒式以傳遠代

謹請紹隆佛法将護　天朝者矣

大僧都法師行信

天平廿年六月十七日佐官業了僧願清

佐官兼薬師寺主師位僧勝福

佐官兼興福寺師位僧永俊

佐官師位僧　恵徹

佐官業了僧　臨照

広隆寺縁起

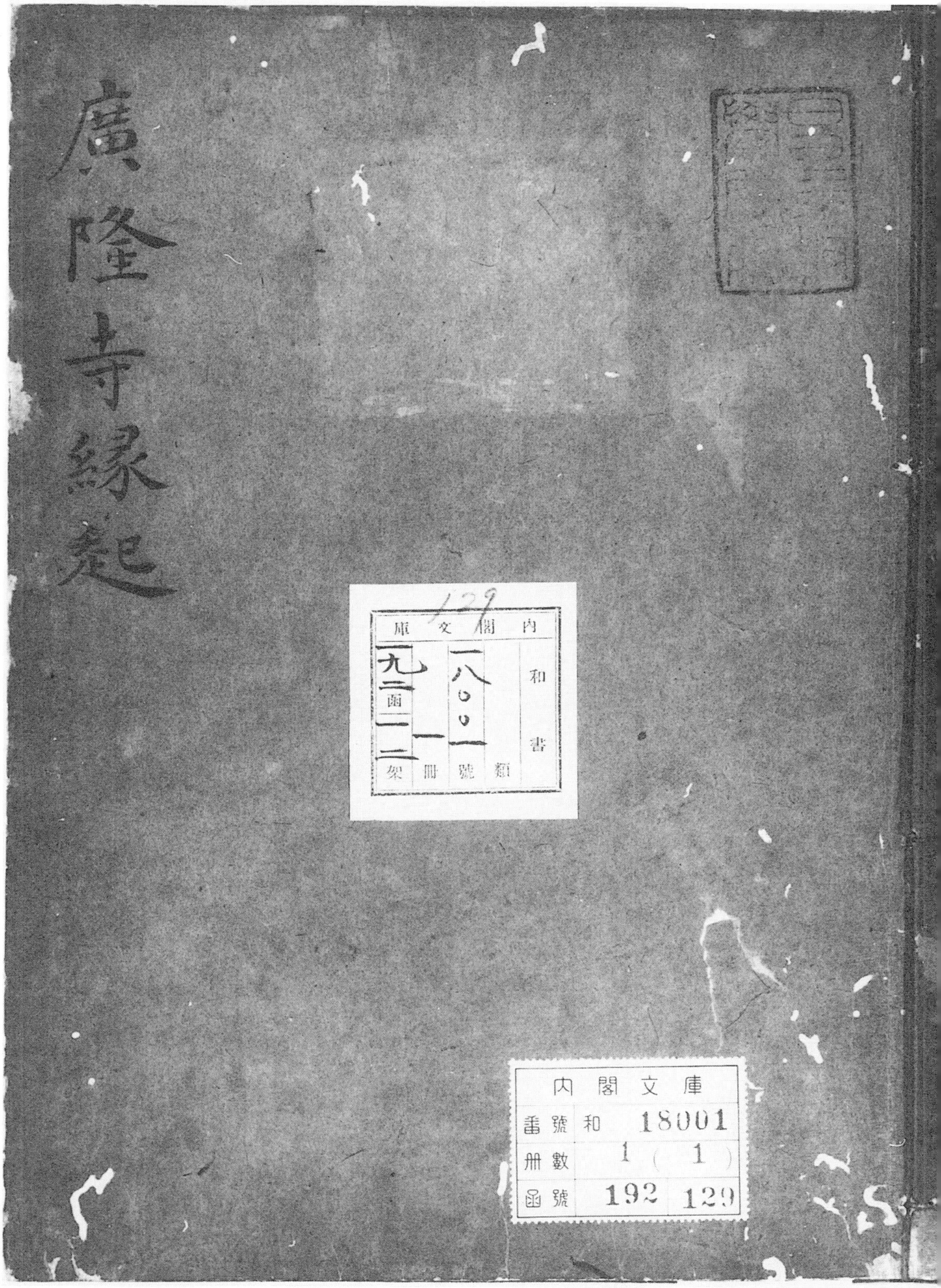
廣隆寺縁起
129
内閣文庫
和書 類
一八〇〇一 號
一 冊
九二 函
一二 架
内閣文庫
番號 和 18001
冊數 1 (1)
函號 192 129

林氏藏書
日本政府圖書
淺草文庫

夫以慈雲起西天法雨露東土漢帝流祥
而載叶通神夢自尓建白馬寺崇三寶乎
聖徳太子降誕示佳瑞而開演釋典然則
普天下遍沐法水率土上廣蒔佛種大教
之流布莫非聖徳之洪恩救世之方便偏
依上宮之俊徳不可得而稱者也
抑廣隆寺濫觴者　推古天皇十二年甲子

秋八月太子語秦河勝曰吾昨夜夢自是
北去十餘里至一美邑楓林太香四方充
滿矣彼林中有大朽木五百賢聖常来集
讀誦般若理趣分或天童自虚空飛来以
妙香妙華供養衆僧又自其朽木常放光
明以微妙音聲宣說妙法殊勝之靈地也
於此林中汝率親族饗吾太盛我今將往
河勝頓首啓白臣邑恰如御夢早有御幸

可御覧矣即日有御幸其夕月暮宿泉河北頭太子語左右曰吾入滅之後二百五十年有一釋氏修行崇道建寺此釋氏非他是我後身之一也二百五十年者當寺再興道昌僧都之時代也其弟子等尊法傳燈末法之初佛教栄興明月留苑途橋河勝眷屬各献清饗陪從御輿舁等二百餘人皆悉酔飽太子大悦其日臨楓野太堰而有歴覧之処楓林

中有大桂木其樹空虚而蜂多集然間童
部共燒之無有盡期諸人成恠太子有御
覧如御夢有殊勝之寶閣其中千二百大
阿羅漢集會令講讀法華勝鬘維摩等大
乘經之要文而説法教化凡依機見之不
同凡夫者見蜂虫太子者御覧淨刹則造
假宮於蜂罡之本爰太子曰吾相此地國
中之秀地也南閑朱雀之地眇々北塞玄

武之峯峩々東青龍之何渕々西白虎之
道廣々高丘之上龍為窟宅常臨擁護東
有巌神西御猛霊是皆守鳳城於四神相
應之地天下无雙之砌也吾入滅之後三
百歳之後有一聖皇再遷都興隆釋典苗
胤相續不墜旧軌是我後身之一也今之帝都
平安城是也當寺建立之時未来之事如是相給然後以假宮為
寺号桂宮院有八角御持佛堂自身建立未令造營本尊御自作之如

意輪同御影并隋煬帝
所献之阿彌陀如来像
一金堂御厨子之内三軀本尊事
金銅救世観音像（居高二尺八寸）件像推古天皇
御宇十一年（癸亥）自百濟國献之於小墾田
宮ニ付属ス近臣秦河勝ニ賜此霊像
金銅弥勒菩薩像（居高二尺）件像推古天皇廿
四年（丙子）自新羅國奉渡之此像放光特々
有霊異太子命秦河勝曰佛像有霊異不

可輙垢宜安置清浄堂不得恣拝矣俗之
癡人若有觸犯者護法神毘沙門天必可
為〓河勝奉　勅則建立蜂罡寺而奉安
置此像
檀像薬師如来像　件像山城國乙訓郡
有一之社号乙訓社（今向日明神也）昔入於西山
採薪人休息此社彼社前有一木杭有一
人之樵夫休息之間以此杭作佛像稱南

無藥師佛而入社殿矣故知向月大明神
御作也此佛依有灵驗衆庶參詣此砌廣
鷲手目其比有大原寺住持智威大德〈唐人〉
〈初住元興寺後居大原寺〉延曆十二年〈癸酉〉十二月〈庚戌〉日
奉安置大原寺而隣里之老少渇仰之輩
無不所願成就因茲燈油供物如雨似涌
矣大德歸家之後奉安置丹後國石作寺
尚以施灵異矣　仁明天皇御宇有一宮女

因此像灵験入内剰至后妃之位有勅奉
安置願徳寺　清和天皇御悩之時勅廣隆
寺道昌僧都（道昌僧都者清和天皇御持僧）欲有御祈禱
道昌奏曰願徳寺薬師像有灵験奉迎彼
像於當寺可奉祈　寶算云云則勅官人
奉迎件像一七箇日被行御修法御悩忽平
愈矣其後大井河欲流入于鳳城之時貴
賎相談曰止此流事更非可及人力以佛

法之力宜止之歟云云　同御宇重被宣
下道昌僧都於此像前被致祈精之處彼
河流付西山之麓花洛安穏也亦同御宇
貞観之比依大旱魃道昌奉　勅於彼佛
前致懇祈之處即日雲靄俄凝雨脚大降
徵感之餘竊准古佛更作新像奉送願德
寺終留其像永為當寺本尊爰願德寺僧
徒等以古佛可歸寺之由雖令言上依

勅奉安置於當寺之上者不及力願德寺
者留古佛之座光以新佛像雖奉安置于
此座光〻〻搖動而新佛不安故唯奉崇
座光号座光堂云云延暦十六年丁丑五月
五日古佛放瑠璃之光又三条院御宇長
和三年甲寅五月五日同放光明參詣之貴
賤渇仰之上下車馬不可勝計焉為七佛
藥師之苐一求長壽得長壽經文求富饒

得富饒之金言有何疑哉長谷寺之觀音
者誂末世之利益於當寺揩願寺之彌陀
者感伽藍之再興於斯瑞像加之代々賢
王聖主臨幸於當寺叡念不浅　勅願悉
成就給仍　聖武皇帝者被始行傳法會
清和天皇者令再興同會并内陣之長日
藥師供養法修理料所等御寄附　村上
聖主者被始置四季御願每日長講三

条院者長和五年丙辰依當寺御參籠御惱
即時平愈　鳥羽法皇者被始行二季之
御八講晝夜十二時供華等　後嵯峨院
者令修法華會給此外事不遑具陳　公
家綸旨院宣武家御下文御教書等御祈
禱之靈地鎮護國家之道場也
一御厨子三躰本尊之外内陣諸尊事
都率曼陀羅一幅蓮絲　推古天皇卅一年癸未自新羅國獻之

不空羂索檀像 立高一丈七寸 春日大明神御作
如意輪観音 二躰 聖徳太子御作
不動明王像三躯 内 一躰弘法大師御作坐像 一躰恵亮和尚作坐像
一躰道昌僧都御作立像
聖僧文殊像 居高三尺一寸道慈和尚御作 道慈和尚者勤操僧正師匠弘法大師之祖師也
十一面四十手観音像三躯 立像 同観音像
一躯 坐 三千仏絵像一幅 日光菩薩

月光菩薩　十二神將等像　此尊像等後　冷泉院御宇
康平七年甲辰依丹後守藤原資良大願成
就奉作之供養道師法性寺座主仁暹大
僧都也佛師長成法橋也此十
二神將之灵驗奇特不可勝計
一大講堂
丈六阿弥陀如来像　大安寺僧賢證御作　極樂生身如来縁起
別有之
虛空藏菩薩像　居高六尺五寸　道昌僧都作　地藏
菩薩像　居高六尺五寸　道昌僧都作　吉祥天女像
賓頭盧像

一十輪院　地蔵菩薩像　灵驗殊勝縁起別有之

三重塔婆一基

一安養堂　石像秘佛　口傳有之

一寶塔院　塔前五輪石塔者太子五部大乘經書寫而此塔奉納之

三重塔婆一基　阿閦寶生彌陀不空　各奉安置之

一平等寺

丈六千手千眼像　葛原親王御願

四所御靈像各一躰　灵驗記録別有之

一法華三昧院　普賢菩薩　大江音人御願

一新堂院　釋迦三尊像

一尊重院　藥師如来像　弥陀如来像

一經藏一宇　納一切經

一又倉一宇　伎樂裝束并彝具足等公文
重書太子御什物御笏御扇
御團扇御御腸息御劔御
麈尾御脩御矢等納之

一鐘樓一基　高三丈

一銅鐘一口懸之　銘少納言入道信西作
梵字御室御筆

鐘銘曰

夫廣隆寺者上宮太子藍觴之秦河勝草
創之本朝佛法爰始此地之繁昌被今靈
驗奇異言語道斷事在前記不須復説於
是久安六年正月十九日仁祠忽逢回祿
之殃住侶空隔窠巴之術雖悲灵寺之為
灰唯感驗佛之免煙方今佛閣僧院鐘樓
經藏悉尋基趾新加修複故鎔洪鐘即作

銘曰
鳧氏呈巧鎔範既成朱火吐焔赤銅錬精
雄龍挙首鯨魚發壱秋風夕報扣霜〓鳴
聞有頂上達無間城菩提曉至妄想眠驚
速侍三下利益四生宜成法器乾椎揲名
已上鐘銘
一寶蔵二宇　南北在之各高三丈
一惣門一宇　高一丈三尺一寸

金剛力士像各一躰高一丈一尺
鞍作鳥作
額一面廣隆之寺古文太子御筆
一中門一宇　高一丈三尺一寸
多門持國天等　高一丈二尺　八夜叉像
一東大門西大门　各高一丈三尺
一廻廊五十二間西廊之内奉安置聖德
太子像則太子御作庭前立金燈爐一基
一浴室一宇

一政所廳屋一宇
一本尊佛餉太炊屋一宇
一食堂一宇三間四面奉安置毘沙門天像
一三面僧房七十二室各陽三間在小子房七
十二室各三間
一四方築垣合三百十五丈
一鎮守三十八所在拜殿一宇供花堂一宇御子宿一宇
奉勸請諸神

内閣文庫

鹿野男正一位丹波國香取女正一位下総國伊勢内宮鹿島
正一位常州熊野紀伊國大酒正一位住吉男正一位摂津
国稲荷男従二位布留正一位大和国春日男正一位大和州一位
大(ヲホ)神(ワ)男正一位大和国葛木男正一位垂氷女正三位播州勢
田尾張国多度伊勢廣田女正一位摂津国梅宮女氣
多能登国氣比男正一位越前国月讀男正一位伊州賀茂
正一位松尾男正一位八幡木(コノ)嶋(シマ)女一位男正金
峯山大和州比叡日吉大宮江州比良江州愛宕

大和〈正一位大和国〉白山　飯道（ハンタウ）〈江州〉大原
高天（タカマ）〈大和国〉弘瀬〈大和国〉神野　諏訪〈男正一位〉
〈信濃国〉櫟谷（イチイタニ）　平野〈男正一位〉秦大夫（シンタユウ）〈後勧請加申廿
八所也〉
鳥羽院御宇
一木島明神者霊験殊勝深秘之神也自
正五位上従四位下兼平六年〈丙申〉十月廿
三月其後正三位正二位一条院御宇長
保五年〈癸卯〉十月廿八日従一位後朱雀院

御宇長久四年癸未五月十日被授正一位
宣旨在寺庫
一大酒大明神者秦始皇之祖神也仲哀
天皇御宇功満王来朝之時奉渡之依神
驗无双朱雀院御宇従三位同御宇天慶
四年辛丑五月十五日正三位　後冷泉院
御宇天喜三年乙未十一月廿日正二位同
御宇治暦四年戊申四月廿五日被授正一

位［宣旨在寺庫］
一飛来天神者亘三國靈神也為當寺三
論守護自新羅國飛来之由依日蔵上人
夢中之告勧請當寺神躰白髪老翁
一木枯明神者依　勅自乙訓郡奉迎薬
師佛之處向日明神影向當寺之前槻木
給之時其木俄枯之間則奉勧請之後枯
木再榮仍号木枯明神［清和天皇御宇］

一當寺々号種々事

蜂罡寺　太子臨幸此處之時蜂虫悉成五百賢聖千二百羅漢演説大乘經文故

秦公寺　秦始皇帝之苗裔秦河勝奉勅建立當寺故

桂林寺　聖德太子臨幸之特楓林太香充滿四方或大木空虚之中成宮殿樓閣故

三槻寺　付槻木有三奇特故

廣隆寺　廣隆者秦河勝之實名也此臣奉勅致忠節建立寺塔故

一以此處名太秦并秦氏事

秦氏系圖

秦始皇帝　胡亥皇帝　孝武皇帝

竺區未孫王　法成王　功満王 始来日本国　融通

王　普洞王　酒秦公　意美秦公　忍

秦公　丹照秦公　河秦公　國勝秦公

河勝秦公　自秦始皇帝至于小德位大花

上秦造ミヤツコ河勝廣隆卿已上十五

代

爰功満王始来日本国事　仲哀天皇四
年乙亥千時唐土年号初興平　王者獻帝之
代也功満王者儲置融通王後歸唐土畢、
融通王之時分置秦孫於諸國始而令養
蚕織絹　矣　應神天皇十四年癸卯始有日
本國絹綿之利、　仁徳天皇詔曰秦王普洞
王所献之絲綿絹綾之類朕始服之柔軟
温煖也始觸皮膚自今以後千秋萬歳卿

之姓曰波陀秦者暦也令秦字訓為波陀事依
恩詔也、雄畧天皇元年丁酉詔秦公蒙恩
詔得秦氏一万八千六百七十人至于同
御宇廿一年丁巳養蚕織絹奉貢　天皇如
山如岳積累朝廷即公催諸秦氏而於廣
隆寺金堂之邊建立大蔵被納彼衣綾
天皇愛之衣綾之中埋々被仰下之間其
倉跡建立堂舎而号埋堂今世俗人謂之

宇都摩沙々々々々者盈積利潤義其御
倉之時被始置守蔵之官今大蔵卿是也
其時以秦公為長官賜宇都摩沙之号是
秦字之訓也、所詮太秦之二字之讀者太
子之太与秦河勝之秦字二字引合讀之
甚深之事也當寺者三論之招提大乗相
應之勝地也高麗恵慈法師為弘文殊龍
樹之宗風来朝之時　聖徳太子於桂宮

院之八角御堂奉請取彼經論給真言教
者道慈和尚始而令傳求聞持法道昌僧
都以来至于今為東寺之餘流顕密兼學
之霊場佛法恒縛之伽藍也久安六年以
後當寺修造之時被寄武蔵國造寺使武
蔵守藤右衛門尉信頼以武蔵國重任之
成功五箇年間悉造畢　二条院御宇永
万元年乙酉六月十三日庚寅御供養　御願

文曰夫廣隆寺者、聖徳太子經始之砌、醫
王善逝恒轉之場也、謂其崇重、則衞覃五
百載之星霜、思彼霊験、亦普滿三千界之
國土、佛法恒轉之勝地也、善根繁昌、
僧侶常住之仁祠也、杏花敷無断絶、然間
久安六年艶陽初月、寺中有災、忽遭回禄
之殃、炎上揚焔、難施救也之術、梵宇雖化
孤煙之色、霊像適全滿月之容、彼（時）眈仙院

殊降綸言或課國宰新勵土木之功或勅
寺家徐盡輪奐之美其後時代相遷更涯
締攝之勤光景屢轉未遂供養之志今抽
清淨心之懇誠奉仰瑠璃光之弘願仍建
立檜皮葺七間四面金堂一宇奉安置本
尊藥師如來像一躰金銅彌勒菩薩像一
躰金銅如意輪像一躰八尺十一面觀音
不空羂索等像各一躰等身文殊師利菩

薩像一軀、同十二神將像、但件佛菩薩等
者、往古霊佛也、如元安置、殊以歸依、建立
五間四面堂一宇、奉安置一丈六尺阿弥
陀如来像一軀、一丈六尺地藏虚空藏等
像各一軀、等身不動明王吉祥天頻頭盧
像各一軀、講堂舎諸門廊、一寺荘厳數宇
造畢。三間三面常行堂一宇、安置三尺阿弥陀
如来一、一尺六寸觀音勢至等二菩薩像各

一躰、廻廊之内奉安聖徳太子像一躰、号
之太子堂、奉崇往代像、茲外佛是皆新造
新調、中門安置丈六金剛力士像并等身
八夜叉等像、尤建鐘樓之基、高懸九乳之
洪鐘矣、右起經蔵之勢、専置一切之諸經
辱、奉書寫金泥本願薬師經一巻、奉摺寫
墨字同經一百巻、便消林鐘六月之良辰、
遂供養展梵莚、屢崛蘿衲卅口之禪侶、梵唄

唱響十方之聖衆、悉臨省到于廣嚴城之
露地、三界之群類、旁集凝瀉於樂音樹之
風儀、抑朕以膚瓅之身、謬居躰元之首隲
鳥化治世之仁、晨兢尤多、値像法轉時之
末、宿、善其厚、明一之德未」適(アツカラ)、深仰一代之
妙尊、通三之化雖踈、偏歸三寳之真境、隨
願樂以得長壽者、如來之說也、金言何違、
致恭敬以拂衆難者、經王之文也、丹心所

蓁然則宸儀惟穩鎮嘗長生之良藥聖筭無疆必見再改之大椿兼又上皇仙洞久催花月之宴遊中間后房自傳螽斯之諷詠文武官僚浴皇化而竭節遐迩黎庶感德政而扇風二儀之際永無旱傍恠異之驚九列之中弥誇穀稼成熟之冨重請柱石之基歴僧祇乎猶固修練之牖待龍花乎自閑乃至恒沙塵刹之郷六趣四生之

＊

界、勝因、依及、利益無邊、ナラン 敬白

永万元年六月　日

御供養之記

御願文作者　永範　于時式部大夫

導師興福寺權別當覺珍法印

咒願東寺三長者權少僧都禎喜

唄師法眼宗命　東寺　法眼覺成　東寺

散花頭權律師定遍　東寺　法橋兼賢　東寺

請僧三十口内〔仁和寺 當寺〕但衲十二人皆用
當寺僧　不課有官無官随所作着座
經所四人
惣在廳行聡　威儀師長賀　公文従儀
師覺俊従儀師長深　寺家所司同供奉
佛供燈明御布施等　公家御沙汰〔參川國 國役〕
大僧供米伍十石　〔宣旨斗定〕上総國々役
上卿　堂童子　官人二人

當寺前大別當法務前大僧正寛遍被沙
汰御布施事
導師被物　十重　單重　二領　褁物等在之
咒願被物　五重　褁物在之
唄師被物　三重　褁物在之
散花師被物　二重　褁物在之
余請僧被物　各一重　褁物在之

明應三年甲寅七月廿五日一見之次卒尒
畧之為寺家後見計也重而可清書之
金剛佛子濟兼

内閣文庫

清獬眼抄

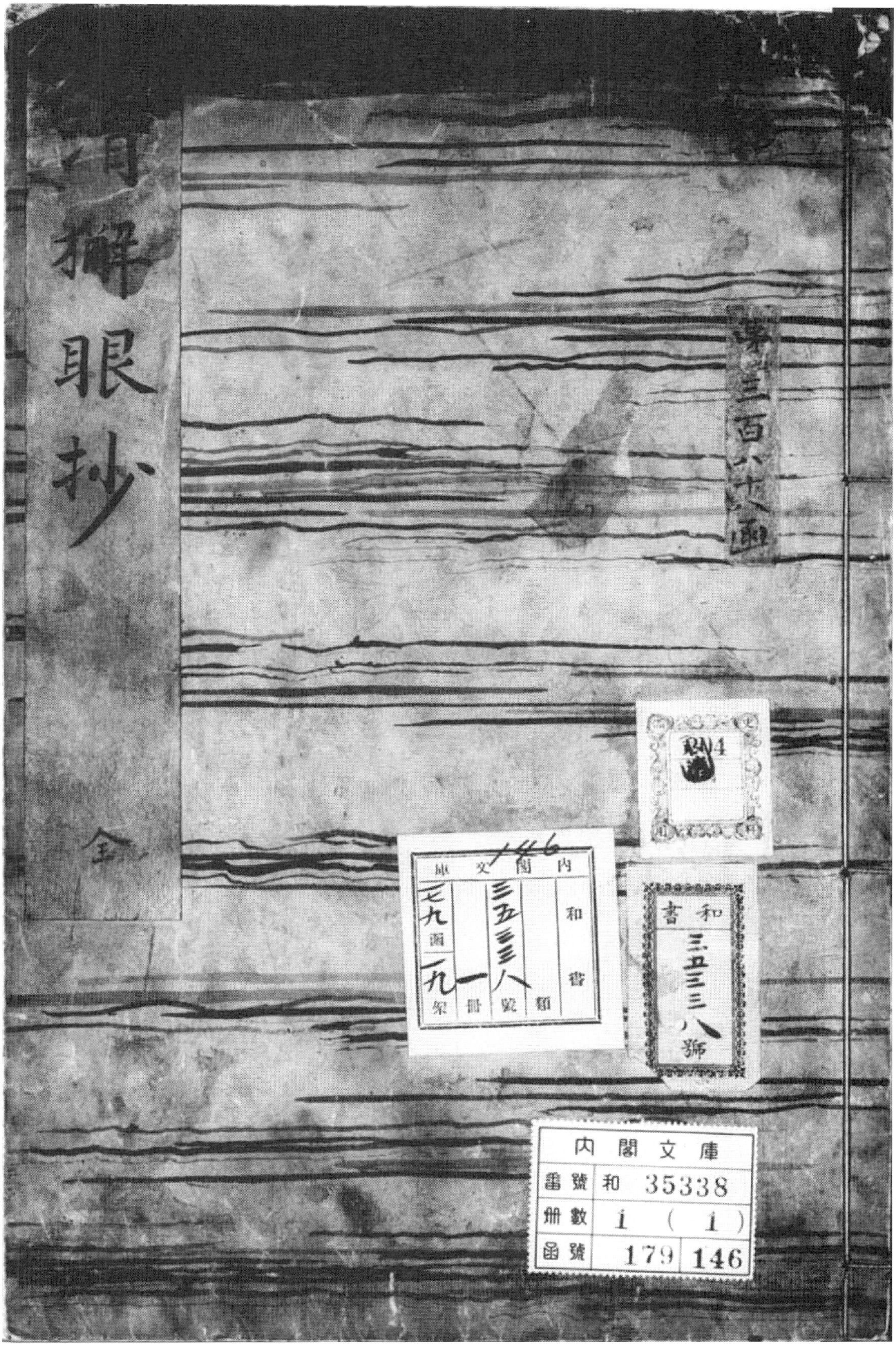

獅眼抄
全
内閣文庫
和書
三五三三八
和書
三五三三八
號
内閣文庫
番號 和 35338
冊數 1 (1)
函號 179 146

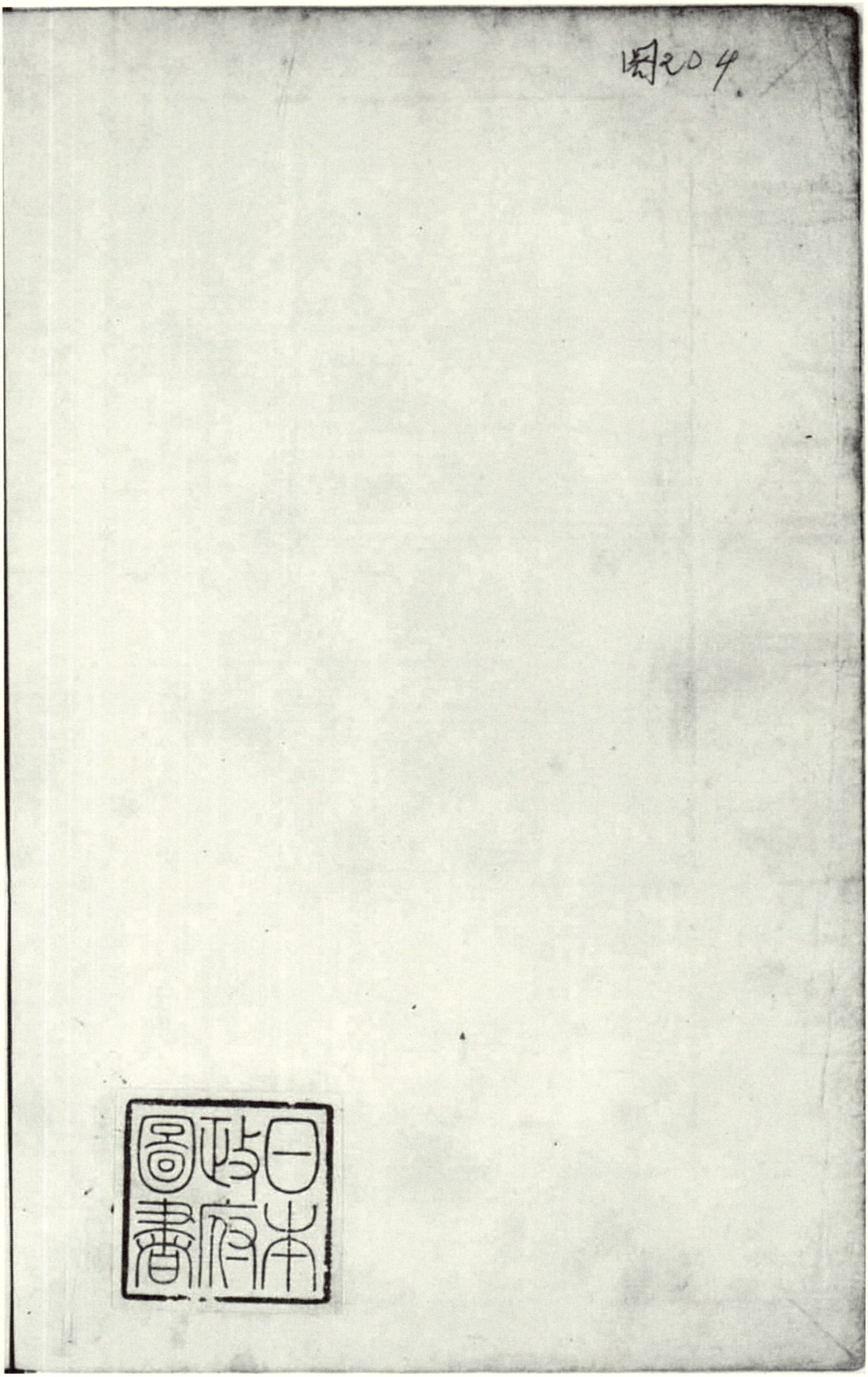
関204
日本政府図書

清獬眼抄

一　凶事

一　流人事

或御記云、永和元年壬辰七月日伊継令梅朝臣
逸勢等謀反事發配流伊豆隠波國亦大理
秋津卿七月連坐伊継岑謀反事遷出雲權
守廷尉左尉清渕継根府生負原春主亦為追
捕之十年三月三日於配處卒于時年五十七
一條院御時長德二年丙申四月廿四日大臣伊周貶謫

金澤文庫

大宰權帥中納言隆家貶出雲權守是同正月十一日
花山院幸故恒德公家之間大臣忽到彼家於是
大臣共人并中納言奉射花山院御衣并奉咒咀東
条院之事等也彼大臣家遣檢非違使之
或記云康平七年十月十六日前下野守源頼資配
流佐渡國已畢應断而有議延引十二月六日流人源
頼資改佐渡國配土佐國依使等申雪深路渋前
途難達之故也云々
是追使左尉坂上宣成申刻向宿所駐馬立門入

看督長相尋有無只今罷出之由返答項之引寄
馬頼資乍騎馬案出家内定成斬是可駐馬之由下
知駿馬立行列
先看督長二人 取松明　蒌紗赤衣　員靫木
次流人騎馬 着狩衣襖奴袴　看督長引切紗　防援囲繞　鉾持相副之
次廷尉騎馬 白張巻紗　冠纓　淺沓　帯釼　帯狩胡録　一竹涂
次火長二人取松明
至于七条朱雀人宅仁留ル領送使持向官符定成取之
讀闕流人 流渡云々 返賜官符了請取流人取進請文於大理

治暦二年七月二日召返源頼資

前出納大學属菅野成經流罪事

隆方朝記云康平　年十二月十六日左兵衛督經信卿被

行前出納成經流罪〈去夏於淀渡打損／八幡宮神人之罪科〉流配佐渡國有結

政請印罪科所當從者二人屬徒二年今夜以口宣被

問外記先例有進勘文之時〻之者今日雜事大外記師平

大夫史孝信令召使陣又給非違使令召使本陣敷員

府進使

史使上官符　給非違使向流人宅公諸使人乎

配流公卿殿上人事

後清録記云永暦元年三月十一日庚寅有流人依呂泰内

流人

大納言経宗（阿波 章貞）　中納言師仲（下野 信隆）

別當惟方（長門 能景）　兵衛佐頼朝（伊豆 友忠）

同舍弟希義（土左年九 予）

去九日戊午於近江國頼朝被搦上洛了

配流公卿殿上人事

同記云應保三年六月廿三日戊子天霽泰　別當殿

鳥羽上座致害人盛房行房并高畠敦害人等同追
記以新録事其廣進覧盛房同類各可被召之處尚
以可痛問同類々也而被仰下也未刻退出々間今朝
中志章貞依召参内事依不審参　内裏流人事也
被秘蔵之々是因密々子細々處　當今依奉呪咀被行
流罪比叡埜女可被拷問之々可謂奇異乱　天子世
歟中志章貞清志能景予俳佪陣屋邊之間依召章
貞参　陣座賜流人交名退出了交配追尉
源資賢 信濃 前修理大夫従三位　追使志能景

源通家　伊与　前右近少将　追使志章貞
平時忠　出雲　前右少弁左衛門権佐　追使府生季、
藤範忠　周防　前内近頭式ア熱田大宮司　追使志基廣
各存知退出新志基廣依不當座以書状觸示了書状
常事也泰會邂逅事也　予立烏帽子着毛沓相
具随兵　随在四人　向流人亭以看督長　帯弓箭　觸子細等
時忠〻〻乗車出门予着胡録放綏先車看督長二人
取松明下部不圍繞流餅〻〻次火長取松明次予雑
人不随兵如常至于七条朱雀領送使持官符向来仍

對面流人令見官符　為領送使以草子今夜時忠渡
吉祥院〻邉云〻於棄車者下部不取〻ノ是恒例也
抑流人棄車甚以不可然事也然而依事不便不能停
止也
今案祖父口傳抄云向流人亭事廷尉立烏帽子着
毛履帶胡録中黒騎馬火長看督長如常随兵随有
相共先以看督長相觸云依其犯天配流其國官人某〻
為追使早可令出給爰流人忽罷出僮云〻流人出〻
介時令〻改免棄直馬送棄之馬尻方仁向天棄之〻送鞍畳〻〻不脱巾改免等

囲繞馬左右之行列次第

先看督長二人　取松明　巻緌帯弓箭

次流人　不脱巾　看督長引切緌引切袴結ノ鉾持付之下部囲繞之

次廷尉　緌巻　胡録　毛沓

次火長如常　取松明流人而廷尉之間　秉燭之

次随兵

又車同前但後簾上天前簾下凡後仁向天乗留犯人不脱巾引切緌結ホ之車ノ左右轅又輪邊仁人守黒人守等左右囲繞之遣車下部不作也　牛飼有之然而牛飼不遣之

追出京外、西國至于七条朱雀、東國北陸道者
粟田口、追也、此近追領送使自先立、官苻持向取
官苻讀聞流人、後賜官苻於領送使、其次領送使
請取流人了、次廷尉以下、相代配流、撿人敢以
不知然而為知古事注載之

流移國々

常陸國 去京一千五百七十里　安房國 一千一百九十里
佐渡國 一千三百廿五里　土左國 千二百廿五里
伊豆國 七百七十里　隠岐國 九百十里

右六ケ國遠流
伊豫國　五百六十里　周防國　五百六十里
右二ケ國中流
越前國　三百十五里　安藝國　四百九十里
右二ケ國近流
以前被右大臣宣偁奉　勅旨今以後永爲恒例者
神龜元年六月三日
山座主明雲配流事
後清録記云安元三年五月廿日己未雨降寂勝講初

日也今日前座定明雲可被配流否事有陣定公卿
大相國師右府兼大納言隆季中納言宗家成範忠親實綱參議朝方
實家長方實守不可被流之由令定申了
法家勘申前僧正明雲罪名事
太政大臣忠親右衛門督藤原朝臣長方朝臣定申云
法家勘所當罪状畢減一等配流不可及異議歟但其
罪涉謀反之由勘申之雖理可然事起自訴訟為蒙裁
報催衆徒令參陣頭其間狼藉事若出不啚偏難處
謀反歟雖然衆徒騷動彼結構之由既以有露顕者豈

逌霜　哉須任法被行之處明雲以一乗妙法奉授
公家以菩薩浄戒奉授　法皇而忽令還俗處流刑
之條可及豫議哉宜在　勅定
右大臣中宮大夫藤原朝臣定申云大略同長方朝臣定
申為菩薩戒和尚之者處死罪之条為国家如何冥
之照鑒難量者歟
中納言藤原朝臣定申云大略同長方朝臣議但大治
年中春日　行幸之時興福寺権別　当隔勧賞了
五月之比彼寺衆徒訴申之而有仗議依為隆卿

定申神今食以後可有沙汰之由被仰下賞罰討
雖異今度射神輿事解謝本社之後可有
勅定歟
成範
左兵衛督藤原朝臣定申云同長方朝臣議尋准據
例可被計行之条同左近中将藤原朝臣定申
實綱　　　　　　　　　　　　實家
権中納言藤原朝臣左近衛中将藤原朝臣等定申云
如勘状者可當罪科云可宥過但法可被行歟但因宗之
教法是超餘宗台嶽之護持久被一天擇其耆德
被補座主云被行流罪之例豈云犯法輩之故歟猶

為菩薩戒和尚之者還俗之条可有思慮尋准據
例可被計行非常之斷人自專之軽重之間宜奉
勅定
（朝方）
皇太后宮権大夫藤原朝臣定申云法家勘所當罪
状了科断之条可在　勅定
右近衛中将藤原定申云所當罪科大都見法家
勘状此上若可被宥行者只可有　聖断允謂　勅罪
而有軽重者依　勅断而已是　所存殆張之間只有
勅定

安元三年五月廿日　長方朝臣　裁之　執筆

廿二日辛酉天晴、参大理亭、夕前座主明雲被流伊豆
國、早追使志重成自白河房相副向一切經別所、重成猶
相副護責云々
廿三日壬戌天晴、前座主領送使并國兵士五六騎云々相具
下向、而衆徒二千餘人許行向勢多橋西邊、奪取座
主登山了、于時多田蔵人行綱大夫尉盛綱雖追　朝
事歟

松殿配流事

後清録記云治承三年己亥十一月十四日代辰天霽
太政入道殿自福原入洛申時許御共軍兵不數百騎云々右大
将宗盛卿為虎従上洛云々定有事歟之由天下諸人推之
十五日己巳天晴仁和寺舎利會尋著冠所參勤也夜
半許有除目是非院御沙汰云解任云解官偏為
太政入道家御沙汰也配流人々不知罪過何事也
関白内大臣藤原朝臣基通近衛二位中将太政入道御聟也
解官中納言中将師家八歳松殿御息
上卿源中納言雅頼

十六日庚午天霽今夕前座主御房明雲還任
十七日辛未霽除目前太政大臣師長國外可追却追使章貞向乙
次御直廬令赴園城寺〻〻過給〻〻追使至于三条川原
〻過〻〻相副看督下部等令見落居所〻〻〻

解官

太政大臣藤原師長　権大納言按察使源資賢
春宮大夫藤原兼雅　右衛門督平頼盛
権中納言藤原實綱　右近衛中将藤原隆忠
左近中将藤原定能　参議右兵衛督皇太后宮大夫藤原光能

大宰大貳藤原親信
大藏卿右京大夫伊与守高階泰経
右中弁平親宗
右近少将伯耆守平時家
右近少将源資時
大膳大夫平信業
右衛門佐春宮權大夫常淀高階緯
左衛門權佐相模守平業房
加賀守平親國

越前守藤原季能
右近權少将源雅賢
備中守藤原光憲
參河守蒋藤原顕家
陸奥守式部權蕭藤範季
藏人右少弁中宮大進平基親
右馬頭藤原定輔
美濃守藤原定経
出羽守藤原顕経

左馬権助平業忠　阿波守藤原孝定
河内守藤原光遠　淡路守藤原知光
周防守藤原能盛　但馬守源信賢
甲斐守藤原為明　大蔵大輔中原宗家
佐渡守中原尚家　上総守藤原為保
　拾非違使
遠業朝臣　尉資行　同信盛
十八日壬申天晴
左遷　大宰権帥藤原基房

流人

基房　塡西　追使康綱朝臣

資賢　雅賢　資時　信賢　已上關外

已上四人追使下官

業房　追使重成　伊豆迯脫領送使之午ノ経両三日之後左衛門尉朝家被搦取即下向福原乎令出家乎不知死生後傳聞被攻敵云々

一 燒亡事

散齋外失火參事

神態之月散齋以前不參京中失火之事自今以後

散齋之外任申參立爲恒例者

寛平五年十二月五日　右看督使近衛別有輔等
凡有焼亡之時為救其事官人等行向其所其後先参
殿下次第　内裏又参　大理亭
或説云先参　大理可尋申奏有無欤殊可斟酌且又可
随便宜也
西宮抄云撿非違使追捕火事向不着緌只巻纓帯弓
箭云々
雑例云焼亡所佐或着位袍柏挟帯弓箭馳向或着位
袍巻纓加緌帯弓箭着深履云々次説得宜也　案着位袍

着毛履云便或説着布
袴緌冝云々古人必此云々

佐或着位袍柏夾帯弓箭或着位袍巻纓加緌帯弓箭

若着深履云々此説得冝葉着位袍着毛皆可
或説着布袴加緌冝云々古人必此

大夫尉以下皆布衣帯弓箭着毛皆蔵人尉着青色

之日着深履着位袍之時着浅沓但不必着青色随

便燒巳之時并更衣以後未着雜袍之前可着之云々

蔵人尉奏之時其儀解胡録大刀不置殿上口楯邉

有小舎人者給之着毛皆着従之殿司宿往反皆依

雖非常着用物在皆脱有其憚之故也

又云奏焼亡事詞

陽明門大路北若南不稱迎衛御門餘門准此可知

但土御門稱上東上西門又稱北邊大路又東西小路稱

其條北小路南小路坊門稱其條坊門又洞院西大路

洞院東大路又南北小路稱字小径不必稱字稱其小

路之西小径南小径

宗河記云祖父公方御暦記云奏節會之間上東

門大路与堀川小屋四五家焼亡官人等共欲馳参々々

程火已滅畢但帯随身弓箭陣邊　是例也云々

又之長德四年三月廿八日鷄鳴大宮大路東堀川
西中御門南大炊御門北四町焼亡其火飛着神祇
館屋焼亡予馳向（被）神祇館装束縫腋（而着下重）草帯
巻纓加緌着帯塗箆班羽胡籙草緒釼如盗人
捜取時装束（乗車馳向）出郁芳門各乗馬向陽明門参
大内通従承香殿北蔵人所以蔵人令奏事由承
図食之中引退出判官以下参　別當殿　暫着陣
座従中門退出宿所（此間細雨降仍経大宮大路而参也尉以下退出用同大路出侍賢門之間官人来）
會見在門内之
由各下馬謝之

官人左大史尉府生清渕右兵衛藤原南尉平尉
菅尉志忠信忠國等也（太史尉以下皆布衣或着冠或烏帽大史尉者烏帽也）右
公文預明澄右看督長安方同令此焼了仍以是府々
各給五年畢江文章博士宅在此中土屋一宇焼了
寝殿不焼随文章生損失是文書　自免後陣退
出之次過訪明澄安方在灰燼之中愁歎此事仍
雖乏少亦給件也
宗金記云寛徳三年十二月廿三日午時許　大殿
御厩焼了仍志参装束布袴但不着下襲只用

草常須為柏挟也而棄纓是則用故河内守御例也
火長随身白羽胡籙并赤弓引率大夫尉以下府
生以上官人次従馬場向北而列立東北中門下西上北面
招觽事實位朝臣令申見參還来仰云見參閲
食々但不可參閲也者仍於東文殿之北解胡籙
各分散々人傳云今度帯胡籙依別様随大夫
尉之諷諫帯替随身胡籙時人難云先着随身
胡籙帯我胡籙例也此事理不可然云々
口傳云々焼亡時佐藏人尉早速馳出別様事也欲

滅之間出向可然家欲近邊如恭其所爲人屬目別可
用心之馬物具等或時還表　仍可乞各不出向之時強
不可奔營欲
人傳云源為義為佐之時布袴云々　殿下作云之条
院儲若時近邊有火灾源滿仲宅也彼夜右衛門
權佐橋為義出來裝束宿祀柏夾毛皆之時殿
上人也地下佐如此時着直衣非例也
今案殿以下向燒亡所必帯胡籙騎馬 京中燒亡雖去住所裡遠
於家中帯胡籙出向不可令懸従者又乞我胡籙之時帯随身
胡籙常例也但為藏尉非別事之外着布衣不出晴所若着

布衣之時猶取衣冠可着用又乗
馬者同可乞取毎事可用心歟

舊記等大夫尉雖加綏近代不然〻〻着雜袍之時
必着淺履若深履但深沓者雨温之時有便乎但着直衣常例也
着直衣時或着深沓甚優義也然而於位袍欤又雖可常用之色
近代還稱褐焉仍禁中并可然貴所焼〻〻時随
形〻可用心也尉以下参別當亭申案内随其氣
色参執故人御許或不参別當亭猶執故人御
許着内裏邊相伴列立又蔵人尉同不向其故者
地下尉以下大夫尉同前於別當亭乍着胡籙皆居迹

申藏人依有其憚也但可然佐宮大臣御近邊燒亡ゝ
時別當若出其所又有他事可觸申者以藏人尉可
申欲其間事可隨形也若出質子邊者乍立地猶而
可申也雖非例解胡籙有其煩之故也若其程遠
或非露座　申次人者觸胡籙弄板數候氣色又
有何事哉參執政御許ゝゝ儀列立中門邊令職事
申案内　其詞　奏内若別當可奏ゝ也被命者不參此處只分散而已是吉事兼合并四月賀茂六月十二月神今食祭
等ゝ前若他祭當日又有前後齋如此神事時也隨命參内奏之其儀列立殿上口
邊右佐四位者立左佐上有右大夫尉者立左六位尉上藏人出會上臈佐奏云

其大路小路其方若其家焼已仕礼り先東西行北邉大路行上東門大路陽明院〻〻待
賢門〻〻郁芳門〻〻二条〻〻次〻〻以此可知〻坊門稱其條坊
門小路又㐂雖以南北行大宮〻〻或号宮城東大路堀川大路實小路洞院西
大路洞院東〻〻自餘不稱名但神解鷹司小小路稱〻〻或説万里
小路稱〻重如此大路小路随焼已程申四面限假有二条大路南小路南
三条坊門北之類也其中人家數雖不實計推量申之或云大小家
若千餘所焼若其中有可然人家者可稱申之云御四位五位焼已
仕礼り皆可分別〻〻或有家焼已者
甲条小路〻〻後可申其人其字家歟
火起波矢火倭

次流肦官人方〻見泰官人ホ

左佐其名改人其姓名大夫尉不申姓同佐志其姓名府生其姓名

右同左又説左佐右佐左尉右尉左志右志左府生右

府生相逆催次第申之又説有右四位佐右大夫尉者

依位次申之是不説強事也又左靫負司權佐卜申
此説非也但案之近衛職多存靫負司不可必稱官
歟但任希代之例有右近衛兵衛官人者申各府尤
有理歟蔵人還出作同食之由或孜火之時作可
追捕犯人之由
口傳云蔵人尉在焼亡奏例之時或奏之其儀解胡籙
大刀不置殿上口搢笏有如小舎人者給之著毛沓
者上従主殿司往及沓依雖非常著用物在沓脱
有其例之故也　又著青色之日著深沓又著位袍

之時著浅履蔵人尉焼巳之時不必著青色但随便焼
巳之時并更衣以後須未著雑袍之前可著之云々
或説云申火起畢之後忽流酌下﨟方 見参氣
色蔵人云々然而或夜中焼巳蔵分明難見ゝ参ゝ
故猶可参欲小嵌音乎々随時可斟酌
近代参詞云焼巳候ノ其大路ノ西小路ヲ西人宗、若干又起ハ
共火ヲラム申殿下儀同之
先東西行 北邊大路 上東門大路 陽明門大路
侍賢門大路 郁芳大路 二条大路 若坊門 稱具條坊門

小路

以南北行　大宮大路〔又号宮城東大路〕堀川大路〔實小路也先代云大路〕洞院の西の

大路　洞院東大路　自餘縦横不攝名但神解鷹司ホ小

路或万里小路稱之又京極大路稱之如此大路小路随燒亡

程申四面限假令ハ押小路ゟハ二条大路南小路ト申其中

人家數准量申之又可然之人家或有名テ之　申之

云卿以下四位五位可依人也

見參官人晝ハ流夜ハ嶽音申姓名也稱名大路小路

北邊大路一条　上東門大路土御門　鷹司小路

陽明門大路 近衛 勘解由小路 侍賢門大路 中御門
郁芳門大路 大炊御門 其条 其条坊門
宮城東大路 大宮 堀川大路 え小路 洞院の西大路
洞院東大路 万里小路 京極大路
今案祖父口傳云於内裏焼亡者退毛履上袴結帯
中黒箭可参也但自里亭上結不可参内也只存
普通焼亡之儀着毛沓巻緌帯弓箭可令参也内
裏ヨナト見テ驚キ騒テ脱毛沓上袴結可着浅沓也
自里亭知内裏焼亡之由極以有其恐之也所書置也

又云禁裏三町内不可申奏之

又云立去火所三四町鏁縦、若傍官路頭相逢者栢馬

對面人鏁絶我鏁絶人不差絶我不差絶但解絶縛

并者只今犯人定出来欤之由ヲ存知天　為追捕馳向也

相手存知旨如此　仍不差絶也故焼亡路ニハ去三丁

鏁絶也

禁裏焼亡之時入禁裏中者鏁絶有禁裏之外者

解絶又作騎馬入中歩行入

又云佑向焼亡所歩之郎等十廿人装束（假令紺青仁 狩襖貲袴）

之類大刀野所相具也二条右衛門佐重隆之時ニテ被調
置ケル近代未見如何
雖京外可然之公卿殿上人及公家御堂如然之所可
参向也
又云近尉帯白羽矢事
内裏之時別當柏夾帯火長箭定例也又左右権佐
如然之時同柏夾之時帯火長箭又自里亭参向之時
柏夾帯白羽箭定事也於尉已下者一切不然之但
行幸供奉之時或平装束或狩装束且帯平胡籙也

夏将胡籙如此之時雖　行幸之列行向大刀之白雉
須帯替野箭而无夏替有遣取之煩仍平装束上
又将装束上欲帯火丁白羽箭是舊例也但将胡籙
ニハ白羽矢ハ賭タリトミ不覚也然而意趣如此又不帯箭火
下ニハ以笘巻腰之〻此外自由亭夏大丁白羽太以不便
不可有之事也自里亭向大刀官人尉志府生之間何
无野箭一腰哉如不可帯中黒矢凡羽矢又黒ハミタラヽ
箭壺馳走哉
又ヽ或如此焼巳之時或臨時邂逅山大衆ガ公家驗之時火長着

小袴人以稱義〻以佐左衛門大夫季清當職之時向
炎上之日火丁一人令着無文縬小袴時人稱義〻
中古進藤右衛門大夫為範仁安二年九月廿九日内
裏焼亡之時火長一人着縬小袴人以義淡〻但於藍
摺者一切不可着欤其故者季清説〻火長着小袴
不用他色白小袴若無文縬〻
又季清参装束用途靳注文云無文縬布二段 調度懸并小舎人木椎布靳〻
注之雖調度懸舎人等不注藍摺椎即注無
文縬椎也且是雜犯制物之故欤然着火長袴着藍

褶之条甚以下臈其謂也只下臈文絹小袴又白袴可着用
也火丁二人一人者着普通白襖長袴一人者着絹小袴
白小袴也志府生雄一人猶可着絹下臈文小袴

一内裏焼亡事
後清録記云仁安二年丁亥九月廿七日辛卯天霽夜
大理住吉入道澄西許申上宣可尋神主國盛之由
所被仰下也
子剋許内裏焼亡五条北東洞院以東火起放火歟如例者自陣
座未申角亭主前大納言實長卿車宿歟二ケ度出来云々

即　行幸高倉殿自五条西東門出御至于万里小路北
折至于土御門西折至于東洞院南折入御母儀中宮
御同輿予依遅参自二条〻邊供奉公卿直衣一束帯
中宮権大夫定房中納言實房成親忠親春宮権大夫邦綱藤宰相成頼左大弁雅親三位
中将画雅将胡籙五条三位頭廣藤三位朝方六角宰相
家通右大弁實綱近衛司少将泰通将胡籙通親右已上帯弓矢有房中将
實守将胡籙蔵人左衛門権佐経房中将實宗
少将基家同又右衛門左右兵衛尉左右馬允木布衣
帯胡籙上袴結官人門外列立

江尉遠重着毛沓　藤尉力範上結　大丁二人内一人紺小袴
博士志章負　志基廣上結府生　文忠束袴不便事也弓上結
予宮御方事令沙汰之後自中門進出列立藤尉博士
等見弓袴之時博士下立以下人令上結了善府生
凡内裏焼亡天下大事及山僧郡參之時違尉上結事也
而今度或着毛沓等束袴奇異事也江尉博士志尤以悪
氣也又源尉為經遠朝參上上結對面了尉退出了
弓依宮御所沙汰取別祗候殿下有御出御随身血
清布衣上結帶納負

一　内裏僅三町外有参事

後清録記云長寛二年甲申正月五日辛卯朝雨降
三条北冨小路炎上未剋許二条南冨小路東又炎上馳
向官人實信為経力成章貞能景友忠等赦昇参内陣外三町〻中
不申奏見参許也而禁裏東洞院西押小路南火所冨小路東仍申
殿上尉通定立列依無他蔵退列申奏次参　大理雖須
参殿下為九条殿者云〻甲斐各不参〻分散了

一　内裏三町内炎上〻者参事

後清録記云長寛三年乙酉三月十一日庚申天晴参廳

三条町敍宮人等被召問未刻許焼亡火起錦小路冨小路
也起北至于押小路北辺西者万里小路為限東者自六角
南辺至于堤其中京極寺并悲田院等為灰燼了其外
丁並々人々之宅等幷餘炎不可渡万里小路西々也以御蔵
人小舎人被作官人等中多馳向官人和泉大尉官信亟 切下
江尉永重 源為経 白河源尉康経 佐渡源尉重定
博士録事章貞 清録事純景 中録事基廣 善府生忠也
各随兵騎馬是近年々習也天永々法宗實郎徒依騎
馬被恐懼且明無依不令告知此事同被恐懼之々式記

取見也於押小路高倉ゝゝ邊官人江尉白河源尉博士
志中志ホ相議云可参向佐亭路次如何余云先見火
終限是故實也然者二条東折至于京極南折至于
錦小路西折至于高倉南折至于四条西折向佐亭（四条小室町東）
入門内ゝゝ處和泉大夫尉（布衣立烏帽子着毛沓）令参向官人稱警
ゝ也退出善府生退胡籙　礼拂佃令官人列参ゝ
時失東西甚不便也官人依奇忽立烏帽着胡籙
列立不被尋心事也
佐衣冠帯釼抱笏柏挟自中门内令出給庭中令向立

給官人両弓頗平伏
仍令之伊勢幣後斎也官人早参内可被入見参之
章貞申云非事仍之上陣外之町内不申奏無人参上
之条何様可候哉
仍令云雖不申奏参　内尤可被入見参也其之趣
可参也之之仍官人退出之時吊之陣邊焼亡雖不申
奏入見参例也兄為
仍宣又今日炎上殊及廣尤可之之参也仍列参　内依
内裏事不能参内狩右衛門陣招出告納　見参官

人ﾄﾓ中入ﾃ資弘申␣␣乾人本ユ队重方云々作同食ノ
之々仍各退出已松明ｦ以テ草ｦ後又炎上押小路南京極
東故源大納言雅俊九躰阿弥陀堂也盡炎上至于南
築垣ｦ灰燼ｼ破餘若自落積々江波狹

一 陣内炎上事

後清録記云永萬元年乙酉十二月廿一日丙申天晴
戌剋許佐女牛南東洞院西至于鳥丸焼亡 内裏已
在三町内也右佐重眼尉感国有成ｦ経志章貞
能景基廣府生文忠ホ也佐以下引参 構政殿中院

依内御物忌閉門仍自御門前退了
大理直衣人帯釼令参給〻〻令退出給之時於陣門
見参至于御　各御共退出了

一　内裏令焼亡上事　付閑諍事

後清録記云安元〻年乙未十一月廿日丁卯天晴未剋
許東寺僧正禎喜坊所（内御持僧姉小路大宮 故亟成宅）焼亡風起東
北餘炎及禁裏（二条南油小路之東 閑院殿）已至于押小路東洞院路
西方灰燼了其間
主上出御南殿　公卿殿上人群参令衆司已企柏

来入御出衣帯胡籙腰輿寄南殿隠間下官着毛
沓参内　行幸之儀已有沙汰之間才毛沓着浅
沓上括息男馬允季平所相具也同上括帯紅胡籙
別当殿令参給於日華門北辺相率帯釼上括云々
帯白羽矢給　昇殿下官依召参南殿階下之御近
辺小屋可令破却之由被仰下於西門騎馬褰北垣
南小屋木（油小路西西辺）始自北五六字許寄下人木所令
破却也其南左兵衛尉則清宿所平尉康頼令之破
却之間致對捍放飛礫右兵衛尉督頼盛卿乗車

人御共衛府等同被相副其間平尉郎等於宅中拔大
刀欲退出之處右兵衛督侍等存犯人之由各左右搦
取之右衛門尉平有頼男　右衛門太郎抱付彼郎等
之間杖及傷頭之尉亂雖可及廣博無事矣上濟々
天皇入御帯弓箭上達部近衛司等各退弓箭下官
其後下結是上結事内裏焼亡之時事也其騒動無身
止之仍所下也
別當殿令退出之時御送所令参之平尉
遠業朝臣　章貞　廣　重康　上結　師高朝臣

廣綱朝臣　資行着毛沓乎而存之非故實歟
其後黄昏之後退出自別當殿有云召参上之處
平尉〈康頼〉郎等自右兵衛督家以右衛尉有頼令
行其事参　院可申子細之由被仰下仍参
院〈蓮花王院御念誦之〉以小西近習藤式部大夫季經申入子細了
件郎等次第雖不誤有及傷之歟可有誡之由被仰下
所参　大理申此旨即第可請取之由被仰下訖了
禁裏三町内云々事　参殿上口入見参許事
後清録記云治承四年庚子二月十四日丙申天霽参

五条内裏之邉愚息瀧口清原季忠十四歳字清十郎　斎院公
役事被仰下仕人為次所告来也忒刻許綾小路南
万里小路東至于五条京極焼亡官人右佐親雅　左尉
章貞仲頼　季貞忠長　志弔　参向参五条内裏於　殿上口入見参
許也不申奏詞是依禁裏三町内之故也

一　為経申奏事大内儀事
後清録記云應保三年癸未二月十七日戊寅天霽為別當
殿御使参久我殿　攸草次参　大理申御返事今夜
子刻　在焼亡六角南五条坊門北町東西東及室町東　向官人尉康俊　為経　志章貞能景

基廣府生予明月之上炎上廣構之間如白晝參四条宰相四条南室町東著直衣中門之邊徘徊參集之人千万入見參退出餘炎散隆參別當殿康俊依落馬不參肥後介惟弘史大夫申次尉為経依當座上﨟申之其詞云

自六角南其小路北大起失火云々見參官人見下頓今謂晝儀也

大理丁有參否事官人申云不相當神事使欲但可随御定云々可有參之由云々仍參因経承香殿北通御湯殿

同參殿上口東上北面藏人尉信季著衣冠帯白羽矢云小舍人依夜中歟経宮前
列一座有輩對面力経申參詞云
焼亡ハ四条大路北南洞院西大路東洞院東大路の西
人家百五十餘家火起共火候云
藏人梢入小庭參事就人如元對面頗梢座列力成下章貞上
其後自上引退出於建春門外藏人尉離列立南各同
梢藏人殿參力経以下參
殿下出陽明門子申云參　殿下路ハ何様可候哉
是獄門前不可通云也所存也清録事没示云大宮上

可経御門也獄門外令通可有呼之是下官所存也
仍参　殿下高倉殿平判官代信国信季申之次第如元
御返答閑食之其後各退出
一焼亡有参事大内議事
後清録記云承安元年辛卯十二月七日丁巳天晴参
別当殿家時許八条以北大宮以東焼亡有参事
源大夫尉為経朝臣儒尉章貞江尉遠業白河源尉康継
安志資成新志重成下官所馳参也大理御宿達春
門院七条殿其後参　殿下正親町殿之職事承奏退出

以参門 大内 就人式ア西範之束帯所奏也

奏詞 源五品尉右衛門云々 大内殿上口東上小面経清涼殿南砌

焼亡ハ自八条大路小ハ 自字不審之 古人其大路ト云々

自宮城大路東 自字有之 宮城ノ東大路其下可謂也

人家三十宇許 餘宇字大切也

火起共火ナムト不謂如何

見参官人 右尉遠業有之事 自殿下退出乎

左政人中原章貞　少志安倍資成

右政人源康綱　少志中原重成

府生清原
政人々条不審也座次々条有例 下一行申
又常例也 政人古賢未及見聞者也

一 焼亡有奏事

後清録記云嘉應三年辛卯三月十二日丙戌天晴參
大理 法住寺殿 午刻許佐女牛南小王生以東焼亡有奏
大和大夫尉 能盛 江尉 遠業 新録事 重成 參円 閑院殿
次殿下 正親町殿 雖力白中申見參官人交名猶稱無
審也大理祗候了 院々間大夫尉 能盛 之參 院可有

奏之由蒙仰云々仍不参大理被申

一　焼亡有奏事

後清録記云、承安五年七月六日乙酉天霽　今暁前皇后宮大進経宅（待賢門大路小／京極大路西）焼亡自火所参　大理馳向官人五条源尉（康信　安志　貞成／中志　重成　江府生等也）可有奏之由有　大理宣次参殿下（松殿不／及騎馬）依無職事不祗候之由返答自下臈後列立以小舎人相尋蔵人不祗候之故実也仍一臈尉列向一尉ト申奏了間食ノ之由返答其後尉以下退出一臈稱

公事之中留ノ次第一篇尉补也妙也

一 焼亡有参事 付尉参車事

後清録記云安元々年乙未後九月十日戊午天晴子時許姉小路小鳥丸東右兵衛督亭 元別當入道非方宅也而右兵衛督 白河三条北宅相博云々 焼亡近日密々九条院今居御云々参向官人傳士 判官 章貞尋江府生 経知 未也不相當补事可有参々夜仰下而儒尉 章貞 頗有難渋之氣欲伴宅南面之人々所催又一所 催又官人之數モ不催何様可以哉云々 兵部並宣親答云不可候舎人催欲又官人三人以上不及

沙汰外兄云々仍儒長史惣参　殿下於殿仍官人不騎馬歩行　殿中宿
人被立御物忌簡了云々御物忌不及奏欲其間自亮人
而御物忌外之男賊事不便以女房可申其旨云々女房之詞
甚奏詞不可然也未代之名希代之事也仍欲参門之處儒尉觸申云々衛故障候
さのみて可参之由云々取ノ之由返答了尋問子細之處
一車参上云々甚不便次第欲焼已奏者遂尉暑重之
仮世人驚耳目之事也雖為承従文不可猶豫事欲
第胡籙楽車定不合期欲已忌礼背法之儀也然而
行歩有期入左衛門陣一尉進中門外西上之時被立予

更召出詞令向殿上口四足門小過上西面列立飛人尉範尸
衣冠（着毛履青色之時着深　皆こ今度位袍也）自門南邊（陣座方也）進来（小舎人）梢
続後列放列向一尉儒尉参之
焼亡ハ洞院東大路の西三条の小（一条大路詞不審也又今　案ニ如此詞ハ已三条ハ小）
東洞院ハ西面邊欤矣上者姉小路小烏丸東面也然ハ洞院東大路ノ
西小路東三条大路ノ小小路ト被申者可宜欤定有其説欤争可致不審
哉其身博士有
之欤但不便也　火起失火見参官人ト申（天）流眄（不申官人姓名）
事ハ畫儀也而夜中流眄不稱其姓名希代也
事と不便ね儒者只名許ヲ取諸事失礼不便と、
蔵人尉頗不可心欤其間一尉左度流眄猶不姓名仍蔵人尉
慈揖　殿上口参了問食ト作其後飛人尉列立本座一尉退出

蔵人尉有火事之由觸申為了中志重成着染白服蔵人尉参殿
上之後還向参列也

一供奉行幸廷尉向炎上事

後清録記云　仁安三年戊子十一月十三日己巳天壽戌刻許
行幸大内　日来閑院内裏也于時高倉殿中宮御所土御門高倉
殿當御所焼亡予中宮庭奉行事頃也仍不知他事参上餘
炎雖及東御所登雜人令打消了　殿下御参　公卿
大納言実房権大夫治部卿光隆　右京大夫邦綱　左大弁宰相雅頼
殿上人済々行啓　小殿正親町殿邦ー卿宅

抑大丈尉重定朝臣　為經朝臣　平尉有成已上三人束帯平胡籙

行幸供奉之故也　參上此廷尉自閑院内裏參上被寄御輿之時各

下馬參　家中令破却西角舎屋者也但各不帯替野

矢着白羽矢之条不被有心者也官人申畏之時着狩胡籙

先向火所　行幸之時雖束帯可着野矢也狩装束之時

尚可着野矢但狩胡籙者不可似平胡籙也

又平尉成國　源尉康緦　志基廣　府生友忠　着布衣參上太

云謂事歟　行幸之日諸衛府者布衣不可往行洛中

況其時火所不及沙汰事也申奏之時可參内而不候等

行幸着布衣参　因不可有憚也

一中宮御所焼亡時官人不同例事

後清録記云　承安元年辛卯十一月廿三日癸巳亥時許

中宮御所高松殿焼亡　白河源尉康　中志泰　安志資成

新重成所参向也、武毛皆武蛮袴、又新志重成帯狩胡籙云

次第不便、即行向東山五条中納言邦綱卿亭也予参上也

一令参焼亡所給大理参会路次御共事

後清録記云　承安五年乙未四月廿五日丙子天霽巳時

許　院法住寺殿御所東故二位局御堂障墻焼亡

大理柏挟直衣帯釼随身白羽矢火丁三人自二条万
里小路参會御共参　院御所追尉或毛皆赤上括云々

一東三条殿焼亡事
後清録記云永萬二年丙戌十二月廿四日癸巳天晴亥
子刻押小路堀川東焼亡至于西洞院亭餘炎及東
三条已及灰燼了于時春宮忽行啓正親町殿東三
条殿及三百餘家云々

一東北院焼亡事
後清録記云　承安元年辛卯七月十一日癸未天霽参

五辻殿大理御亭今夜丑刻許東北院焼亡乎所馳参也
殿下有御出五条中納言邦綱今参給他官人不参如何
如此貴所火災之時雖城外必可参者也

一 近衛殿焼亡事
後清録記云後十二月六日庚午天霽未刻故中殿下
御息基通中将殿御所号東殿焼亡失火也予馳参雖参
大理御出之間中子細猶玄蕃助宣親退出了他官人
不参如何

一 無奏之例

吉事着合并四月賀茂祭六月祈今食祭大小祈看
他祭當日又有前後祈如此祈事附也

年首上奏例

康平七年正月一日大炊御門萬里小路

同二日二条爲九

永承五年正月四日

已上上奏也

一 賭弓同上奏例

永承二年三月廿七日　四条坊門爲九

一月次祭以前又廿二社奉幣當日奏事
後清録記云承安四年甲午六月五日庚申亥時許長門
三品隆浦家焼亡勘解小路京極以東南余炎及朱雀至于中御門
以南前兵部卿俊通卿家中御門小京極東同为灰燼了馳向官人
白河源尉康繼予許也參大理奏月次祭一前
今日又廿二社奉幣也随又京外之云々
一依瑋川登（祭之）奏事
後清録記云永萬二年丙戌二月十一日乙酉天晴戌刻
四条南坊城東四条西焼亡仍为大理御近隣殊馳參

列祭官人平尉盛國 有成 藤尉ヵ保 源尉康經 清録事善
府生未也今日依為辛川祭不可奏之由仰下各退
出了

一禊祭召奏事 付府生解紀祭大理事

後清録記云 承安四年甲午四月十四日庚午天晴今暁
春日南堀川西室殿御所焼亡及猪熊面下官馳向祭
大理召奏是依禊祭以前也白河源尉康經 江府生經
廣所祭也召府生經紀於門外問紀養否事尤以不便
、ゝ向大所官人自里亭解紀向大所三町ヶ立去養

紀而此府生乍解紀參 大理御門返ゝ不便ゝゝ餘の
悪七ゝ乎不謂返事退出了
潔条以前云々參事
後清録記云治承四年庚子四月一日癸未天晴酉刻
許焼巳火起自八条坊門小西洞院以東左金吾云清宅焔也
至于六条町西洞院ゝ邊至于 八幡別當通了東八室
町面一函在家限六条一小町東西雖及餘炎殆通了
參別當殿官人和泉源尉仲頼 塩小路源尉季貞 下官
新志明基 紀府生已康 大理御參内五条東洞院 雖參内自

今日御祭以前依不可有奏不参内ゟ見参廳参除之

一依吉田祭無奏事

後清録記云仁安三年戊子四月十一日壬午天晴参
別當殿大炊御門室町伊豆守信隆朝臣宅焼亡依
吉田祭無奏只官人等参陣是依亡憚也

一新嘗會無奏例

後清録記云應保二年十一月十九日丁亥天晴如法
未剋焼亡綾小路南室町以東之洞院以西 廷尉参大理六波羅見参官人
江尉資家 平尉信業 宗尉信隆 中録事章貞 清志

能景新志衆廣善公予等也依為新嘗忌以前無参内

一神今食内有参例

康平七年十二月十二日

同八年十二月四日

永承四年四月七日

同年九月三日

一焼亡依神今食無参例 即大理

長寛元年十二月十一日丁卯天晴未刻焼亡火起六角

大宮西渡東邊至于西洞院三条以南錦小路小也　大理

御所三条南
油小路東南車宿并南御石灰壇了中門廊
雖付餘炎官人所従打消了
参仕官人
尉實信　康俊　為純　為成　志章貞　能景　基廣
府生友忠　予
不奏依神今食也御所雖被除外不也仍大理令渡
他所給廳辛櫃皆令居侍上邊被副守護令見
皆有許容云々
一雖為大嘗以前并諒闇年被行御佛名不奏事

後清録記云永萬元年乙酉十二月廿日乙未天霽参
大理〈亥剋〉許八条坊門南高倉西焼亡大理依為御佛名
令参内給仍参内雖為大嘗以前并諒闇年依行
御佛名無奏退出了

一依神事無奏事
後清録云長寛二年甲申七月七日庚寅天晴参賀茂
社今夜及暁更四条小南油小路炎上向官人尉〈光重〉源
尉為経　江尉永重　源重定　中録事章貞　清録事〈能景〉
新中録事基廣等可有奏之由　別當宣仍参

内而御神事也〻也新苑人命仍退出了

一八社奉幣依前斎并参事

後清録記云　安元〻年乙未十月七日甲申天晴参

別当殿未刻右馬権助兼尾張守信業郭下（六条小西洞院西）焼亡

火起其時参　大理官人章貞　康継予　資成　信廣

等也参　殿下申参入　参内云明日八社奉幣之前

斎不申参退出了

一諸社行幸事時不向焼亡所事

後清録記云　承安元年辛卯九月廿日辛巳天霽

今夜六角万里小路焼亡源大夫尉 中志 新志参
大理〻〻亭依為松尾 小野 行幸行事不参向〻〻
一京外有奏例
使雑事云
天仁二年二月 日戌時許自京極ハ東従大炊御門ハ小
有焼亡（小政所母御所也）依顕隆殿官人天奏ス但自大炊御
門ハ小従東洞院ハ西為内裏ト又従大炊御門ハ南
従万里小路西為 院御所従中御門ハ南自東洞院西
為摂政殿御宿直所ト者云〻御所依近天有奏〻其間

棄京外テ志安信濟清不立養ニ召仕有其勘發甚ハ
不似例ス其詞ツ不被措致者尤悉極不祥歟

一雖京外御願寺近邊官人不必可參事

後清録記云　仁安三年戊子二月十三日丙午天晴午時許有
焼亡自六角從南邊至于冷泉朱雀東之邊南風頻吹
越二条大路了而自火所飛法成寺　殿下有御出春宮
權大夫令參給可壞之邊小屋之由仰被仰破却了
大夫無爲當事　殿下還御其後收了
抑雖京外如此炎上之時無左右不馳向也就中御願在

過官人必可参也

一京外不参事

後清録記云　仁安三年戊子十一月一日戊午天晴鶏鳴之後
右兵衛督 成範 亭焼亡 大炊御門 小京極東 予馳向参大理件火起放
火之由有聞仍為御使参彼家放火失火不分明之也云々
申御返事了為京外又今月神事也不可奏之仍退出了

一依無六位蔵人不参例

左藤判官季清記云嘉承元年六月十九日午剋許従二条
北従大炊御門南従西洞院東従室町ハ西焼亡但所残々

小屋十余家許也仍　別當殿小野宮近先官人等參集
大志如元仍　別當殿之命天參奏但先參　關白殿賀陽院也
其後從待賢門入テ春花門ヨリ右兵衛陣於通天參藏人所
擬令奏之處六位職事一人不祗候而藏人兵部大輔
源雅通祗候於藏人町仍一府生有貞可奏之由觸
申又還來云六位職事一人不祗候ハ不能奏者各退
出ハ於見參者退天可奏者隨天本道經於天右兵衛陣乃
前天ハ解胡籙於春　院ツ各分散見參官人
左源尉師行　右尉某　左志中原資清　大江行重

右志安倍資清　府生伴有貞其也

此書ニ所奏天従殿上口退出之例依不見季清ナト云子

孫以ゝ礼豈也敢不可及他見但六位職事大略以労之

一禁中所蔵人殿下所職事所奏事

久安二年十月十四日巳時有焼亡三条以南四条町邊也而官

人藤尉惟俊江尉成重橘志成参大理之有奏之也依手

給雖参禁中弁殿下依所蔵人職事其等以不似奏聞

仍各悔了

一依所官人不申奏事

後清録記云嘉應二年庚寅七月五日美来天霽丑刻許六
条大宮新三位重家家焼亡予馳参次参別當殿依安
官人不能申奏退出了
一安尉一人志奏之例
保安三年十月一日四条坊門堀川焼亡
左志明西奏之
詞云焼亡候ハ四条坊門小路ハ南堀川小路西女納之酒部
俊隆宅其外人家十餘家大蔵ハ失火見参官人
左志中原明西右志伴有貞惟宗成国自身稱其官

姓名可尋　又堀河小路ト申可稱大路之由見舊記如何

一　不列官人依別當宣祗候所事
後清録記云承安二年壬辰六月廿五日壬戌天清戌刻六
角南烏丸西燒亡及三条以南四条以北町東西三条室町
西南角也　大理令造進三条殿之際之間官人参之有奏
而不列官人祗候間仁　大理随御氣色之故云々至于火
滅丨所祗候也

一　炎上之際之時参可然之公卿許事
後清録記云仁安三年戊子正月廿八日辛卯天霽未刻

四条南五条小京極東焼亡但京極西東邊除了從朱雀並為
灰燼了向大所官人三條平尉有成　檢尉盛康　白河源尉康經
等也於五條川原余云太政大臣殿平御之邊也可然之云々
亭奏上之謙之時令奏定例也況大臣家也對内外相當
可奏之仍列奏列立庭席不同先議畢有仰事等其
後奏　大理依為京外不能奏申〻然而必奏　大理定
事也同不可有奏之由彼仰下了仍之退出了
一未聽烏帽子延尉重定著冠向奏上一所事
後清錄記云長寬二年甲申三月十日乙未天晴今日於

千手堂有拷同所々強盗燒毀畢未也巳刻許四条南烏
丸東西綾小路北燒亡其中左權佐爲親宅為灰燼了向官
人平尉康俊 江尉永重 源尉重定 志養廣 府生延忠未也
重定依未被聽爲帽子著冠衣　大理申燒亡事仰云
禁裏神事也不可有奏云々
一著冠帶狩胡籙向燒亡所事
後清錄記云安元々年乙未十一月十六日癸亥天晴戌刻
許中御門小油小路以東燒亡源大夫尉少志紀府生等
所向也紀府生著冠帶狩胡籙未也畏以後未被免爲帽

子之故也雖著冠可帯野矢也

一保安三年十一月六日春日京極以西有焼亡可有奏哉否事

成國申云為新嘗会月之上臨時祭調楽始了加之公以

勅使可被立之旁神事相合不可有奏之

明兼申云於嚴勢前後犯者随不奏新嘗会月臨

時祭調楽之後奏焼亡者例也敢不甚憚何況公以勅

使近蔵奏之者常事並有奏

一守佐使進蔵之間不奏事

康平五年十一月九日中御門町虎有焼亡宿人共鼓

欲参云奏宗佐使皇后宮大進力仲進發之故也

一不向焼亡所官人等進怠状例向官人六人

天喜三年五月十二日四条高倉有焼亡不参仕奏聞之官

人左権佐大夫尉源尉忠宗成京極府生右権佐弁

六人可進怠状之由被下宣旨仍五月廿八日各進之六

月七日被返給

一焼亡大内中和院之時不参向官人召籠廰事

後清録記云長寛元年十二月十二日己巳進過状也各退出

之後戌剋有焼亡西京大炊御門叡質至于大宮官人不

馳向是乗謂車也宮城之陛也尤可揚鞭也而宮城内左
馬寮典薬寮等以為灰燼了西風雲濃東殊甚也以中和院
同以焚亡之時不馳參大内也官人清録事不許也大夫史永
業右馬寮典薬寮焚亡之間向其寮々為奏聞參押小路
内裏退出之時又以馳參々々處大外記師元參上六位史
頼仲 布衣 官掌二人 宗職 為宗 官中下部未參上也中和院餘
焚偏吹懸大内廻廊召宿直兵庫以頼政郎従大弄仰令
取打銷也但大内与中和院之間中間之程一段許也而受
西風通此事天之令然事歟二面瓦垣 東小 二面築垣 南西

小雖須燒迴録事而小勵分令壞切取之了然間大外記

大夫史小槻談云是天下大事也官人不被參之条頗令

傾思之師元示云奏者可候哉奏事三人已上也又雖為

宮城内先例奏事取非也大治之比御所忠土御門内裏

火所着宮内省時司神祇官也即申奏了之大滅了之

後參　大理（姉小路烏丸）二人共申子細奏有無事無指沙汰仍退

出也及曉二人又右兵衛督重盛相具人數被參了之由所傳

聞也火起共火之

十五日辛未天晴參　大理中院来上之間官人共不參事

不同子細可乞申上之由有　勅定仍不参官人以廻文下
申子細之旨被仰下也可令行之

資経朝臣　信盛朝臣
實信　貞能
康俊　為経
為成　章貞
基廣　友忠

右去十二日中和院焼亡之時各以不参之官者存知之
旨歟早可申子細之状依　別當仰廻文如件

長寛元年十二月十五日
廿日丙子天晴參 別當殿中和院奏不參向官人交名 貴信 康俊 爲俊 爲成 基廣 被召籠廳 自餘有由緒被免除 皆 勅定也 可之陣之也 雖被仰下爲廳務 大理令申請給之之
廿六日壬午天晴參 大理被召籠官人被免除了
一不向燒亡所官人被停任事
可考
一向燒亡所官人依郎等騎馬恐懼事
天永四年閏三月十三日四条高倉邊有燒亡宗實郎等

騎馬大理作之明追捨非違使廊下不可騎馬之由
被下　院宣了仍下知其旨ノ為不吉之條尤奇也仍
人恐懼件日甃竪解緌参大理迷例也

一内裏燒亡後忽不行政事
長保元年六月十四日夜内裏燒亡仍無官政并廳政
七月十七日初被行外記政并廳政也（造宮之後又有政）

一依火事諸衛直門事（付諸条宿直）

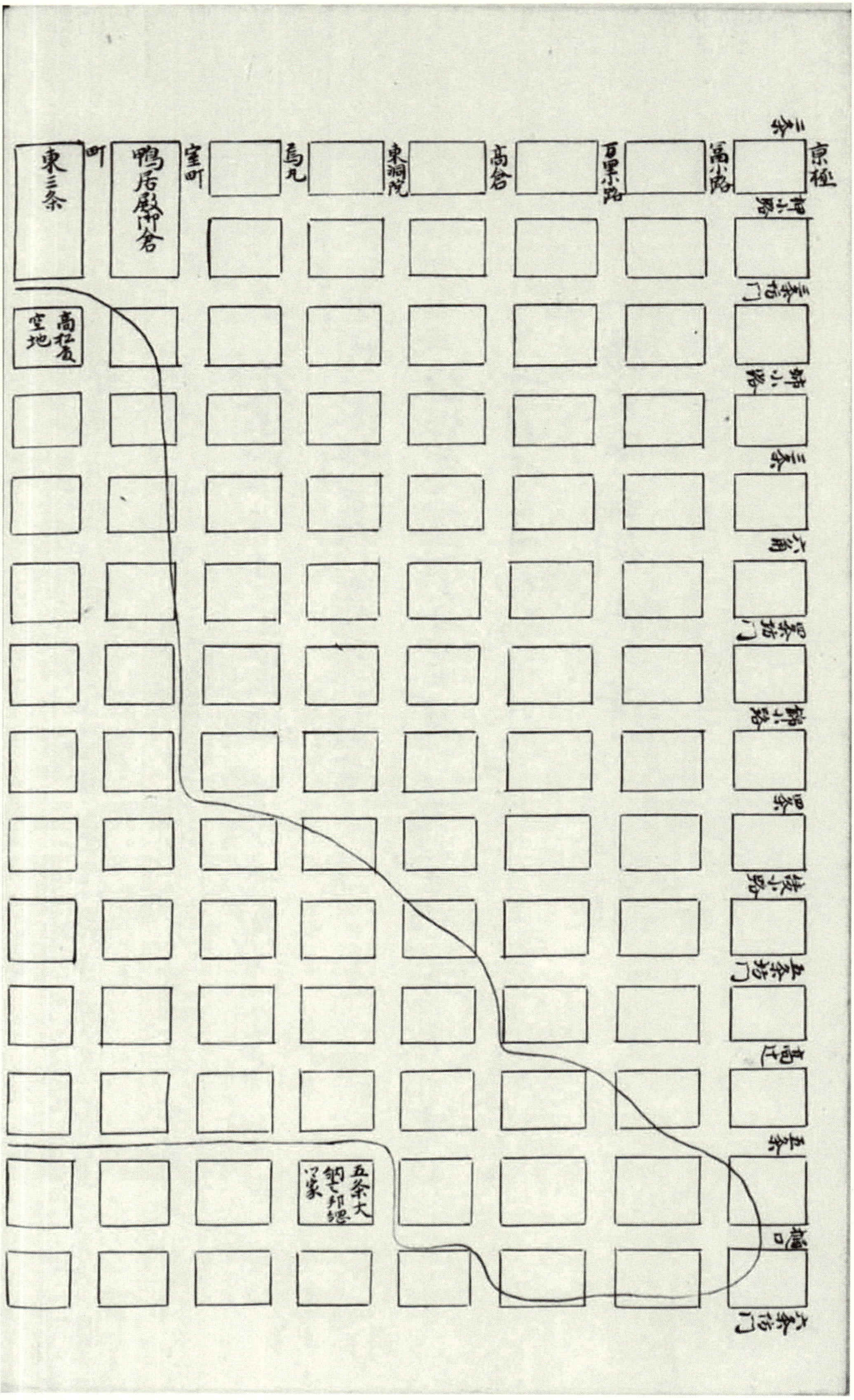

京極
富小路
万里小路
高倉
東洞院
烏丸
室町
町
二条
押小路
三条坊門
姉小路
三条
六角
四条坊門
錦小路
四条
綾小路
五条坊門
高辻
五条
樋口
六条坊門
東三条
鴨居殿御倉
高松殿
空地
五条大納言邦綱卿家

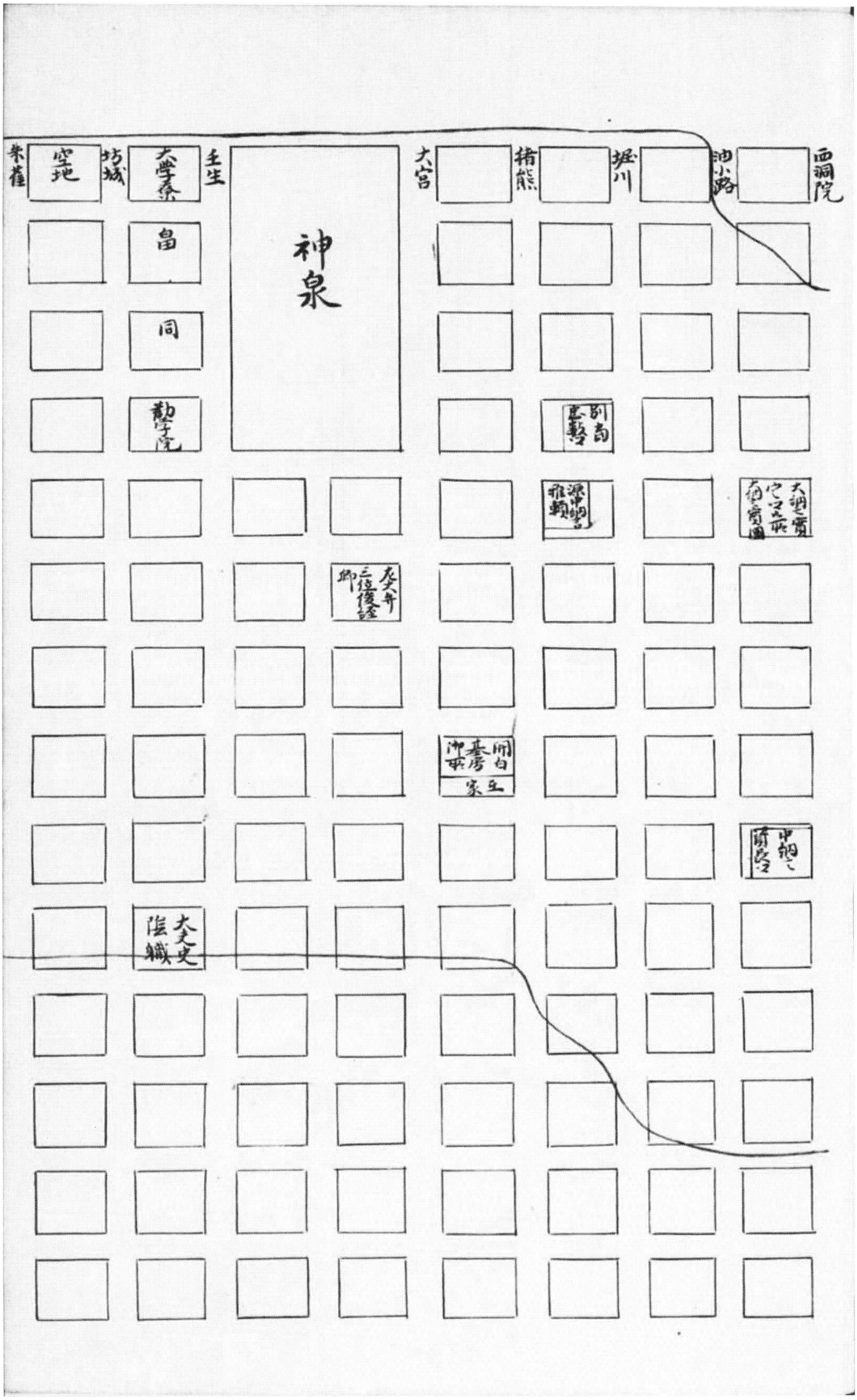

朱雀
空地
坊城
大學寮
畠
同
勧学院
壬生
神泉
大宮
猪熊
堀川
油小路
西洞院
大史
隆職

積百十餘町
先大學　次應天門并東西樓此間真言院焼亡自應
天門移會昌門次移大極殿其間東西廊焼亡大極殿
焼亡　神祇官大膳職並焼亡此間又式部省又民部
省焼亡又右兵衛府典薬寮門等四足焼亡此後朱雀門
焼亡

勧学院大学寮（但廟堂并門許所残也）同時焼亡大内結政一本御
書所陰陽大炊〻寮官庁等賊遁〻中和院先年
焼亡
惣遣大臣公〻侍臣等
関白殿御所（錦小路南大宮東 此間御坐千松殿 北政所御所也大間有御出也）
内大臣御所（五条坊門万里小路西角 寝殿営比皮 自余屋假営 長押足固板敷未被移徙）
大納言實定〻（三条南西洞院西 町御所 彼也西洞院西）
隆方記云康平元年七月十二日織司南門諸条宿直
一人申云已〻去春火事連〻間検非違使等〻所

行也除諸衛外諸司之人何守護宮内哉
又云康平二年六月一日從今日諸衛候門々陣々是
依連夜放火也東南門左門 西南門右兵門云々

一大焼亡事
後清録記云 安元三年丁酉四月廿八日丁酉天晴今
日亥刻焼亡
大納言實國卿 為兼公同宿 油小路西
大納言隆季卿 四条北大宮東町被了 道西 四条南 西門
二位中将兼房卿 同宿大宮西 兼君

大納言邦綱卿　綾小路南西洞院西角

中納言資長卿　綾小路小西洞院

別当中納言忠親卿　三条小堀川西角

中納言雅頼卿　三条南猪熊東角

藤中納言實綱卿　五条南高倉東角

右大弁三位俊経卿　六角南大宮西角

藤三位俊盛卿　四条南朱雀西角町

已上十三家也

侍臣可尋記之

大夫史隆職宿禰綾小路南壬生西

検非違使

別当忠親卿　権佐光長朝臣使経〻年云同南宅当時五条坊門東洞院被坐同焼亡

志資成押小路南大宮東角　重成四条坊門小大宮西面

府生経弘六角小大宮東西　兼康資成東

此外可然之人家不遑毛挙

向官人白河大夫尉康綱　平尉資行　新宗尉信房　平尉康頼　中録事基廣　明法博士　予

先向参大理　次参内裏同院　下参大内之由蒙仰了

参向大内了不得滅付大極殿風起吹雲霞大焔之間官人

依勝了退出、然間者待賢門先康頼資行相並次康
綏已欲額間之間予云争者額間哉ヽ者他間之
也已、予開額間天差他間仍可令打開之也予
加下知、然ヽ依不相叶、出額間予不馬自余乃騎馬者
了争陀歩者額間哉況乃騎馬者之条且不便不
知故實歟 希代之例也額間者御輿之外不通也然而
廷尉多通額間哉甚以廣泰向 勸學院大學寮依
為博士欲亘綏卿下留大内之ゝ前右京権大夫頼政老
守護大内者也仍亘綏卿下令留大内了予 上結着浅

皆依大内焼亡也、康緫卿・康頼問之云、可亡給否事、
予答云、爭大内焼亡不亡給哉、仍両人亡給、自余着
毛皆尤以不便之、
廿九日戊戌、天霽、参大理御所、（佐牛自東洞院）右衛門督時忠卿
依力奪公也、同宿被召、御所作之夜、前大内焼亡之間
通額間道尉、未加制止之条、返々感怨之由、再三面目之至
不知所謝而已、
一　号次郎焼亡事　（付佐向夷亡所事）
後清録記云、治承二年戊戌四月廿四日戊子、夜半許

七条小東洞院東中許洞院西焼巳起西南方
限小小路南邉　南ハ七条南東洞院西角（故家任ノ御堂一町）至于
八条坊門朱雀大路焼了小小路南邉ハ至于朱雀大路七
条大路南小自東洞院至于朱雀大路西灰燼了
在人号次郎焼巳之大郎ハ去年四月廿八日至于大極殿
焼巳之是至于辰時所焼也予馳參八条太政入道殿御
所參入人々済々左權佐光長常白羽矢被向且所被參向
河殿御所（八条小大東西也）大長二人（一人常白羽矢一人着）可有奏否訖々也
以皆火丁被尋予也可有奏之實宜奏事之後退之

四條人々又大理亭御下知人々事重服物具不具之旨沙汰畢
ノ参官人白河源大夫尉（康俍）博士尉兵庫源尉（季貞）
志（上臈詰不審也）當時二位殿御所（太政入道殿御所之）奔走之故歟

一獄舎近隣焼亡事

後清録記云　治承三年己亥四月廿日癸巳　天晴　亥時許自
近衛南自丹常町東近衛面中許焼亡起東至獄政所西
隣焼亡ノ事忽向獄門令編連囚人等召付看督長因
守等獄中雑人等入乱欲人自得隟有抜逃心事歟
旁非無疑心以国守等（天）雑人等令押出ノ他官人一人馳

參尤以不便事也雖須參　大理一人參仕見若
畏留了
六日甲午天晴參　大理昨夕參上之間申上子細退出之
後有此仰
體可令候給之由被仰下云如何但去夜獄囚逃失之
諸官一人不向其所一身令向給之條返々感思食候
也禁獄之國者君重誡御座之畏燒死逃脱者以外事
也而一身令向其處返々傾感不少如此事欲被仰下
處早出無御本意之也　別當殿仰云如此也仍以執

遂以件

四月六日　盛頼奉

謹上　清志殿

謹請

獄舎近隣焼亡馳向事

右謹以請如件抑向炎上所々救火者是存知事

候就中獄舎近隣旁恐無極旦以今如此後仰下以

専事之可致忠勤候之以此趣可然之様可令洩言

上給候也誠恐謹言

清獬眼抄（五三オ）（以下遊紙一丁掲載省略）

四月六日

右衛門少志清原ム

金澤文庫

外記宣旨

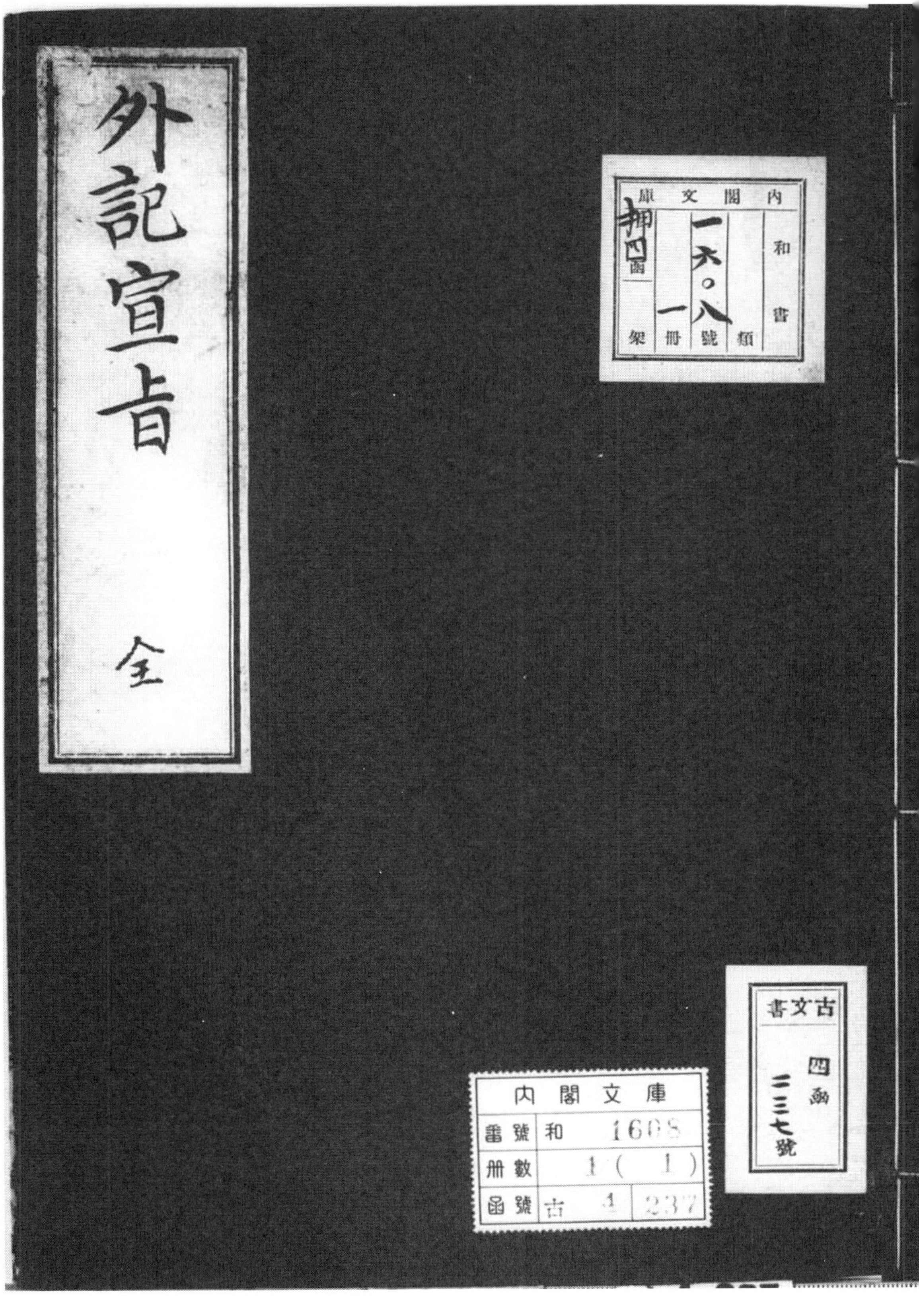
外記宣旨
全
内閣文庫
和書
類
一六〇八
號
一
冊
押四
函
架
古文書
四
函
二三七
號
内閣文庫
番號 和 1608
冊數 1 (1)
函號 古 4 237

百八十五号　五冊内

外記宣旨第十

和書門
類
號
函 二五
架 二
冊 一

外記宣旨第十

院号事

左大臣宣奉　勅華山法帝宜従今年奉

宛年爵年官者

永祚二年正月廿八日大外記兼博士中原朝臣致時奉

左大臣宣奉　勅停皇太后宮職為東三条院停

進属為判官代主典代者

正暦二年九月十六日大外記兼博士播磨介中原朝臣致時奉
左大臣宣奉　勅東三条院御給年爵年官
宜如舊奉宛者
正暦三年正月五日少外記滋乃
大納言兼右近衛大将藤原朝臣實資宣奉
勅改前春宮坊号小一條院停進屬爲判官
代主典代并年爵年官宜如舊奉宛者

寛仁元年八月廿五日大外記兼備中介千乃朝臣

右大臣宣奉　勅改太皇（太欤）后宮職為上東門院

傳進屬為判官代主典代者

萬壽三年正月十九日大外記兼主税権助助教伊豫介清原　奉

右大臣宣奉　勅傳太皇大后宮職宜為陽明

門院者

治暦五年二月十七日大外記兼主税権助算博士備前介三善朝臣　為右　奉

*

左大臣宣奉　勅停太皇大后宮職進属宜為
陽明門院判官代主典代者
治暦五年二月十七日大外記――――――為右奉
大納言兼右近衛大将藤原朝臣實資宣奉　勅宜
改前春宮坊為小一條院停進属為判官代主典
代又年官年爵如舊者
寛仁元年八月廿五日大外記　文義奉
於陣座仰

右大臣宣奉　勅停太皇大后宮職為陽明
門院改進属為判官代主典代兼年官年爵
如舊者
治暦五年二月十七日　権少外記安部信通貞　奉
二条院号事上卿　権大納言俊家卿偏被仰弁
不被仰外記也見延久六年六月十六日師平記
郁芳門院号　宣旨

外記史共持参之條先例不致留

左右大臣宣奉 勅宜停中宮職為郁芳門院止

進属為判官代主典代者

寛治七年正月十九日大外記兼博士主税助清原真人定俊奉

左大臣宣奉 勅郁芳門院年官年爵如舊奉充者

寛治七年正月十九日大外記兼博士主税助清原真人定俊奉

右大臣宣奉 勅宜停中宮職為侍賢門院政

進属為判官代主典代並又年官年爵如舊者

天治元年十一月廿日　従四位上行大外記兼修理左宮城判官主税権助図書頭助教中原朝臣師遠奉

権右中辨藤原朝臣顕頼傳宣右大臣宣奉　勅待賢門院御封雑物等宜如舊奉宛者

天治元年十一月廿三日　左大史兼算博士丹後介小槻宿禰政重奉

権右中弁藤原朝臣顕頼傳宣右大臣宣奉　勅待賢門院御

奉宛者

天治元年十一月廿四日左大史兼算博士ーー

権右中弁藤原朝臣顕頼伝 宣左大臣宣奉 勅停

門院御厩宜従停止者

天治元年十一月廿四日左大史ーー

別当治部卿　　左衛門督　藤中納言

頭中将　　播磨守　丹波守

判官代　　実親　　資光

主典代　　　丶房

左大臣宣奉　勅宜停皇后宮職爲高陽院

改進屬爲判官代主典代兼又年官年爵如舊者

保延五年七月廿八日大外記兼博士清原真人信俊奉

此季此服不如舊可奉宛又内膳仮不必也

被仰弁

右大臣宣奉　勅宜停皇太后宮職爲皇嘉門院

改進屬爲判官代主典代兼又年官年爵如舊者

久安六年二月廿七日大炊頭兼大外記〻〻師業奉
件宣旨大外記持来法院〻〻右府召外記師直
師〻
内大臣宣奉　勅冝停皇后宮職為上西門院改
進屬為判官代主典代兼又年官年爵如舊者
保元四年二月十三日大炊頭兼大外記　師業奉
内大臣宣奉　勅冝以無品内親王號八條院年
官年爵如舊兼又可以左衛門権佐藤原朝臣為親

左衞門佐同朝臣實清爲判官代以散位大江朝臣
盛親爲主典代者
應保元年十二月十六日掃部頭兼大外記中原朝臣師元奉
右大臣宣奉　勅宜停中宮職爲高松院政所屬
爲判官代主典代兼又年官年爵如舊者
應保二年二月五日掃部頭兼大外記助教兼權守中原朝臣師元奉
右少弁藤原朝臣長方傳宣右大臣宣奉　勅育高仁

院御服宜如舊奉宛者
應保二年二月五日左大史兼算博士小槻宿祢　奉
同傳宣同宣奉　勅高松院御封雜物宜如舊
奉宛者
應保二年二月五日左大史兼算博士小槻宿祢　奉
同傳宣同宣奉　勅高松院御飯宜停止者
應保二年二月五日左大史兼算博士小槻宿祢　奉

左大臣宣奉　勅宜停皇太后宮職爲九条院
改進屬爲判官代主典代并又年官年爵如舊者
仁安三年三月十四日大舎人頭兼大〻〻清原眞人頼〻奉
正文納函了
右（左）大臣宣奉　勅宜停皇太后宮職爲建春
門院改進屬爲判官代主典代并又年官年爵如舊者
嘉應元年四月十二日大舎人頭兼大外清原眞人　奉

續案也　此宣旨納小筥了

正二位行權大納言兼中宮大夫藤原朝臣隆季

宣奉　勅　岐院號崇德院

安元三年七月

右大臣宣奉　勅冝停中宮職爲建礼門院

改進屬爲判官代主典代爲文年官年爵如舊者

養和元年十二月廿五日大外記〻〻清原眞人頼業

宣旨留本高

右大臣宣奉　勅宜停皇后宮職為殷富門
院改進属相判官代主典代並叉年官年爵如舊者
文治三年六月廿八日大外記ゝ　ー　清原真人　奉
左大臣宣奉　勅宜停中宮職為宜秋門院改進
属為判官代主典代並叉年官年爵如舊者
正治二年六月廿八日大ゝゝ　清原真人良ー　奉

左中弁藤原朝臣公定傳宣左大臣宣奉
勅宜秋門院御季御服宜如舊奉充者
正治二年六月廿八日修　——小槻宿祢
左中弁藤原朝臣公定傳宣左大臣宣奉
勅宜殷富門院御封雜物宜如舊奉充者
正治二年六月廿八日　——小槻宿祢
左中弁藤原朝臣公定傳宣左大臣宣奉

勅宜秋門院御飯宜従停止者

正治二年六月廿八日〻〻小槻宿祢

内大臣宣奉　勅宜以従三位源朝臣號承明門

院以右少弁藤原朝臣清長左衛門佐源朝臣

具親為判官代以左衛門少志安倍資景〻〻為主典代

為又年官年爵如舊者

建仁二年正月十五日大外記〻〻清原良業

奉

右大臣宣奉　勅宜停中宮職為陰明門院改
進属為判官代主典代為年官年爵如舊者
承元四年三月十九日大外ヽヽ　師重奉
左大臣宣奉　勅宜以二品禮子内親王歸
書九
賀陽門院年官年爵如舊爲又以中務権大史
可
藤原朝臣経親為納言藤原朝臣家時為判官
代以左衛門少志安倍資仲為主典代者

建保二年六月十日｜｜　　師重上

后宮事
内大臣宣奉　勅去月十三日立御中宮職宜
為皇后宮職者
長元十年三月一日主計頭〻〻清原真人頼隆奉
内大臣宣奉　勅宜改中宮職為皇后宮
職者
保元四年二月廿日大〻〻　師業奉
治暦四年被下官也件宣旨

左大臣宣奉　勅宜改中宮職為皇后宮
職者
承安二年二月十日大外記清原真人頼｜奉
下知中務式部
長元十年三月日内大臣被仰大外記頼隆
件宣旨　立御中宮職宜為皇后
宮職者

准三宮事

正二位行大納言兼左近衛大将藤原朝臣實定

宣奉　勅外祖父前太政大臣並外祖母平氏宜

年官年爵准三宮者

治承四年六月十日大外記清原真人　奉

右大臣宣奉　勅肅子内親王禮子内親王准三

宮宜賜年官年爵者

元久元年六月廿二日〻〻清真人良〻奉

妃女御更衣事付女御宣旨事

右長案

太政官府符　中務宮内両省

従四位下藤原朝臣多美子

右女御如件両省承知依例行之符到奉行

正五位下守左中弁兼長行○○介藤原朝臣家宣　正六位上行左少史都宿禰文憲

貞観六年　月廿七日

太政官符　宮内省

源朝臣瞌子

右去年十二月廿九日定女御如件省宜承知符到

奉行

従五位上守左少弁橘朝臣　正六位上行左少史伴連

貞観　年三月十七日
太政官符　中務大蔵宮内等省
無位藤原朝臣佳珠子
右女御如件省宜承知符到奉行
参議右大弁兼行讃岐守藤原朝臣　左大史正六位上長[illegible]（縁）朝臣
貞観十五年十二月廿六日
太政官符　中務大蔵　宮内等省

従五位上橘朝臣義子

従五位上藤原朝臣胤子

右女御、如件、宜承知依例行之、符到奉行

右京大夫従五[四]位下兼行左中弁式部少輔菅原朝臣道真　従六位下守左大史壬生忌寸望材

寛平五年正月廿二日

太政官符　中務式部民部宮内等省

三品　子内親王

右大納言正三位兼行左近衛大将藤原朝臣時平
宣奉　勅以件内親王定爲妃者宜承知符到奉行
、、――藤原朝臣枝良遣唐、、従七位上守左少史、、
寛平九年七月廿五日
中務省
勘中妃夫人任不並更衣等宣旨下例事
三世恒姫女王　源朝臣久子

藤原朝臣靜子
右寛平四年十二月十五日左大臣宣奉　勅
宜為更衣者
源朝臣暖子
右延長三年二月七日尚侍従二位藤原朝臣滿子
宣奉　勅件人宜為更衣者
藤原朝臣同子
右延長三年十月十九日尚侍藤原朝臣滿子

宣奉　勅宜為更衣者
以前大外記多治真人實相仰云　妃夫人任不并
更衣　宣旨下例宜勘申者引勘文簿有件
更衣　宣旨不見任妃夫人之由勘申
承平七年二月五日　少録丹波淨平
少丞藤原相經

親王年給巡給別巡給事 付女御

見國史第十七

親王年給官

清和天皇貞観七年正月廿五日丁未太政大臣従
一位臣藤原朝臣良房左大臣正二位臣源朝臣
信右大臣正二位兼行左近衛大將臣藤原朝臣良相
大納言正三位臣平朝臣高棟大納言正三位兼行
民部卿太皇大后宮大夫臣伴宿祢善男右近衛

大將従三位兼守權大納言臣藤原朝臣氏宗 正
三位行中納言兼陸奥出羽按察使臣源朝臣融
參議正四位下行左衛門督臣源朝臣多 參議正
四位下行大藏卿臣源朝臣生 參議正四位下左大弁
兼勘解由長官臣南淵朝臣年名 參議正四位
下行右衛門督兼讃岐守臣藤原朝臣良縄 參
議正四位下行式部大輔兼近江守臣春澄朝臣

善縄参議従四位下守右大弁臣大枝朝臣音人
参議右近衛権中将従四位下臣藤原朝臣基経
等奏議偁、伏見自延暦至仁寿六代親王年
料給令主典史生等、毎代各一人、才称一代不
周通計、是以或隔一年即給、或経数年
稀給、或有同親王不闕給例、執論各殊設訴
間出天慈、彼及遥似不平、謹案此事、格式不載

＊

宣旨非切徒見流例未詳本位方今年中
所出之闕妓自三宮至於諸司有労應補者居多
常若其不足而親王之數四十有餘非隔數年
難可周給伏請物惣計允親王不別代々輪轉而給
鱗次並遞將使先後無恨男女共欣永々相承
以為成式但先来有勅可別給者不入此限謹
録事状伏　天裁奏可

勘申妃夫人女御等給事

女御従三位藤原朝臣多美子

右被大納言正　位兼行民部卿太皇大后宮大

夫伴宿祢善男宣偁奉　勅件人自今以後

毎年宜給二分一人一分一人者

貞観八年正月十三日　少外記滋野　奉

女御正四位下藤原朝臣温子

右被中納言從三位兼右大將行民部卿〔源朝臣〕能有

宣偁奉　勅件女御宜毎年給二分一人一分

一人者

寛平元年二月十五日　大外記大藏朝臣善行　奉

女御從三位藤原朝臣

右毎年別給目一人史生一人

女御從四位下橘朝臣義子三〔五〕位下〔菅〕藤原朝臣衍子

右二人各毎年別給史生一人
以前従三位守権大納言兼左近衛大将行民部
卿春宮大夫藤原朝臣道― 宣奉　勅宜承
以宛給者
寛平九年六月廿六日少外記嶋田房生　奉
寛平女御従四位下橘朝臣義子
被左大臣宣偁奉
勅件女御宜毎年別給

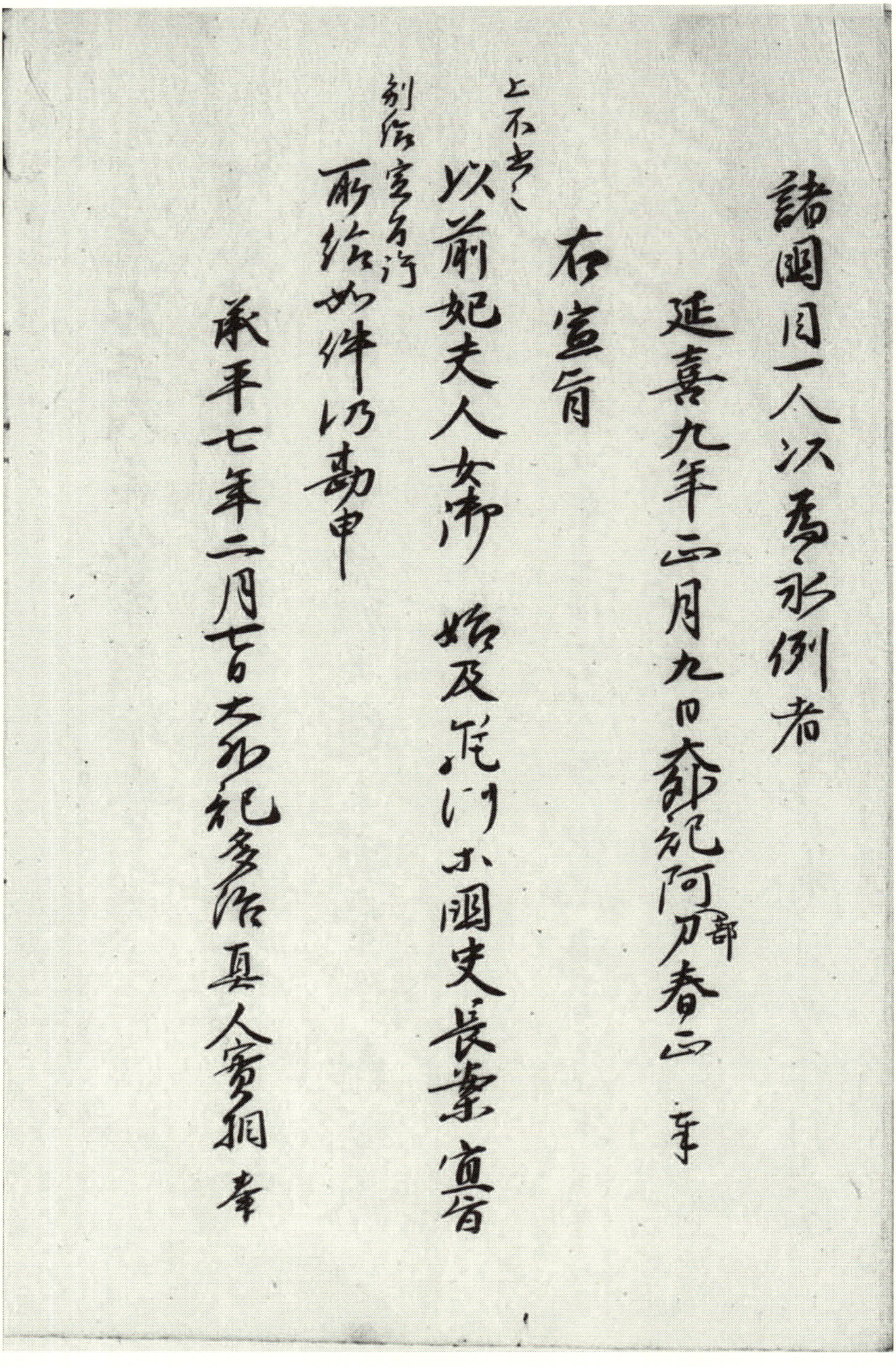

諸國目一人以為永例者

延喜九年正月九日大外記阿刀部春正　奉

右宣旨

上不出之

以前妃夫人女御　始及依例等國史長業宣旨

別給宣旨訖

所給如件仍勘申

承平七年二月廿日大外記多治真人實相　奉

脩子内親王
右自長保二年可預巡給
敦康親王
右自長保二年可預巡給
嫀〔媄〕子内親王
右自當年可預巡給
以前中納言正三位兼行大宰帥平朝臣惟仲宣奉

勅宜依件預巡給又自當年同巡別因一人

史生一人者

長保三年六月八日大外記兼備後權介滋野朝臣善言奉

敦良朝臣

左大臣宣奉　勅宜從當年預巡給并別巡給者

寛和元七年二月廿日主税頭兼大外記滋野朝臣善言奉

無品敦貞親王

正二位行権中納言兼皇太后宮権大夫源朝臣
經房宣奉　勅件親王宜自當年預巡給者
寛仁四年十二月廿九日大外記兼明法博士美作権介小野朝臣奉

冷泉
兵部卿四品昭登親王
同
弾正尹四品清仁親王
三条
無品儇子内親王

右大臣宣奉　勅件親王従今年宜預巡

給者
治安四年正月廿二日大外記兼主税権助助教清原真人
頼隆奉
尊仁親王
良子内親王
娟子内親王
内大臣宣奉　勅件等親王従今年宜預巡
給別巡給者

長暦二年十月五日主計頭、— 清原真人頼隆奉

貞仁親王

　子内親王

俊子内親王

佳子内親王

篤子内親王

　已上可預巡給

治暦五年正月廿五日

右大臣宣奉　勅件内親王等宜令巡給者
同年同月同日　權少外記惟宗義定
善仁親王
令子内親王
權大納言兼太皇大后宮大夫源朝臣經房宣奉
勅件等親王従今年宜預巡給別巡給
承暦四年正月廿六日　大外記　清原真人　奉

阿闍梨覺行親王
左大臣宣奉　勅件親王從今年宜預巡給者
康和元年十二月十七日大外記〻清原真人　奉

元永三年正月十六日　宣旨
顯仁親王自今年宜預巡給者
藏人〻〻權右中弁　藤原伊通

顯仁親王

左大臣宣奉　勅件親王従今年宜預巡給者

元永三年二月廿六日備〻〻〻　師遠　奉

建久七年二月廿二日　宣旨

二品守覚法親王

三品守貞親王

三品惟明親王

無品昇子内親王

已上件親王等従今年宜預巡給

無品昇子内親王

宜預巡給并別給

藏人頭中宮亮藤原定経　奉

同廿五日左大臣里第召権少外記惟宗為賢被下之

二品守覚法親王

三品守貞親王

三品惟明親王
無品功子内親王
左大臣宣奉　勅件等親王從今年宜令巡給者
建久七年正月六日　主税助
中原朝臣師直奉
建仁四年正月十一日　宣旨
道法法親王
潔子内親王

長仁親王
𠐊子内親王
雅成親王
已上可預巡給
藏人民部丞藤原｜｜｜奉
道法親王
潔子内親王

長仁内親王
粛子内親王
雅成親王
正二位行権大納言藤原朝臣為良宣奉　勅件等
親王宜預巡給者
建仁四年四月十一日　　清原真人
良業

臣下年給事

左大臣宣奉　勅以土貫之人任當國（之）司於制

已存憲法不重而年来頗年給之家間有

請補之乘（乖）違逮（違リ）理不可然宜令進年給

名簿之人注其貫屬自今以後立為恒例者

天暦九年十月十二日大外記御船傳説奉

左大臣宣奉　勅摂政年給宜如舊宛之者

正暦二年八月廿日大外記兼播磨介中原朝臣致時奉

五節二合事

右大臣宣奉　勅参議治部卿正四位下兼行

伊豫守藤原朝臣斉敏（斉ッ敏ッ）参議左大弁従四位上兼守

大藏卿行備後権守藤原朝臣文範等去年
十一月三日奏状偁謹検案内大臣以下參議已上
所勤公役專無差別所賜封祿甚以懸隔其
參議之封只六十戸以爲優勤労朱（殊歟）賜爲國
而諸國公廨多率減有無擧本數處分之
率已少國司之貧倍多適所當之彩（料カ）茅土高
貴之家循傾資産而多營華戸困甚之輩

還損公威而有耻方今雄藩二分之年給曽
無一人之企望僅要　官吏辭至典ヽヽ　所
變人心難奪然則年官月俸有名無實望
請殊蒙　天恩早澤二合之　宣旨將文五節
之用途者参請之旨尤可許杏（容歟）抑奉五節
舞姫互非宰相之職納言以上同並此年自今
而後大臣以下参議已上今年獻五節舞姫者其

明年〻〻許之、但納言以上〻、當之年廻
充他年、立為恒例者
安和二年二月十壹日大外記兼播磨權少掾菅原野朝臣正紀統奉

＊四四六頁附箋

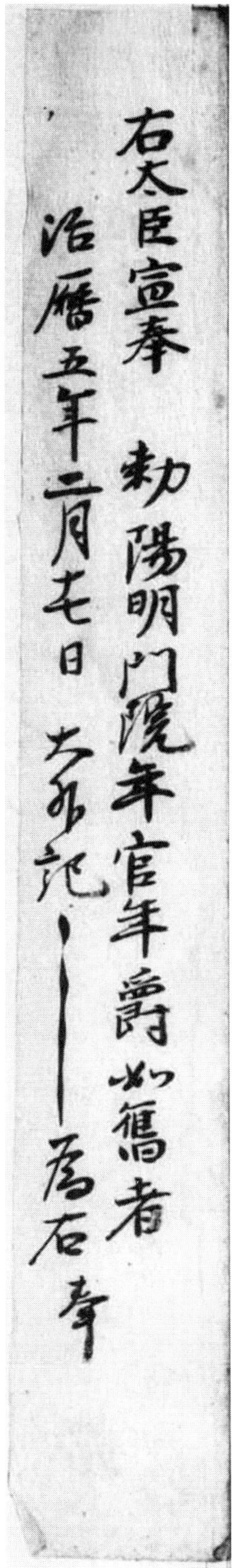

右大臣宣奉　勅陽明門院年官年爵如舊者
治暦五年二月七日　大外記――爲右奉

＊四七五頁附箋

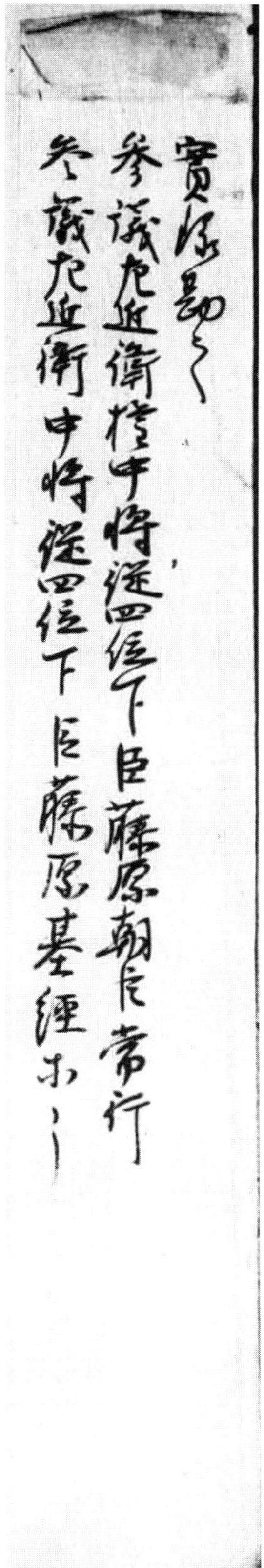

實綱勅〻
參議左近衛權中將從四位下臣藤原朝臣常行
參議左近衛中將從四位下臣藤原基經等〻

官位相当

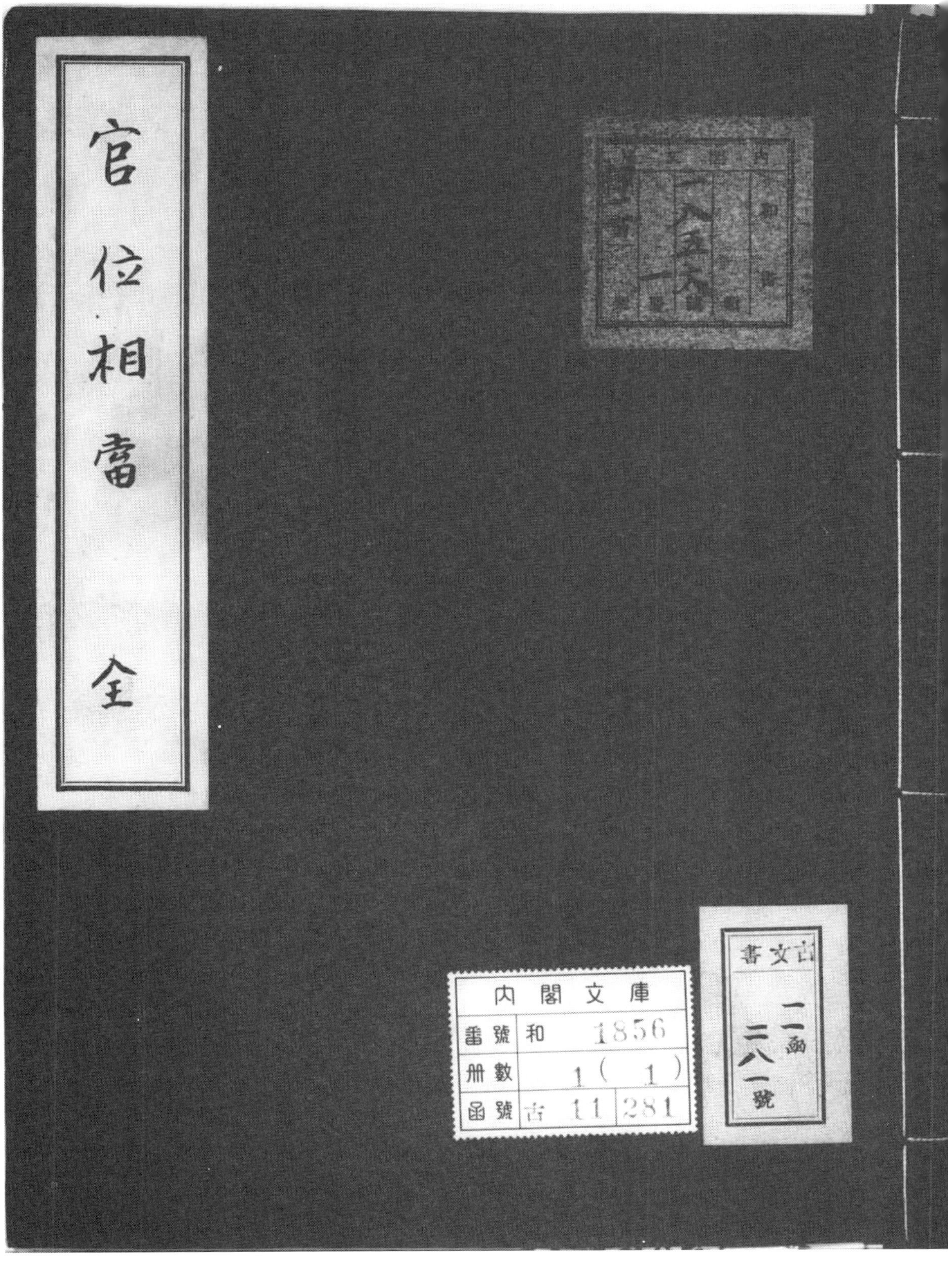
官位相當　全
内閣文庫
番號 和 1856
冊數 1（1）
函號 古 11 281
古文書
一一函
三八一號

和書門 類
號
二一万 函
八 架
一 冊

官位相當 付唐名 讀申

一品 大政大臣 二品 左右大臣 三品 大納言 大宰帥
八省卿
文散階 正一位 開府儀同三司 従一位 大政大臣 特進 正二位
光禄大夫 従二位 左右大臣 金紫光禄大夫 正三位 大納言 銀青光禄大夫 従三位 大宰帥 中納言
彈正尹 左右大將
正議大夫 正四位上 皇太子傅 通議大夫 正四位下 七省卿 上總太守 大中大夫 従四位上 左右大弁
中務卿 常陸太守 上野太守 参議
中大夫 従四位下 神祇伯 中宮大夫 春宮大夫 按察使 大宰大貳
左右京大夫 勘解由長官 彈正大弼 修理大夫 左右衛門督
左右近中將 左右兵衛督

中散大夫
正五位上
左右中弁　大膳大夫
中務大輔

朝請大夫
従五位上
斎宮頭　大舎人頭　主税頭　縫殿頭　鎮守府将軍
斎院長官　木工頭　図書頭　諸陵頭
中務少輔　雅楽頭　左右馬頭　左右衛門佐

朝議大夫
正五位下
左右少弁　左右近少将　内蔵頭　玄蕃頭　兵庫頭　大国守
七省大輔 大判事　弾正少弼　大学頭　主計頭　内匠頭　左右兵衛佐

朝散大夫
従五位下
神祇大副　七省少輔　左右京亮　典薬頭　上国守
斎院長官　大監物　大膳亮　掃部頭　一品家令
少納言　中宮亮　勘解由次官　文章博士
侍従　春宮　東宮学士　陰陽頭
大宰少弐　修理亮　大炊頭　主殿頭

朝議郎
正六位上
神祇少輔 副　正親正　大神宮大司
大内記　内膳奉膳　二品家令
大外記　造酒正
左右大史　東西市正
弾正大忠　囚獄正

承議郎
正六位下

斎宮助
大学助
主計助
兵庫助
侍医

大宰大監
木工助
主税助
織部助 正
大国介

八省大丞
内蔵助
図書助
隼人助 正
中國守

弾正少忠
玄蕃助
左右馬助
縫殿助

大舎人助
雅楽助
諸陵助
大学博士

奉議郎
従六位上

神祇大祐
春宮大進
典薬助
主膳正

斎院次官
大炊助
主水助
上國介

大宰監
陰陽助
修理大進
三品家令

八省少丞
主殿助
近衛将監

中宮大進
掃部助
舎人正

通直郎
従六位下

神祇少祐
修理少進
主殿首

少判事
勘解由判官
下國守

中宮少進
左右衛門大尉

春宮少進
主馬首

左右京大進

朝請郎
正七位上

少外記
左右京少進

左右少史
大膳少進

大宰大典
左右衛門少尉

八省大録
少内記

弾正大疏
斎宮大允

四品家令

宣化郎
正七位下
主計大允　主税大允　明法博士　筭博士　少監物
大主鈴　助教　直講　醫博士　陰陽博士
天文博士　大國大掾　鎮守軍監

明敬郎
從七位上
斎宮少允　斎院判官　主神司中臣　大舎人少允
大学少允　木工少允　雅楽少允　玄蕃少允
主計少允　主税少允　諸陵少允　圖書少允
左馬少允　兵庫少允　内蔵〃　縫殿〃
大炊〃　陰陽〃　主殿允　典薬允
掃部允　内匠少允　音博士　陰陽師
暦博士　書博士　大國掾　上國掾

宣議郎
從七位下
正親佑　典膳　造酒佑　勘解由主典
東西市佑　囚獄佑　大宰博士　大典鑰
漏剋博士　典薬醫師　女醫博士　針博士

給事郎
正八位上

左右近曹　大宰少典　織部佑　同主船
八省少録　隼人佑　同主厨
彈正少疏　少主鈴　中國掾
釆女佑　大宰管師

徴事郎
正八位下

神祇大史　左右近醫師　主膳佑
中宮大屬　左右衛門醫師
春宮大屬　主水佑
左右京屬　判事少屬

承事郎
従八位上

神祇少史　中宮少屬　大膳少屬　雅樂大屬　少典鑰
斎宮大少屬　春宮少屬　左右衛門少志　木工大屬　左右兵衛醫師
同主神司忌部　修理少屬　左右兵衛少志　主計大屬　内匠長上
同宮主　左右京少屬　大舎人大屬　主税大屬　大國大目

承務郎
従八位下

鎮守軍曹　斎院主典　大学少屬
同宮主　雅樂少屬
大舎人少屬　玄蕃少屬
木工少屬　主計少屬

主税少属　圖書少属　諸陵少属　左右馬少属
兵庫少属　内匠少属　内蔵少属　縫殿少属
主計筭師　主税筭師　大國少目　上國目
鋳銭主典

儒林郎
大初位上
大炊少属　陰陽少属　主殿少属　典薬少属
掃部少属　監物主典　内膳令史　造酒令史
東西市令史　大唐通事

登仕郎
大初位下
正親少令史　囚獄少令史　采女（ウネヘ）令史　隼人令史
内匠雑工長上　中國目

文林郎
少初位上
主水令史　主殿令史　主膳令史　下國目

将仕郎
少初位下　主殿令史　大宰統領

諸司官人座次　允亮言之

神祇祐　八省丞　弾正忠　内舎人　内記　監物
修理亮　諸寮亮　諸寮助　司々正　左右京亮　大膳亮
左右京少進　修理進　勘解由判官　春宮進　判事　中宮進
大舎人允　図書允　内蔵允　縫殿允　陰陽允　内匠允
大学允　主殿允　典薬允　掃部允　隼人允　囚獄佐
織部允　正親佑　内膳典膳　造酒佑　采女佑　主水佑
東西市佑　施薬院判官　左右近将監　左右衛門尉　左右兵衛尉　左右馬允
兵庫允　文章得業生　文章生　諸道得業生　問者生　蔵人所雑色
諸道学生　蔵人所衆　瀧口　帯刀

官位相當書様

官位相當者以官書上不相當以位書上位貴官賤書行字官
貴位賤書守字官位相當者又書行字同判署書守行兩字
之事高官上書守字下官上書行字若有數兼官者以相當官
書之餘官皆唯高官為兼官若共不相當書官次第 次第見職員令
相當官賤不相當官貴以相當賤官可書之之有相當官無兼
官不書行守字 令云凡位有貴賤高下階貴則賤高位職則位下官位相當各等級
選敘令云凡任內外文武官云〻而本位有高下者若職事卑
為行高為守 謂若以无位人任長上官者亦須注守也

近代不謂相當以京官書上京官之中以文官為先武官為次

以外國為下　随時可勘酌也

式云正五位下入内之時猶従五位下之注式無所見前蹤可

尋之又參議従二位藤原有國本官弾正大弼參長保五年兼

任勘解由長官式云弾正大弼雖令内官是次官也勘解由長

官雖令外官是長官也仍其署所須書勘解由長官弾正大弼

式云諸衛将佐兼任外國守権守之時不論長次官分別内外

官然則不弁長次官猶依令内外可注障正勘解由也是同階此説合宜云々

官位正兼行守事　見武秘抄出之

選叙令云凡任両官以上者一為正（謂官位相當者為正者若皆不相當者以一高者為正）餘皆為兼　又云任内外文武官（謂具郡司軍者雖是外文武官既非官位相當之職故不用此条）而本位有高下者若職事卑為行高為守（謂若以无位人任長上官者亦須注守漢書王莽傳者縣宰缺者数年守兼師古曰不拜正官權令人守兼云々）上両条為兼守以之可知之

或人問　延广五年二月廿三日　伴問式部省同　選叙令云或以官位相當為正
以為正者今有省大輔従五位上和氣朝臣即是大学頭兼美
作守造東寺次官也至并正兼別行守説者所論各有不同仍
頭二説着於左件　従五位上守大輔兼大学頭行美作守造東　寺次官和氣朝臣大学頭従五位上兼大輔
行美作守造東大　寺次卩和氣朝臣
答左少史物　尸敏久答　舊令問答云一相當一守一行以何為正答以官
位高為正者後学之徒皆依此説兼今見其署様直諱兼大学
頭即似頭亦守官是定建官位令又官位相當之職必須先官

後位而先位後官自異常躰然則相當雖正於義無難

一弊署所　右如四位已下可書位散子　近来無如此之人仍所申也

一散位寮女四位已下可知三位已下子若有彼寮之者時三

已上如何、　十月廿一日　高階成忠　職員令云散位寮頭一人掌散位名帳

事義解云謂文武散位皆惣掌也　舊説云散一位以下皆上此

寮者　安之一位以下　位以下若非有見須皆号散位然則至　了所署可致注散位也又有散位寮之者掌三位已上之

由依上件文　以可知矣

正暦二年十月廿一日

允亮

長德元年七月廿日　宣旨　大外記中原朝臣致時奉

諸司諸衛人闕任　天曆六年補任帳負宜注進之縱雖闕出

来不可勘　件負外者

諸司 付唐名幷讀申負數官省 臺職 坊寮司謂之略頌
又寮官寮院 修理職 勘解由使 鑄銭司之今外官

神祇官
伯（カミ） 常卿大卜令 祠ア郎中
副（スケ）二人大少 大常少卿 祠ア負外郎
祐（ミツヒヒトノセウ）二人大少 大常丞 大卜丞
史（サカン）二人大少 大常録事 又大常符 祠ア主事

大政官
大政大臣（オホマツリコトノオホマヘツキミ） 太師 司徒 太傅 司空 太保 今世号大相國 太尉
左右大臣（オホイマウチキミ） 左右丞相 今世号左右相府 左右僕射
大納言（オホイモノマウスツカサ） 門下侍郎 今世号亜相
中納言（ナカノモノマウスツカサ） 門下侍郎 今世号納言 黄門侍郎
参議（ハカル）三人 平章事 諫議大夫 今号相公
少納言（スナイモノマウシノツカサ）三人 門下給侍中 給侍中
外記（トノシルスツカサ） 門下録事 門下起居郎
左右大弁（オホイオホトモヒ）大二人 尚書 今世号尚書左右大丞 左右丞
大二人少二人才一人
今外七人

中二人 中少之間有權一人
左右中弁 左右司郎中
左大二人右大二人左中二人右中二人 今世号尚書左右中丞
史 尚書都中
又尚書主事
中務省
親王為卿 ハオカノミツリノコトノツカサノアコ
式兵省卿 彈正尹
卿カミ 門下録事 中書令
又殿中監
給事中 中書舍人
丞
殿中丞
侍従オモトヒト 八人 散騎常侍 諫議大夫
左右補闕 左右拾遺
内記ウチノシルスツカサ 四人大一少三又 起居郎 起居舍人
著作郎 今号柱下又内史
主鈴 四人大二少二 符宝郎

小二人 左右少弁 左右司員外郎
今世号左右少丞
大宰師可准之
輔 ノ条小 中書侍郎 門下侍郎
中書舍人 殿中少監
録 四大四少 中書主事 門下録事
又殿中主事
内舍人ウチトネリ 廿人 通事舍人
千牛備身 散中侍御史
監物オロシモノ 大一中二少四 城門郎
文至監
典鑰カイ 宮闈局 内閣人内僕

大皇大后宮職（オホヒオホキサイノミヤノツカサ）

皇大后宮職（ワウイ丶サイノミヤノ）

皇后宮職（丶サイノミヤ）

中宮職（ナカノミヤノ）

大夫　内侍省　内侍
長秋監

亮　内侍省　常侍
或号内常侍

進（三人大一少二）　内侍省　内給事
或号内給事

属（三人大一少二）　内侍省　主事

大舎人寮（オホトネリノツカサ）

頭（カミ）　宮囲令
主當

助　主殿少令

允（二人大二）　宮囲丞又主當丞
宮囲令史

属　宮囲令

図書寮
頭 秘書監著作郎 助 秘書少監 允 秘書丞 属（二人大少）秘書主事
著作郎中 著作佐郎 秘書郎

内蔵寮
頭（正五） 少府監 金部郎 金部郎中 助（正六） 少府監 蔵帑令
尚衣奉御 蔵帑 金内府令 金ア員外郎
允（四人大少） 少府丞 左蔵丞 属 少府録事
内府丞

縫殿寮（ヌイトノツカサ）
頭 尚衣奉御 掖庭令 助 叔縫少監 允（二人大少） 尚衣直長 二人 属 尚衣令史
内謁者監 叔縫監 掖庭令 掖庭令史

陰陽寮

頭　大史令　大史監　司天監　利ア郎中　五行尹

二人
允　大史丞　司天丞　祠部員外郎

陰陽師　大臣主師

暦博士　司暦正保　司天臺司暦

内匠寮

頭　中尚令　少府監　中匠令

式部省

卿　吏部尚書　大常卿

正才
助　大史少監　司天少監　五行小尹

二人大小
属　大史主簿

陰陽博士　卜筮将軍　大卜博士

天文博士　司天臺保章　天文観生霊臺郎

二人
漏剋博士　司天挈壺正子　司辰司剋

助　少府監　中匠少令

四人大廿二才一
允　中尚丞　少府丞

四人大廿二才廿
属　中尚史

輔　李部侍郎　又考功郎中

大常少卿　今号李部大少卿

四人大二サ二
丞　吏部郎中　考功員外郎
　　司勲郎中

フンヤノツカサ
大學寮

頭　国子祭酒　助　国子司業

合外二人
文章博士　文章学士　聚文館学士
　　　　　令号翰林学士又翰林主人

二人
助教　国子　大学　四門等助教
　　　大學助教

二人
明法博士　律學博士

二人
音博士　音韻儒

又云文章得業生　秀才
　　　　　　　　茂才

四人大一サ三
録　吏部主事
　　大常主簿

二人大サ
允　国子丞　属　国子主簿

博士　大學博士　令号大儒
　　　国子大學　四門等博士

合外二人
直講　直學士

二人
筭博士　筭學博士

二人
書博士　書學博士
　　　　予書儒

文章生　進士
　　　　郷貢士

學生　国子
　　　諸生

諸道得業生 先生 貢首　同者生 俊士

又云文林郎守太子右内率府録事参軍事崇賢館直

學士臣李善云々

治部省 オサムルツカサ

卿 礼部尚書 太常卿

輔 大少 礼部侍郎 大常少卿 旧作郎

丞 四人大二少二 礼部郎中 大常丞

録 三人 礼部主事 大常主簿

雅樂寮 ウタマヒノツカサ

頭 大樂令 協律令

助 同丞云々

允 二人大少 大樂丞

屬 二人大少 大樂府

玄蕃寮 オホシマウヒトノツカサ

頭 典客郎中 鴻臚卿 崇玄署令　助 鴻臚少卿　三人大一サ三 允 典客丞 鴻臚丞 崇玄丞 主客員外郎　二人大サ 属 典客主事

アサヽキノツカサ
諸陵寮

頭 諸陵令 廟陵監　助 厭陵少監　三人大一サ二 允 諸陵丞 庿陵丞　二人大サ 属 諸陵録事

ワヌムノツカサ
民部省

卿 戸部尚書 賦方　大サオ 輔 戸部侍郎　四人大二サ二 丞 戸部郎中 戸ア員外郎 賦方郎中　四人大一サ三 録 戸部主事

カソフルツカサ
主計寮

頭 比部郎中 金戸郎中 度支郎中　助 金部員外郎 度支員外郎　四人大サ三ホサ 允 同上　四人大サ二ホサ 属 金部主事 度支主事

筭師 金部計史 度支計史

主税寮（チカラノツカサ）

頭 倉部郎中 長田郎中 比部郎中　助 倉部郎中　允 同上　属 倉部主事

算師 倉部計史

兵部省（ツハモノヽツカサ）

卿 兵部尚書 夏官尚書 衛尉卿　輔 兵部侍郎 衛尉少卿　丞 兵部郎中 衛府丞　録 兵部主事 衛府主簿

隼人司（ハヤトノツカサ） 若造兵司々有属名

正 布護将軍　佑 布護少尹　令史

刑部省（ウタヘサタムルツカサ）

卿 刑部尚書 秋官尚書 大理卿

輔（大少） 刑部侍郎 大理少卿

丞（三人 大一少二） 刑部郎中 大理丞

録（三人 大一少二） 刑部主事

大判事（大一少二） 大理司直 許事 次断令

属 大理録事 許事一人

囚獄司（ヒトヤノツカサ）

正 比部郎中 断獄令

佑 比部員外郎

令史 比部主事

大蔵省（オホクラノツカサ）

卿 大府卿 蔵部尚書

輔（大才大少） 大府少卿 大府侍郎

丞（四人 大二少二） 大府丞 大府郎中

録（四人） 大府録事 或大府主簿

織部司（オリヘノツカサ）

正 織染令

佑 織染丞

令史 織染史

宮内省（ミヤノウチノツカサ）

卿　殿中監　司農丞　工部尚書　光録少卿　少府監

丞（三人大少）　殿中丞　司部郎中　工部郎中　光禄郎中

輔（大少）　殿中少監　司農少郎　工部侍郎　光録侍郎　少府少監

録（四人大少）　殿中主事　司農主簿　工部主事

大膳職（オホカシハテノツカサ）

大夫　大官令　膳部郎中　光禄卿　監膳

進（四人大二少二）　大官丞　光禄丞　膳部郎中

亮　膳部員外郎　光禄少卿　膳部侍郎

属（四人大二少二）　大官史

木工寮

頭　将作大匠　木作尹　工部尚書

助（正才）　将作丞　工部侍郎

允（四人大少二才少）　将作丞　工部侍郎

属（四人大少二才少）　将作主簿

笇師　将作計史

大炊寮（オホヰノツカサ）
頭　導官令　大倉令
助　導官丞　大倉丞
允（二人正権）
属（二人大少権少）　導官史　大倉史

主殿寮（トノモリノツカサ）
頭　尚書奉御　尚輦奉御　殿中監
助　同丸丞々
允　尚書直長　尚輦直長　殿中少監
属（二人大少）　尚書令史　尚輦令史

典薬寮（クスリノツカサ）
頭　大医令　医監
助　医正
允（二人正権）　大医
属（二人大少）　大医史

医博士　大医博士　医薬儒
針博士（正権）　主針儒

侍醫四人　女醫博士　醫師十人　針師十人

掃部寮（カモリノツカサ）

頭 守宮令 洒掃尹　助 洒掃少尹 尚官直長　允 洒掃丞 守宮丞　属 守宮史
尚書奉御

正親司（オホキンダチノツカサ）

正 宗正卿　佑 宗正丞 二人 大少　令史 宗正録事
宗親尹　一人

内膳司（ウチノカシハデノツカサ）

正　奉膳 尚衣奉御 二人　典膳 尚衣直長 二人 正権　令史 尚食令史

造酒司（サケノツカサ）

正 良醞令
典酒
佐 正從 良醞丞
司酒
令史 正從 良醞史

ウネベノツカサ
釆女司

正
佐
令史
己上無唐名

モトリノツカサ
主水司

正 膳部郎中 一人
又目漿令
佐 主漿
令史 正從

タヾスツカサ
弾正臺
令号霜臺

尹 御史大夫
弼 大小 御史中丞
忠 四人大二少二 侍御史
疏 四人大一少三 御史録事

ヒダリミギノミサトノツカサ
左右京職

正従大夫 京兆尹 左扶風 亮 京兆少尹 進 京兆少尹 属 三人大一少二 京兆録事
左馮翊 馮翊少監 馮翊少監

東西市司
正 市令 佐 市丞 令史 市録事

東宮職
傅 大師 大傅 大保 唐太子三師 学士 小師 少傅 少保 太子文学
大師 大傅 大保 各一人云々 崇文館 大学士 今号太子賓客

アコノミヤノツカサ
春宮坊
大夫 詹事 端尹 正従亮 少詹事 三人大一少二 進 詹事丞 三人大一少二 属 詹事録事
太子少尹 宮尹 少尹

カシハデノツカサ
主膳監

正 典膳郎　佑 典膳丞　令史 典膳令史

トノモリノツカサ
主殿署

首 典設郎　令史 典設令史

主馬署

首 厩牧令　令史 厩牧府

伊勢主神司 中臣 忌部 宮主

イツヘノミヤノツカサ
斎宮寮

頭　助 正一人 権二人　允 大一人 少二人 大二人 少二人　属 大一人 少二人

齋陵司（イツキノミヤノツカサ）令外

已上無唐名唐無齋門公主仍無准據歟

修理職（ツクリヲサムルツカサ）令外

大夫　匠作大尹　亮（云権）匠作少尹　進（大ニ少ニ）匠作丞　属

笇師　三人　大工一人　少工二人

勘解由使（トクルヨシカンカフルツカサ）令外

長官　次官　判官　主典

鑄銭司　令外

左右近衛府（チカキマモリノツカサ） 左近元ハ近衛府 天平神護元年置之大同二年為左近
右近元ハ中衛府 大同二年為右近

大将 幕下 衛大将軍 羽林大将軍 羽林将軍

中将（ナカノスケ 二人正四下） 衛将軍 郎中将 親衛郎中将 羽林郎将

少将（スナイスケ 三人正五下） 同上 今以中少将号亜将 次将 又羽林郎将

将監（四人） 衛長史 親衛校尉 録事参軍

将曹（五人正七上 手判ノツカサ） 衛録事 近曹 騎曹 医師

府生 衛史

左右衛門府

督 金吾衛大将軍 監門大将軍

佐（正五下） 金吾衛将軍 今号監門次将

尉（六人大正六上 少正七上） 金吾衛長史 金吾校尉 今或号監門衛長史

志（五人大正七下 少正八上） 金吾録事 監門録事

医師

府生 監門衛史

左右兵衛府（ツハモノトネリノツカサ）

督 武衛大将軍 威衛大将軍（二将） 佐 武衛将軍 威衛将軍 尉（六人大二ワ二挍少ノ二） 武衛長史 威衛長史

（五人大[illegible]）頭 領軍大将軍 今号武衛校尉

志 武衛録事 威衛録事 醫師 府生

左右馬寮（ムマノツカサ）

頭 駕部郎中 尚乗奉御 典厩令 大僕卿 乗黄令 助 駕部員外郎 尚乗直長 大僕少卿 付馬都尉

（六人大[illegible]）允 大僕寺丞二 乗黄丞 （三人大少）属 駕部主事 尚乗令史 大僕主簿 典厩府

馬都尉

兵庫寮（ツハモノクラノツカサ）

頭 武庫令 武庫将軍 庫部郎中 助 武庫員外郎 允 武庫丞 属 武庫主事

鎮守府

将軍 上 鎮ミ将 鎮東将軍　軍監 上 鎮ミ副 将軍丞将　軍曹 上 鎮録事

施薬院

使 司議令（儀）　判官 司儀丞　主典 司儀府

侍従厨 上　内竪所 上　防鴨河使 上　造寺 上

穀倉院 上　修理宮城使 上 左 右　検非違使 上

諸國

守 刺史 使君 令号太守　介 別駕 長史　掾 司馬 録事参軍事　目 録事 又云主簿

郡司 縣令

大宰府（オホイミコトノツカサ）

帥 都督　大貳 都督長史　少貳 都督司馬　監 都督録事参軍事　典 都督録事

陸奥出羽按察使 都護　記事 都護録事

蔵人仙籍

諸司略頌

官省臺職坊寮司　冣初神祇太政官

中省中舎書蔵寮　又モ　管去判　縫陰陽

式省唯一大學寮
民省計税兵省隼
宮省大膳大炊寮
弾京市　坊大宰府
又有モ寮ミ馬兵庫
齋宮府院脩理職
位所署之書様
先官次位

治省樂蕃諸陵寮
刑省囚獄大省織
藥掃親膳造女水
近衛兵衛々門府
此外令外乃官ホ有
内勘施鎮鑄銭司

中納言従三位（中納言ハ従三位官也）　右大弁従四位上（大弁ハ従四位上官也）

右少弁正五位下（少弁ハ正五位下官也）　自余以之可知

行字　位高官卑者用之

正二位行大納言（大納言ハ正三位官也）　正四位下左大弁（大弁ハ従四位上官也）

守字　位卑官高者用之

従三位守大納言（大納言ハ正三位官也）　従四位上守治部卿（治部卿ハ正四位下官也）

行守　共用事

従三位守大納言兼行春宮大夫（大納言ハ正三位官也仍有守字　春宮大夫ハ従四位下官也仍有行字）

相當官又有行守字事

左近大將從三位兼守大納言行民部卿

大將相當官也仍有右上大納言ハ正三位官也仍用守字民部ハ正

四位下官也仍用行字

同位之官先文官事

權中納言從三位兼行春大夫右衛門督 中宮大夫左右衛門督共從四位下官也左文右武故以大夫置上

外國不依相當在諸官下事

從五位下行中宮大　兼守近江守

大　ハ六位ノ官也大国ハ從五位上之官也不依相當以外国為下置也

散位

四位五位無官之人用之本歷受領之人者經數官雖去之猶大所

歷之国守前某国守用之不用散位字是未公文受領也勘公文

之前司散位字六位用散位字者文章生外国後任限過尋散位用

之雖非文章生任諸國以掾之者任限過之後可用散位

必在位上事

攝政　關白　參議　別當　藏人頭 五位六位藏人只書藏人

修理宮城使 次官 判官　造興福寺長官 同上　鎮守府將軍

施薬院使　内舎人　外國帯司　未公文受領書之

攝政太政大臣従一位　関白同之

参議民部卿正四位下兼行東宮大夫　民部卿ハ正四位下之官相當也　春宮大夫ハ従四位下之官也

官位相當事　附於朝當官事　古今守署例事

外記爲有官位相當書不知何時撰定但年代侵建官位

列ノ改仍任令格之更粗注相當之階

内外文武官并今外官

神祇官

伯一人　大副一人　少副一人　大祐一人　少祐一人

大史一人　少史一人　史生四人　案主一人格

宮主一人従六位官有三后并各置宮主一人品有具同格品員對云東宮ゝ主従八位下ノ　神祇式云宮主取卜部堪事任之

神琴師一人従六位官格　卜長上二人従六位格　神部卅人　卜部廿人

官掌二人式部式云内外諸官司掌省掌臺掌職掌坊掌寮掌使掌司掌各二人又条云並把笏

使部十五人令三十人或十五人　直丁二人

太政官

太政大臣一人　左大臣一人　右大臣一人　大納言二人令員四人格定二人

中納言三人 格
參議八人 格 大宝三年以大伴安麿粟田眞人高向麿下毛野古麿
小野毛野五人参預朝政參議之起自此始焉 大同元
年置觀察使八人罷參議弘仁元年罷觀察使復
參議二年滿八人云々
少納言三人 大外記二人 少外記二人 史生十一人
左大弁一人 右大弁一人 左中弁一人 右中弁一人
左少弁一人 右少弁一人 左大史二人 右大史二人
左少史二人 右少史二人 左史生十八人
右史生十八人 今員左右史生各十人或云左右
弁官各十八人注云各二人行署 左官掌二人

右官掌二人　太政官使二人　左使部四十人
右使部四十人　左直丁四人　右直丁四人

中務省

卿一人　大輔一人　少輔一人　大丞一人
少丞二人　大録一人　少録一人　史生廿人
侍従八人　内舎人廿人　大内記二人　少内記二人
史生二人　大監物二人　中監物二人　近代無之
少監物二人　史生八人　大主鈴二人　少主鈴二人

大典鎰　省掌二人　使部卅人　直丁十人

中宮職　太皇　大后　亦曰中宮

大夫一人　亮一人　大進一人　少進一人

大属一人　少属一人　史生八人　舎人四百人

職掌二人　使部廿人　直丁三人

大舎人寮

頭一人　助一人　大允一人　少允一人

大属一人　少属二人　史生四人　寮掌二人

大舎人四百人　使部十人　直丁二人

圖書寮

頭一人　助一人　大允一人　少允一人

大属一人　少属一人　史生五人　寮掌二人

使部十人　直丁二人

内蔵寮

頭一人　助一人　大允一人　少允二人

大属一人　少属二人

縫殿寮
頭一人　助一人　大允一人　少允一人
大属一人　少属一人
陰陽寮
頭一人　助一人　允一人　大属一人
少属一人　陰陽師六人　陰陽博士一人　暦博士一人
天文博士一人　漏尅博士
式部省

卿一人　大輔一人　少輔一人　大丞二人

少丞二人　大録一人　少録三人

大学寮　神亀五年置直講三人准助教者位階同可准之
大同三年割直講一員置紀伝博士

頭一人　大允一人　少允一人　大属一人

少属一人　博士一人　助教二人　直講二人格

明経得業生四人格先生　同者生廿人正暦四年始置復士　文章博士二人格　文章得業生二人格秀才

文章生廿人格　明法博士二人格　算博士二人　算得業生二人格

音博士二人　書博士二人

治部省

卿一人　大輔一人　少輔一人　大丞一人

少丞一人　大録二人　少録二人

雅楽寮

頭一人　助一人　大允一人　少允一人

大属一人　少属一人

玄蕃寮

頭一人　助一人　大允一人　少允一人

大属一人　少属一人

諸陵寮 今為司改為寮

頭一人　助一人　大允　少允

大属　少属

民部省

卿一人　大輔一人　少輔一人　大丞二人

少丞二人　大録一人　少録一人

主計寮

頭一人　助一人　大允一人　少允二人
大属一人　少属二人　笇師二人
主税寮
頭一人　助一人　大允一人　少允一人
大属一人　少属一人　笇師二人
兵部省
卿一人　大輔一人　少輔一人　大丞二人
少丞二人　大録一人　少録三人

隼人司　本隷衛門府　弘仁更隷兵部省

正一人　佑一人　令史一人

刑部省

卿一人　大輔一人　少輔一人　大丞一人

少丞二人　大録一人　少録二人　大判事一人

少判事二人　大属一人　少属一人

囚獄司

正一人　佑一人　大令史一人　少令史一人

大蔵省

卿一人　大輔一人　少輔一人　大丞二人

少丞二人　大録二人　少録二人

織部司

正一人　佑一人　令史一人

宮内省

卿一人　大輔一人　少輔一人　大丞一人

少丞二人　大録一人　少録二人

大膳職

大夫一人　亮一人　大進一人　少進二人

大属一人　少属

木工寮

頭一人　助一人　大允一人　少允二人

大属一人　少属二人　笇師　醫師一人

大炊寮

頭一人　助一人　允一人　大属少属各一人

主殿寮
頭一人　助一人　允一人　大属少属各一人
典薬寮
頭一人　助一人　允一人　大属一人
少属一人　侍医四人　医師十人　医博士一人
医得業生四人　針博士一人
掃部寮　員式格云併掃部内掃部二司為掃部寮事
右依件為定隷宮内省官員一同主殿寮
頭一人　助一人　允一人　大属少属各一人

正親司

正一人　佑一人　大令史一人　少令史一人

内膳司

式部式云内膳司長官除高橋安曇〻氏以外彦正高橋氏文云拂畏巻向日代宮御宇高橋氏姓祖磐云獦令初献堅魚白貝云〻安曇氏始其下臣彦婜人高橋安曇相雙任奉膳云〻

奉膳二人　典膳六人　令史一人　膳部四十人

造酒司

正一人　佑一人　令史一人

采女司

正一人　佑一人　令史一人　史生一人　釆部六人

主水司

正一人　佑一人　令史一人

弾正臺　令云弾正別勅令才検校餘官者不得仍知弾正事　按之
屬弾正事厳正不可兼行故時立制文称餘尹大弼同有
兼司内竪大歌所又同之
官之例云々

尹一人　大弼一人　少弼一人　大忠二人

少忠三人　大疏一人　少疏三人

左京職　右京准此

大夫一人　亮一人　大進一人　少進一人
大属一人　少属一人
東市　西市准此
正一人　佑一人　令史一人　史生一人
東宮
傅　學士二人
春宮坊
大夫一人　亮一人　大進一人　少進一人

大属一人　少属一人　帯刀舎人三十人

主膳監

正一人　佑一人　令史一人

主殿署

首一人　令史一人

主馬署

首一人　令史一人

大宰府

主神一人　帥一人　従三　大貳一人　従四下　少貳二人
大監二人　少監二人　大典二人　少典二人
主工一人　博士一人　明法博士　音博士一人
陰陽師一人　醫師一人　筭師一人　主城一人
主舩一人　主厨一人　弩師二人　格　大唐通事一人
新羅譯語一人　少初位

大國
大和（ヤマト）　河内（カウチ）　伊勢（イセ）　武蔵（ムサシ）　上総（カツサ）　下総（シモウサ）　常陸（ヒタチ）　近江（アウミ）

上野　陸奥　越前　播磨　肥後　守一人従五上　介一人正六下
大掾一人正七下　少掾一人従七下　大目一人従八上　少目一人従八下
陸奥出羽按察使一人格　記事一人格正七上

上國
山城　摂津　尾張　参河　遠江　駿河　甲斐　相模
美濃　信濃　下野　出羽　加賀　越中　越後　丹波
但馬　因播　伯耆　出雲　美作　備前　備後　備中
安藝　周防　紀伊　阿波　讃岐　伊予　筑前　筑後

豐前　豐後　肥前　守一人從五下　介一人從六上　掾一人從七上　目一人從八下

中國

安房　若狭　能登　佐渡　丹後　石見　長門　土佐

日向　大隅　薩摩　守一人正六下　介一人從六下　掾一人正八上　目一人大初下

下國

已上國六十六　嶋二　郡五百八十六　郷三千七百廿

和泉　伊賀　志摩　伊豆　飛驒　隱岐　淡路　壹岐

對馬　守一人從六下　掾一人從八下　但志摩无掾　目一人少初下

家令

令　者云同妃夫人等各有家令哉謂答於妃依親王四品

以上可有家令夫人以下不可有家令基棄非職事故

親王　内親王准此但文學不在此例

一品　令義解云謂品位也親王品者別於親王

文學一人　従七上椽　家令一人　従五下　長史　扶一人　従六下　司馬　大従一人　従七上　椽

少従一人　従七上椽　大書吏　従八下　主簿録事　少書吏一人　大初位上　同二下准此

二品

文學　正七下　家令一人　正六上　扶一人　正七上　従一人

大書吏一人　大初位上　少書吏一人　大初位下

三品

文學正八下　家令一人従六上　扶一人従七上　従一人正八下
書吏一人少初位上
四品
文學一人正八下　家令一人従六上　扶一人従七上　従一人正八下
書吏一人少初位下
職事
一位
家令一人従五下　扶一人従六上　大従一人従七上　少従一人従七下

大書吏一人 従八下 少書吏一人 大初位上

二位

家令 従六上 従一人 正八下 大書吏一人 少書吏一人 已上[illegible]並 少初位上

正三位

家令一人 従七上 書吏一人 少初位下

従三位

家令一人 従七上 書吏一人 少初位下

左近衛府 右准之 依不付位権略之

大将一人　中将一人　少将一人　将監四人
将曹四人　醫師一人　府生二人
左衛門府右准此
督一人　佐一人　大尉二人　少尉二人
大志二人　少志二人　醫師一人　府生四人
左馬寮
頭一人　助一人　大允一人　少允
大属　少属　馬醫二人

兵庫寮

頭一人　助一人　大允二人　少允一人

大属一人　少属一人

令外官

斎宮寮　神亀五年置之

頭一人従五下　助一人正六下　大允一人正七位　少允一人従七位

大属一人従八位　少属一人従八位

主神司

中臣一人　忌部一人　宮主一人 已上従八位　神部六人
卜部四人

舎人司　長官一人 従六位　主典一人 大初位
蔵部司　長官一人 従六位　判官一人 正六位　主典一人 大初位
炊部司　長官一人 従六位　主典一人 大初位　炊部四人
酒部司　長官一人 従六位　酒部四人
水部司　長官一人 従七位　水部四人
釆部司　長官一人 従八位　女部二人

殿部司　長官一人従七位　殿部六人

薬部司　長官一人従八位　醫生三人

掃部司　長官一人従七位　掃部六人

門部司　長官一人従六位　主典一人大初位　門部十六人

馬部司　長官一人従七位　馬部四人

齋院司　弘仁元年置之十三年停之　天長元年復舊

長官一人従五位下　次官一人従六位上　判官一人従七位　主殿〔典〕二人従八位下

修理職　格弘仁九年置天長三年併木工寛平二年停左右職使置件職
木工准工部將作木或以修理准將作漢書百官表將作少府掌修宮室

大夫一人　亮一人　大進一人　少進二人

大屬一人　少屬二人　管師二人　大工　少工

内匠寮　格　神亀五年置之一同木工品負封入中務省

頭一人　助一人　大允一人　少允

大屬一人　少屬二人

勘解由使　格　延暦年中置之大同年中廢之　天長元年八月
更置之

長官一人　次官一人　判官一人　主典三人

施薬院　格　天長二年置之

使一人　判官一人　主典二人　伊師一人

鎮守府　格　弘仁三年始置之

將軍一員　軍監一員　軍曹二員　伊師弩師各一員

陰陽師一人　私案已上不見相當之階但外記宣位相當將軍注
從五位未知所拠以任五位所注之

鑄錢司　格　延代不任之和銅四年置其後廢寶亀十一年復舊

長官一人　判官一人　主典二人

後宮　令義解云後宮謂妃夫人嬪也先所掌釈云礼記天子之妃曰
后漢書天子妾称夫人也尚書曰嬪於虞氏注云嬪婦也

妃二員　四品以上　夫人三員　三位以上　嬪四員　五位以上　女官

内侍司
尚侍（カミ）二人　従三位　典侍（スケ）四人　従四位　掌侍（ナイシ）四人　従五位

蔵人司
尚蔵一人　正三位　典蔵二人　従四位　掌蔵四人　従七位

書司
尚書　従六位　典書二人　従八位

薬司
尚薬一人　従六位　典薬二人　従八位

兵司
尚兵一人　正七位　典兵二人　従八位

闈司
尚闈一人　正七位　典闈四人　従八位

殿司
尚殿一人　従六位　典殿二人　従七位

掃司　尚掃一人従七位　典掃二人従七位

水司　尚水一人従七位　典水二人従八位　采女六人

膳司　尚膳一人正四位　典膳二人従八位　掌膳四人　采女六十人

酒司　尚酒一人正六位　典酒二人従八位

縫司　尚縫一人正四位　典縫二人従五位　掌縫四人正八位

僧綱以下位階　雖可知相當准是爲見位階

僧綱位

僧正法印大和尚位　僧都法眼和尚位　律師法橋上人位

凡僧位

傳灯大法師位　修行大法師位　傳灯法師位　修行法師位
傳灯滿位　修行滿位　傳灯住位
已上位階或託所注也雖未詳其始格略見其興如格條者可有論
持位然而依不當數名若是除矣乞
文章博士藤原道永本系帳注兄肥前少国師修行滿位僧
觀常也修行位僧見此仍勘付
選叙令云内外五位以上勅内八位外七位以上奏授外八位
及内外初位皆官判授　謂勅授奏授判授者 官人授法亦同
又云任官大納言以上左右大弁八省卿五衛府督弾正尹大
宰帥勅任　謂皇太子傳官任高 於七省卿准為勅任也　餘官奏任　謂内外諸司主典以上兵部 領軍散亦為奏任也
致主帳及家令等判任　謂依軍防令内舍人亦為 判任其六文学才伎長上亦同　舍人史生使部

律部帳内資人大式部判補又云任両官以上者一為正（謂官相當者為正若皆不當者以一高者為正）餘皆為兼又云々任内外文武官（謂具郡司軍毅者唯是外文官既非官位相當之職故不関此條）而本位有高下者若職事卑為行高為守（謂若以無位人任長上官者可須任守）

其於官位相當者称行守於官人者不可称行守（私案今後有格已今ト其位依稱相當之位可用行守之法人析時之行未不論位階品住官位）亦同嬪以上其位不相當者称行守

哉　答不介有初補之日可授五位已上又称已上之故无行

守之用其外位同者未於外位相當不注行守哉〻（一本乙）并答於

今無位外位職然則不可称行守

基同大舎人寮義解云内舎人是長上之人也者其長上之人
是無官位相當之職而何於内舎人不称行今案官位令無内舎位然則依何注行守哉
或人問　延暦五年二月廿五日件問可式部省問
選叙令云任兩官以上者一為正余皆為兼
又云任内外文　官而本位有高下者若職事卑為行高為
守上條或以官位相當為正或云以高官為正者今有省大輔
従五位上和気朝　即是大学頭美作守造東寺次官也至於
幷正兼列守説者可諸各有不同仍顕（顕）二説着於左件
従五位上守大輔兼大学頭行美作守造東寺次官和気朝

臣大學頭従五位上兼守大輔行義作守道東寺次官和
氣朝臣
史少史物部敏久答
答旧令問答云問一相當一守一行以何為正答以官位高卑
正者後學之徒皆依此説兼今見其署様直稱兼大學頭即以仁
頭并守官是違官位令又官位相當之職必須先官後位而
先位後官自異常體然則為正於義无難左并官宣少輔橋（橘）朝
臣廣相兼官署例注東宮學士而迎来所進公文署皇太子學
士所申非無　但并疋之間公文

擁滞宜且依盧署且以執申者
少史伴貞宗仰
貞観十三年十一月十九日少録家原高郷奉學牒署謬
官名之状
牒廣相兼學士官名須依令署皇太子學士而須年謬署東宮
學士若不陳露恐後責難避仍牒如件謹牒
貞觀十二年十一月廿一日少輔兼皇太子學士従五位下橘朝
臣廣相
東宮職員令傅條集解云基問検官位令云皇太子傅皇高

二位所被同也何即日以件勘文注別紙奉之
東宮學士文章博士兩從五位下官也可以爲上閲旧文書兼
此職之人或以學士爲上或以博士爲上爲次蒙霧仰指
掌東宮學士文章博士或以學士爲上或以博士爲上就劔敷
案少情被古人之説共似有所拠也何者件兩職是同階
之中博士雖管式部今外之官學士雖備東宮今負之官相按
上下誰定優劣何遂有其説未被其蒙也但今案之不論今
之内外偏依官之次升匡從四位下行式部権大輔兼文章博
士東宮學士者自叶章條之意亦無間然之人乎

案延喜式内匠寮雖令外官以中務省之管列大學寮之
上文章博士亦雖令外官以管式部省之内自可爲學士之
上案様如此旨准可知
長保元年閏三月七日式部権大輔大江匡衡朝臣注件疑
送之仍注此案答之爲備後鑒聊記而先亮
選叙令云任兩官以上者一爲正餘皆爲兼義解云謂官位
相當者爲正若皆不相當者以一高爲正
又條云任内外文武官而本位有高下者若職事卑爲行高爲守
案之式爲弁正官兼任之條或爲別職位行守執又則太

子學士者而此今云東宮傳學士其別何巻可録皇太子學
何者此令称令号至于學士可依官位令官位令云正四位
上皇太子傅従五位下皇太子學士　今案尋旧例傳任皇
太子傅學士注東宮學士橘納言語誠叶令條但官宣之矣
称弁定之間也若是彼時猶秋定可注東宮學士丸自古迄
今任件官之輩署東宮學士両般之説未詳所拠依時行事
随宜可署事

一 敷署歟
右如四位之下可書敷（散）然乎近来無如此之人仍所申也

一散位寮必四品以下可知三位以下乎若有彼寮之昔時三
位以上如何
十月廿日　　　　　　　高階成忠
職員令云散位寮頭一人掌散位名帳等義解云謂文武散位
皆惣當也旧説云一散位以下皆上此寮者
案之一位以下初位以上若非有見官須皆号散位然則至于
御署所可被任散位也又有散位寮之昔掌三位已上之由
依上件文同以可知
正暦二年十月廿一日勘解由次官惟宗允亮

依見官而所稱也專非尋前任而可謂矣今前太皇大后宮
可然又書戰官暑所須注前大夫位姓名（先書前大夫亮／可注見任官位亮）
亦如之進屬放此暗以前任之官不可交書之故也
右被仰云前々中宮崩後可然之文書戰官之暑所注前亮春
宮権亮藤原朝臣兼通大納言前大夫源朝臣高明者或先書前亮
次注見官或先書見官次注前大夫未知由緒雖准的抑
前大夫亮已非見任仍不可注行守何更交書中間乎只為
表知本宮事之由偏所注前大夫亮而已然則如遣唐使藏人
頭先書前職次注見官者則自叶章條可无妨雖

長保三年三月六日依藤大納言殺勘之納言前太皇大后宮
大夫也仍有此執（本ノマヽ）（釈乙）即獻件文
古今行守署例
中納言兼左近衛大将従三位行春宮大夫陸奥於為按
察使藤原朝臣冬嗣
弘仁格（所注）　弘仁九年五月廿五日
案中納言大将共從三位官依階官位相當次第又民亦官
之下惣注其位
左近衛大将従三位兼守大納言行民部卿清原真人夏野

貞式格　天長七年十一月十五日
大将是雖早官以彼官位相當参大納言雖高職
依不官位相當参議
従二位行大納言兼皇太子傅民部卿藤原朝臣緒嗣
正三位行中納言兼左近衛大将春宮大夫陸奥出羽按察
使良峯朝臣安世　已上二人 貞式格
天長元年八月廿日　一府之内所注
中納言兼右近衛大将従三位藤原朝臣基経　貞兵格
貞観十年六月廿八日

中納言従三位兼春宮大夫左衛門督陸奥出羽按察使良
峯朝臣安世　貞観格　弘仁十三年十二月廿八日
大納言正三位兼行右近衛大将民部卿陸奥出羽按察使藤
原朝臣良房　貞観格　承和十二年正月廿五日
大将従三位官民部卿正四位下官仍不依文武次官早耳可
上行守之文自叶法令之義
従三位守大納言兼右近衛大将行春宮大夫陸奥出羽按
察使藤原朝臣定国　正格　序所注
今件署所注右近衛大将従三位兼守大納言行春宮大夫

格底所注甚乖令條
從二位行大納言兼左近衛大将源朝臣多　大曉
正神格　元慶五年十一月十六日
正三位行中納言兼右近衛大将皇大后宮大夫陸奥出羽
按察使藤原朝臣良世　延式格　元慶五年十月三日
別當正三位行中納言兼春宮大夫左衛門督藤原朝
臣師尹　續検非違使類聚所注　天暦十年七月十三日
件署所叶法意
別當参議従三位行右近衛門督兼中宮大夫伊予権守

藤原朝臣成　同類聚所注　安和二年十一月七日
件署所可注参議従三位行中宮大夫兼右衛門督而
先衛門後中宮已違先文右武之義可謂前後倒錯
之者也中宮大夫右衛門督共是同階尤可次第文武耳
別當中納言従三位兼行左衛門督春宮大夫源朝臣延光
同類聚所注　天長元年十二月廿九日
件署所文　次第錯謬如何
別當権中納言従三位兼行太皇大后宮大夫右衛門
督藤原朝臣實資　長徳三年三月廿八日　宣旨所注

解題

明法条々勘録　暦応四年（一三四一）写　一冊　古二四—四〇六

著　者　中原章澄

装　訂　冊子装。袋綴四ツ目綴。縦二九・二センチ×横二一・一センチ

表　紙　原表紙渋引。さらに、旧表紙である内表紙には、本文と同じ反故書状類の紙背を利用。現状は裏打を施して改装。

外　題　（後補表紙）墨書直書「明法条々勘録」

（原表紙）墨書直書「明法条々勘録　暦応四年　大乗院」

内表紙には、墨書直書で題号「暦応四年正月　日／明法条々勘録（明法博士中原章澄注進 徳大寺相国実基公于時庁務）／法眼和尚位（花押）」とある。

本　文　毎半葉概ね七行

紙　数　墨付一六丁

奥　書　「此勘早（草歟）者、以章夏朝臣所持本令書写者也。是則父章澄朝臣留案正本也。依右筆不堪能、仮他筆歟。然而染自筆之分故用朱筆了。抑徳大寺相国（実基公）庁務之時、就被尋下、勘進之（云々）。以之被下諸官之処、皆悉加一同署（云々）。恐（ママ）末代誰人可令違犯哉。

一交了。」

文保元年八月上旬、於鷲尾殿北対屋、終写筆功者也云々。

課同宿如浄書写之。不慮感得此本之故也。

旧　蔵　興福寺大乗院

解説

日本では、養老律令以後、律令法が編纂されることはなく、中世公家法は、新たに随時発布された成文法や、法曹による律令法の拡大解釈（当時はこれを「法意」と呼んだ）、さらには不文法たる慣行や慣習法などを淵源として形成されていた。それらのうち、法曹による律令法の拡大解釈としては明法勘文をその代表とするが、それは個々の裁判において、明法博士をはじめとする明法官人が律令法の解釈とその適用によって作成した判決案である。著名な『法曹至要抄』（坂上明兼他）・『裁判至要抄』（坂上明基）などはそうした明法勘文を基礎として著されたものである。

しかしそうした個別の裁判事案に関する勘文以外にも、さまざまな方面から明法官人に寄せられた法律上の疑義についての答申という形で記された史料がある。この『明法条々勘録』も、時の検非違使庁の庁務であった徳大寺実基の全一六箇条の諮問に対して、明法博士中原章澄が勘申したもので、内閣文庫に伝えられたものが唯一の伝本である。その書名は、この勘文を転写して学んだ人物による命名である。

また中世の明法家には、坂上・中原の二流があるが、中世の明法関係史料の多くは、坂上家の家学を伝える『法曹至要抄』を淵源としている。それに対抗する中原家の学説を示す数少ない史料の一つがこの天下の孤本たる『明法条々勘録』であって、「わが法制史学界の至宝」「当代政治史の史料としても、重大なる価値を有する」（利光一九六四）と評価されている。奥書によれば本書の法解釈には、当時の明法官人が悉く賛同して署判を加えたとあり、当初から評価の高いものであった。

本書の存在自体については、『新訂増補国史大系』所収の「律」が、律逸文を蒐集する過程で利用していることから、学界の一部では早くから知られていたらしい。ただしその存在と史料的価値を広く学界に紹介したのは利光三津夫である。利光は昭和三十五年に、佐藤進一から、坂本太郎が内閣文庫本より手写したものを佐藤が転写したという写本を借りている（利光一九六四）。そして利光・佐藤によって、全文が翻刻されることとなり、また本書についても基本的なことはほぼ完璧に明らかにされている（利光一九六四・佐藤一九八一・佐藤他二〇〇五）。ここでもこの両氏の見解に全面的に依拠して、その梗概を述べることとする。

まずその成立について。本文の末尾に「以前十六箇条、愚意所存、大概注進言上如件　文永四年（一二六七）八月廿二日　明法博士中原朝臣章澄」とあることから、まず著者と成立年代が知られる。ただ、奥書によれば、徳大寺実基が庁務たりし時に、その諮問に応えて「勘進」したとあるが、実基は文永二年にすでに出家して円覚と称しているので（『公卿補任』）、文永四年には庁務ではない。この点については利光に詳しい考証があるが、要するに、時の庁務は実基の一子である公孝であったが、実質的には後見役の実基が実権をふるっていたと考えるのがよかろう。

一方の著者の中原章澄であるが、やはり利光が詳細に考証したように、『検非違使補任』にみえる「中原章隆」はすべて「中原章澄」の誤りであって、文永四年には四三歳。本書冒頭の「父母譲前後状事」の終わりに「件章直者、章澄之曾祖父明法博士章貞之弟子也」とあって、章貞の曾孫であることがしられるが、その章貞は後白河法皇の信任厚く、中原氏にして明法博士に任ぜられる者はすべて章貞の子孫でなければならないという独占世襲体制を作り上げた人物である（布施一九五七）。

次に本書の伝来について。奥書によれば、本書の記者である中原章澄が手許に残した留案があり、それは章澄が他筆を雇って書写せしめたもので、そこには章澄が自ら「朱筆」を加えたという（佐藤一九八一による。国立公文書館一九八二が、章澄の男が書写し、朱筆をもって補ったとするのは利光一九六四の誤読によるか。利光一九八六では、この「朱筆」は徳大寺実基への「勘進」後の訂正と考えている）。

この「朱筆」とは、主に本書の以下の部分を指すと思われる（佐藤一九八一・佐藤他二〇〇五の翻刻部分では朱墨の区別は省略されている。また佐藤他二〇〇五では、誤って付せられた傍注などを意図的に削除している。利光一九六四では忠実に指示がある。また『鎌倉遺文』13―九七五七でも朱筆や傍注は明示されている）。

第一条末尾の「抑章職」云々の初行と末行の朱の勾点（本巻一七頁）

第三条末尾の「然而許否」云々の傍書「以下九字朱ニテ入也」と九字目「歟」末尾の朱の勾点（一三頁）

第一二条末尾の「抑於子孫」云々の傍書「以下十六字朱ニテ書継」と朱の勾点（始まりのみ。三二頁）

第一四条末尾の「執権履縄」云々の傍書「以下朱ニテ書継」と朱の勾点（三四頁）

第一六条中程の「就之案之」の傍書「以下四字朱」と朱の勾点（三七頁）

本文最末行の「愚意所存」云々の傍書「以下八字朱ニテ書継」と朱の勾点（三八頁）

この留案を章澄の子章夏から章夏の兄弟の章文が借り受け転写し（利光一九八六）、それが四条家に伝わったらしいが（利光一九六四）、奥書によれば文保元年（一三一七）にさらに某氏がこれを借覧し、新たなる伝写本を作成した。それは暦応年間には興福寺塔頭の大乗院にあり、暦応四年（一三四一）にさらに伝写された。本書は消息類の紙背を利用して書写されているが、その消息中に「暦応二年十一月十一日」の年月日を記すものがある（本巻四四頁）。暦応四年に転写せしめた人物は、元々の表紙である内表紙に花押を据えている「法眼和尚位」なる者であるが、この人物は「清玄」であると推測されている（佐藤他二〇〇五による「清玄」の名は、『文保三年記』〈国立公文書館所蔵大乗院文書〉他にみえる。後藤一九八〇・佐藤一九八一では「範藝」、利光一九六四では上座法眼清舜・権上座法眼淋乗・寺主法眼隆乗のうちのいずれかとされていた。稲葉一九八六はこれらの説をいずれも根拠薄弱として結論を保留していた）。後藤によれば、この「法眼和尚位」なる人物は、弘長三年の公家新制（「公家新制四十一箇条」として本巻所収）、治承五年の興福寺寺辺新制、同じく興福寺の院家評定条々記録其の他の法史料を書写・寄進しており、法制関係に並々ならぬ関心を持っていたことが知られる（後藤一九八〇）。

また奥書によれば清玄と同宿の如浄が書写の筆を執ったとあるが、奥書再末尾の「課同宿如浄書写之」云々と「一交了」の二行分が内表紙題号の筆蹟と同じであることから、本書の右筆は如浄であるとされている（佐藤一九八一）。

なお興福寺大乗院什物は明治になって一括して内閣文庫に売却された。『内閣文庫沿革略』によれば、明治二十一年（一八八八）前後に大乗院文書約六百冊を購入したという。本書もその中の一冊である。

最後に本書の内容について。全一六箇条の事書を一覧すれば明瞭なように、徳大寺実基の諮問はかなり具体的なものであった。残念なことに諮問内容の大半が相続法関係で（残り一条は第一六条の田地質入）、中世の法制全般にわたるものではないが、しかし詳細で多面的な法解釈は鎌倉初期になった坂上家の『法曹至要抄』・『裁判至要抄』以来であって、しかも中原家によるものであることが貴重である。そもそも本書は、前述したように律逸文の捜索材料として見出されたものらしいが、利光一九六四が詳細に明らかにしているように『法曹至要抄』への反対説として、以下のような優れた価値が認められている。
・父母譲状の効力＝第一条
・手継文書を交付せざる和与状の効力＝第二条
・家業継承の養子＝第三条
・不幸の二義＝第一二条
また佐藤一九八一が指摘しているように、令義解の説など律令法の解釈を「准用」して新説を立てる過程（僧の妻帯に関する第一五条など）も読み取れる点も重要である。
中原章澄が死法と化しつつある律令を再評価し、さらにそれを用いた徳大寺実基の存在は、当時における公家社会の政治思想を十分に伝えているものといえよう（利光一九六四）。なお利光は後に、本書執筆の動機として、章澄の時代に、中原氏庶流の進出が著しくなり、また坂上流中原氏の復興も相俟って、近い将来、自分の子孫が明法道の総帥たる地位を失うのではないかという不安＝私的動機もあったこと論じている。一連の利光の研究は本書に関する通説的地位を占めているが、近年、長又によって、一六箇条の個別の法解釈そのものや執筆の動機・目的についても異論が出されていること（当時の人々を納得せしめる法規範命題を創出することを目的としたという。長又二〇〇九）を付記しておく。

【参考文献】

稲葉伸道「公家新制と寺辺新制―興福寺寺辺新制を中心に―」（『名古屋大学文学部研究論集』XCV史学三二、一九八六年。後に同『中世寺院の権力構造』に再録）
今江廣道「法家中原氏系図考証」（『書陵部紀要』二七、一九七六年）
国立公文書館『内閣文庫所蔵　貴重古写本展示目録』（国立公文書館、一九八二年）

後藤紀彦「『田中本　制符』―分類を試みた公家新制の古写本―」（『年報中世史研究』五、一九八〇年）
佐藤進一「本書の構成について」「公家法の特質とその背景」「解題（公家思想〈明法条々勘録〉）」（『日本思想大系』22中世政治社会思想・下、岩波書店、一九八一年）
佐藤進一・百瀬今朝雄・笠松宏至編『中世法制史料集』6公家法　公家家法　寺社法（岩波書店、二〇〇五年）
内閣文庫『内閣文庫沿革略』（内閣文庫、一九五五年）
長又高夫「『明法条々勘録』に見る悔還の法理」（『日本中世法書の研究』汲古書院、二〇〇〇年）
長又高夫「法書『明法条々勘録』の法的性格」（『青山法学論集』五一―一・二、二〇〇九年）
布施彌平治「明法博士中原章貞と明法博士中原範貞」（『法制史研究』七、一九五七年）
布施彌平治『明法道の研究』（新生社、一九六六年）
利光三津夫「内閣文庫本「明法条々勘録」の研究」（『法学研究』三七―六、一九六四年。後に同『律令制とその周辺』再録）
利光三津夫「「明法条々勘録」成立の背景―続・法家坂上家の研究―」（『法学研究』五九―三、一九八六年。後に同『続律令制の研究』再録）

（小口雅史）

公家新制四十一箇条　康永三年（一三四三）写　一冊　古二四―四一一

装　訂　冊子装。袋綴四ツ目綴。縦二九・四センチ×横二五・三センチ

表　紙　原表紙渋引。さらに、旧表紙である内表紙には、本文と同じ反故書状類の紙背を利用。現状は裏打を施して改装。

外　題　（後補表紙）墨書外題簽「公家新制　全」

（原表紙）墨書直書「康永三年／公家新制四十一箇条弘長三年／大乗院」

内表紙には墨書直書で題号「康永三年後二月　日／公家新制四十一箇条弘長三年／法眼和尚位（花押）」とある。

またその裏に同筆で、「施入　別会五師範藝／若雖有取出事、必如本可被返置之」とある。

内　題　「弘長三年八月十三日　宣旨」

本　文　毎半丁概ね九行～一二行

紙　数　墨付一六丁

奥　書　最末尾に「一交了」とある。

旧　蔵　興福寺大乗院

解　説

「新制」とは、天皇や院の意思にもとづいて、初期には太政官符、ついで宣旨ないし官宣旨、鎌倉末期以降は院宣によって発布された法令を指す。「新制官符」を省略した語である「制符」とも呼ばれた。早く三浦周行や水戸部正男が新制関係の史料を博捜してその

研究の基礎を固めている。

当初は主に倹約令を中心とするものであったが（水戸部が新制の初見とする天暦元年十一月十三日太政官符〈『政事要略』所収〉も服飾の過差についての禁制である）、やがて荘園整理なども新制によって繰り返し実行された。鎌倉期になって幕府も同様の「新制」を発布するようになり、それが「武家新制」と称されたので、天皇・院の発布したものは「公家新制」と称されるようになった。

この弘長三年八月十三日宣旨（蔵人頭大蔵卿藤原（日野）光国奉による口宣様式）による「公家新制四十一箇条」は、そうした公家新制の特質を端的に示すものとしてよく知られている。

本書は『明法条々勘録』（本巻所収）と同じく元来の表紙である内表紙に「法眼和尚位」として花押を据えた「清玄」（笠松一九八一では「範藝」説であった。詳しくは『明法条々勘録』解題参照）が書写を命じたもので、興福寺塔頭の大乗院に伝えられたものである。『明法条々勘録』など一連の大乗院什物は明治二十一年（一八八八）前後に一括して内閣文庫に売却された。

写本としては他に国立国会図書館（『三代制符』と合冊）と天理図書館とに架蔵されているが（『国書総目録』による）、国立国会図書館本は、本書の転写本であり、それを翻刻したものが『続々群書類従』七に掲載されている。本書を底本として翻刻されたものとしては、『明法条々勘録』と同じく『日本思想大系』22中世政治社会思想・下および『中世法制史料集』6公家法 公家家法 寺社法などがある。また制符抜萃（田中穣氏旧蔵典籍古文書）中に計一一条のみが（これについては後藤がその論文末尾に翻刻して掲載している）、『師守記』康永三年六月二十四日条に計一条のみが引用されている。

この総計四一条にものぼる長大な新制が学界で注目された一つの大きな理由は、鎌倉将軍たるわが子宗尊親王の上洛を待つ後嵯峨上皇の朝廷が、前々年に立法した、やはり長大な（御成敗式目を上回る）六一条にものぼる「関東新制条々」に対応する「京都新制」であって、東西両政権が相呼応して立法するという、相互の蜜月時代を象徴する出来事であったからだとされる（笠松一九八一）。その裏付けとしては、守護・地頭らによる海賊山賊禁断といった諸国治安維持令ともいうべきものが、それまでは公家新制を受けて立条されてきたのに対し、「関東新制条々」では御成敗式目を典拠としていること、それに対応するように、弘長新制にはその条項を欠いていることとが指摘されている（羽下一九七五）。ただし近年、本新制に幕府への対抗心をこめた後嵯峨上皇の「徳政」意識を見出そうとする研究も現れてきている（稲葉一九九三他）。

その具体的内容については稲葉一九九三が簡潔に整理しているので、以下にそれによって掲出する。

・伊勢神宮を中心とする神社・寺院関係の条文（一〜一三、三三、四〇、四一条）

・衣服などの過差の禁令（二八〜三二、三九条）

・朝廷公事関係の条文（一四〜二七条）

・京中の治安維持や検非違使庁の職務に関する条文（三四〜三七、三九条）

・殺生禁断に関する条文（四〇、四一条）

前述したように、新制は過差禁断に関するものが普通であるが、本新制は、右に明らかなようにそれにとどまらない広がりを持つものである。とくに朝廷公事関係の条文（本巻六八頁以下）にはみるべきものが多い。諸院宮の年給（一四条）、任官（一六条）、知行国（一九条）の改革や、紀伝道他の儒士に対する課試の実施（一五条）などは王朝の官僚秩序の再建を目指すものであり、訴訟時の賄賂の禁止（二一条）、荘園における本家・領家の争いの調停（二二条）、民間訴訟における寄沙汰・点定物の禁止（二三条）は、王朝自らが裁判に実質的に関わることを試みるものとして注目される（稲葉一九九三他）。

なお本新制個々の条文中の語句註や解釈などについては、『日本思想大系』22中世政治社会思想・下が詳細を究めるので、それを参看されたい。

【参考文献】

稲葉伸道「公家新制と寺辺新制―興福寺寺辺新制を中心に―」（『名古屋大学文学部研究論集』XCV史学三二、一九八六年。後に同『中世寺院の権力構造』に再録）

稲葉伸道「新制の研究―徳政との関連を中心に―」（『史学雑誌』九六―一、一九八七年）
稲葉伸道「弘長新制」（『日本史大事典』3、平凡社、一九九三年）
笠松宏至「鎌倉後期の公家法について」「解題（公家思想〈弘長三年八月十三日　宣旨〉）」（『日本思想大系』22中世政治社会思想・下、岩波書店、一九八一年）
後藤紀彦「『田中本　制符』―分類を試みた公家新制の古写本―」（『年報中世史研究』五、一九八〇年）
佐藤進一「本書の構成について」（『日本思想大系』22中世政治社会思想・下、岩波書店、一九八一年）
佐藤進一・百瀬今朝雄・笠松宏至編『中世法制史料集』6公家法　公家家法　寺社法（岩波書店、二〇〇五年）
羽下徳彦「領主支配と法」（『岩波講座日本歴史』5中世1、岩波書店、一九七五年）
三浦周行「新制の研究（第一回～第七回）」（『法学論叢』一四―六、一五―一、二、四～六、一六―一、一九二五～六年。後に同『日本史の研究』新輯一に再録）
水戸部正男『公家新制の研究』（創文社、一九六一年）

（小口雅史）

法曹類林　鎌倉後期写　三巻　重一―二

著者　藤原通憲（信西入道、一一〇六～一一五九）編とされる。

装訂　巻子装（木軸付き）。斐紙。全巻裏打修補。三巻とも同じ装訂。料紙の法量については末尾の法量表参照。

表紙　後補濃紺色表紙。

外題　（巻一九二）墨書外題簽「法曹類林」

（巻一九七）墨書外題簽「法曹類林」

（巻二〇〇）墨書外題簽「法曹類林」

外題の筆跡は三巻同筆。

内題　（巻一九二）「法曹類林巻第百九十二」

（巻一九七）「法曹類林巻第百九十七」

（巻二〇〇）「法曹類林巻第二百」

本文　（巻一九二）一紙概ね一九行。漢文。

（巻一九七）一紙一六行。漢文。

（巻二〇〇）一紙概ね一九行。漢文。

紙数　（巻一九二）五紙。加えて遊紙一紙（後補）・軸付紙一紙（後補）あり。

（巻一九七）一紙。加えて遊紙一紙（後補）・軸付紙一紙（後補）あり。

（巻二〇〇）二五紙。加えて遊紙一紙（後補）・軸付紙一紙（後補）あり。

奥　題

（巻一九二）後欠につき不明。

（巻一九七）後欠だが、その後欠部分に当たる尊経閣文庫本により奥題のないことが知られる。

（巻二〇〇）なし。

奥　書

（巻一九二）後欠につき不明。

（巻一九七）後欠だが、その後欠部分に当たる尊経閣文庫本により「嘉元二年六月一日書写校合畢」との奥書のあることが知られる。

（巻二〇〇）「嘉元二年六月八日書写校合了／貞顕」（「／」は改行を示す）

伝　来

金沢文庫（称名寺管理、「金澤文庫」重郭長方黒印）→加賀・前田家（延宝五年〔一六七七〕購入、『加賀松雲公』・『松雲公小伝』）→江戸幕府（紅葉山文庫、享保七年〔一七二二〕前田家より献上、『幕府書物方日記』・近藤正斎『楓山貴重書目』・同『右文故事』・同『好書故事』）→大学校（明治二年〔一八六九〕一〇月、「大學校圖書之印」単郭方朱印）→大学（明治二年〔一八六九〕一二月、「紅葉山本」単郭長方朱印）→大史局（明治三年〔一八七〇〕）→太政官正院式部寮（明治四年〔一八七一〕）→太政官正院歴史課（明治五年〔一八七二〕、「秘閣圖書之章」単郭方朱印）→修史局（明治八年〔一八七五〕）→修史館（明治一〇年〔一八七七〕）→太政官文庫（明治一七年〔一八八四〕）→内閣文庫（明治一八年〔一八八五〕、「日本政府圖書」単郭方朱印・「内閣文庫」単郭方朱印）→国立公文書館内閣文庫（昭和四六年〔一九七一〕）→独立行政法人国立公文書館（平成一三年〔二〇〇一〕）

解　説

『法曹類林』は平安末期に藤原通憲によって編纂されたといわれる法制書で、明法家による問答や勘文等が集成されている。本書が『通憲入道蔵書目録』に見えないことから、かつては彼の編著であることを疑問視する見解もあったが、この目録は通憲の蔵書ではなく、院政期の天皇家ゆかりの文庫の蔵書リストであるとの有力な新説が田島公氏によって近年提唱されており、ここでは『本朝書籍目録』の記載に従って通憲の撰と見ておきたい。

本書は二三〇巻（一本に七三〇巻）に及ぶ大部なものであったが、現存するのは以下の巻のみである。

①巻一九二　寺務執行十七（国立公文書館ほか）

②巻一九七　公務五（国立公文書館・前田育徳会尊経閣文庫ほか）

③巻二〇〇　公務八（国立公文書館ほか）

④巻二二六　公務卅四（宮内庁書陵部ほか。『明法肝要鈔』に引用されたもの）

⑤巻次不明断簡（称名寺）

ここに影印する国立公文書館所蔵の金沢文庫旧蔵本（嘉元二年〔一三〇四〕前後に金沢貞顕〔一二七八～一三三三〕が書写せしめたもの。昭和三〇年〔一九五五〕に重要文化財の指定を受ける）は①（全五紙のうち巻一九二は第一紙と第五紙だけで、第二紙から第四紙までは巻次不明の断簡が攙入したものである。両者は異筆）・②（第一紙のみ。第二紙以下は前田育徳会尊経閣文庫所蔵。本文一筆）・③（本文は一筆だが、奥書の金沢貞顕の筆跡とは異なる）に当たり、近世以後に書写された新写本の祖本となるものである。享保七年（一七二二）に前田家から江戸幕府へ献上された時点では表紙と軸が付いていなかったが、近藤正斎『楓山貴重書目』（国立公文書館所蔵、一冊、請求番号　二一九―一九四）により文化一四年（一八一七）にそれらが加えられたことが知られる。現在の濃紺色表紙（題簽貼り）・金属製発装・薄茶色組紐・木軸という三巻共通の装訂はこの時まで遡るものと思われる（ただし、巻一九七の組紐は他の二巻のそれより新しいようである）。

以下、原本調査で確認した本写本についての所見を述べておきたい。

Ⅰ　書き入れ

ａ朱合点

項目を区別するために付されたと思われるもので、巻一九七に一箇所（第一紙四行目）、巻二〇〇に七箇所（第一五紙一七行目、第一六

紙一四・一七行目、第一七紙一・一七行目、第一八紙三行目、第二二紙八行目）見える。

b頭書

ほとんどは内容に関わる首書的なもの（全て朱書）であるが、巻二〇〇の第一五紙五行目の「資十四」（墨書）と一七行目の「類聚判集四」（朱書）は引用史料の出典を示したものと考えられる。前者の「資」は不明であるが、後者の「類聚判集」は既に先学が指摘されているように『本朝書籍目録』に「類聚判集　百巻」と見える逸書であろう。これらの頭書は一筆と考えられるが、本文とは異筆である。なお、巻二〇〇の第二三紙一一行目の「小草」という朱書も頭書と同筆のようである。

cヲコト点・送り仮名

巻二〇〇の第七紙五行目から一五行目までに朱で書き入れられている。

d校異

本写本には挿入符による文字の追補（巻一九二・二〇〇）、原文を朱線で囲っての抹消（巻一九二）、校訂註の傍書（巻二〇〇）、原文字を擦り消しての重ね書き（巻二〇〇）等の校異が施されているが、影印では原文字の判読しがたい場合が多い巻二〇〇の重ね書きの箇所について以下に示しておく。

第三紙七行目　重書「寛」（上半分のみ重ね書き）←原文字、不明
第六紙一五行目　重書「参議」（この行に三箇所あるうちの二番目）←原文字、不明
第九紙六行目　重書「何」←原文字「是」
第一五紙一行目　重書「謝」（「言」の部分のみ重ね書き）←原文字「身」
第一五紙一八行　重書「記」←原文字、不明
第一六紙五行目　重書「別甄」（「甄」の次は擦り消しの上に文字なし）←原文字「甄別甄」
第一八紙四行目　重書「入」←原文字「之」

第一九紙四行目　重書「職」←原文字、不明
第二〇紙四行目　重書「掃」←原文字、不明
第二二紙一行目　重書「七」←原文字「八」
第二二紙一八行目　重書「彼」←原文字「此」
第二三紙九行目　重書「享」←原文字、不明
第二三紙一二行目　重書「勞」（「力」の部分のみ重ね書き）←原文字、不明

Ⅱ　料紙の法量

法量表に示したように、本書の紙幅は四九・五センチメートル前後、界幅は約二・六センチメートルであり、一紙の行数は一九行が標準となっている。これは巻一九二と巻二〇〇で共通しており、第一紙のみで後欠の巻一九七に関しても第二紙以下に当たる尊経閣文庫本の法量から他の二巻と同様であることが知られる。ただし、各巻の第一紙は標準の紙幅より短くなっており、おそらくこれは文化一四年（一八一七）に表紙・遊紙が付けられた際、巻首の余白数行分を切断したことによると考えられる。これ以前は表紙が付けられていなかったということなので、巻首部分に傷みがあった可能性が高い。また、巻二〇〇の巻末の第二五紙も標準の紙幅よりわずかに短いが、これも同年、表紙・遊紙と共に軸付紙・軸が付けられた際に左端が断ち落とされたのであろう。さらに巻一九二の第五紙（現状では巻末に置かれた料紙であるが、後欠のため本来の巻末の料紙ではない）の紙幅が四四・一センチメートルと標準より短く、二行分が料紙の右端または左端で切断されたものと思われるが、この切除の理由は現時点では不明である。

【参考文献】
近藤正斎「右文故事」（『近藤正斎全集　第二』国書刊行会、一九〇六年）
近藤正斎「好書故事」（『近藤正斎全集　第三』国書刊行会、一九〇六年）

近藤磐雄『加賀松雲公　中巻』（羽野知顕、一九〇九年）
藤岡作太郎『松雲公小伝』（高木亥三郎、一九〇九年）
山田孝雄「法曹類林　巻第百九十七」（『典籍説稿』西東書房、一九五四年、初出『法曹類林巻第百九十七』古典保存会、一九二五年）
黒板勝美「法曹類林　凡例」（『新訂増補国史大系　第二十七巻　新抄格勅符抄・法曹類林・類聚符宣抄・続左丞抄・別聚符宣抄』国史大系刊行会、一九三三年）
石井良助「金沢文庫を探りて」（『国家学会雑誌』四七―一〇、一九三三年）
和田英松「法曹類林　七百卅巻」（『本朝書籍目録考証』明治書院、一九三六年）
宮内庁書陵部「法曹類林　藤原通憲撰」（『図書寮典籍解題　続歴史篇』養徳社、一九五一年）
内閣文庫「法曹類林解説」（『内閣文庫蔵法曹類林』内閣文庫、一九五七年）
太田晶二郎「『法曹類林巻第二百廿六』弁」（『太田晶二郎著作集　第二冊』吉川弘文館、一九九一年、初出『日本歴史』一三八、一九五九年、再録『新訂増補国史大系月報』一三、一九六五年）
岩橋小彌太「少納言入道信西」（『國學院雑誌』六〇―六、一九五九年）
岩橋小彌太「法曹類林」・「明法肝要鈔」（『群書解題　第六巻』続群書類従完成会、一九六〇年）
岩橋小彌太「法曹類林」（『群書解題　第十九巻』続群書類従完成会、一九六一年）
皆川完一「法曹類林断簡」（『新訂増補国史大系月報』一三、一九六五年）
山本武夫「徳川幕府の修史・編纂事業　四―記録・古文書の捜索―」（『新訂増補国史大系月報』一六、一九六五年）
福井保『内閣文庫書誌の研究』（青裳堂書店、一九八〇年）
福井保『紅葉山文庫』（郷学舎、一九八〇年）
国立公文書館内閣文庫編『改訂増補内閣文庫蔵書印譜』（国立公文書館、一九八一年）

国立公文書館編『内閣文庫百年史　増補版』（汲古書院、一九八六年）
西岡芳文「金沢文庫新出の『法曹類林』残巻について」（『金沢文庫研究』二九二、一九九四年）
西岡芳文「金沢文庫新出の『法曹類林』残巻について（補遺）」（『金沢文庫研究』二九三、一九九四年）
西岡芳文「法曹類林」（『国史大系書目解題　下巻』吉川弘文館、二〇〇一年）
田島公「典籍の伝来と文庫　古代・中世の天皇家ゆかりの文庫・宝蔵を中心に」（『日本の時代史30歴史と素材』吉川弘文館、二〇〇四年）
吉岡眞之「尊経閣文庫所蔵『法曹類林』解説」（『尊経閣善本影印集成35―2法曹類林』八木書店、二〇〇五年）

（鹿内浩胤）

法量表

【巻百九十二】

紙数	縦	横	右糊代分	界幅	界高	備考
表紙	28.9	18.8	—	—	—	発装折返シ1.2 横は左糊代分0.3を含まず
遊紙	28.9	37.4	—	—	—	右端は表紙の上に貼継
第１紙	28.9	41.1	0.3	1.6	23.2	二行目界幅2.6
第２紙	28.9	49.5	0.2	2.6	23.2	
第３紙	28.9	49.4	0.2	2.6	23.2	
第４紙	28.9	49.4	0.3	2.6	23.2	
第５紙	28.9	44.4	0.2	2.6	23.2	
軸付紙	28.9	38.1	0.3	—	—	
軸						径2.4　長30.4

【巻百九十七】

紙数	縦	横	右糊代分	界幅	界高	備考
表紙	28.9	19.1	—	—	—	発装折返シ1.2 横は左糊代分0.3を含まず
遊紙	28.9	37.2	—	—	—	右端は表紙の上に貼継 横は左糊代分0.2を含まず
第１紙	28.9	43.2	—	2.2	23.2	右端は遊紙の上に貼継 二行目界幅2.6
軸付紙	28.9	38.1	0.3	—	—	
軸						径2.4　長30.4

【巻二百】

紙数	縦	横	右糊代分	界幅	界高	備考
表紙	28.8	22.6	—	—	—	発装折返シ1.0 横は左糊代分0.3を含まず
遊紙	28.8	37.6	—	—	—	右端は表紙の上に貼継
第１紙	28.8	46.2	0.3	1.8	23.2	二行目界幅2.6
第２紙	28.8	49.4	0.2	2.7	23.2	
第３紙	28.8	49.6	0.2	2.7	23.2	
第４紙	28.8	49.4	0.2	2.6	23.2	
第５紙	28.8	49.5	0.2	2.6	23.2	
第６紙	28.8	49.5	0.2	2.6	23.2	
第７紙	28.8	49.5	0.2	2.6	23.2	
第８紙	28.8	49.6	0.3	2.6	23.2	
第９紙	28.8	49.5	0.2	2.6	23.2	
第10紙	28.8	49.5	0.2	2.6	23.2	
第11紙	28.8	49.6	0.3	2.7	23.2	
第12紙	28.8	49.5	0.2	2.7	23.2	
第13紙	28.8	49.6	0.2	2.6	23.2	
第14紙	28.8	49.5	0.2	2.6	23.2	
第15紙	28.8	49.7	0.2	2.6	23.2	
第16紙	28.8	49.2	0.2	2.6	23.2	
第17紙	28.8	49.5	0.2	2.6	23.2	
第18紙	28.8	49.5	0.2	2.6	23.2	
第19紙	28.8	49.5	0.2	2.6	23.2	
第20紙	28.8	49.5	0.2	2.6	23.2	
第21紙	28.8	49.4	0.2	2.6	23.2	
第22紙	28.8	49.4	0.2	2.6	23.2	
第23紙	28.8	49.3	0.3	2.6	23.2	
第24紙	28.8	49.5	0.3	2.6	23.2	
第25紙	28.8	48.8	0.3	2.6	23.2	
軸付紙	28.8	37.2	0.2	—	—	
軸						径2.4　長30.4

〔註〕　1．単位はセンチメートル。
2．「縦」は各紙右端の計測値を、「横」は地部の計測値を示した。
3．「横」は「右糊代分」の計測値を含まず。
4．「右糊代分」は各紙右端の上端部の計測値を示した。
5．「界幅」は各紙右端１行目上部の計測値を示した。
6．「界高」は各紙右端の行の計測値を示した。
7．特記する箇所以外は右の料紙を上にして貼り継いでいる。

法隆寺伽藍縁起幷流記資財帳　近世（一八世紀末）写　一冊　一九二―一三二

装訂　冊子装。袋綴四ツ目綴。縦二九・七センチ×横二一・四センチ
表紙　甘露寺家旧蔵本のまま。
外題　（後補表紙）（原表紙）墨書直書「法隆寺」
本文　毎半葉一〇行
紙数　墨付三二丁
旧蔵　甘露寺家。「甘露寺家献本目録」（『甘露寺家記録類目録』内閣文庫、二一九―一五七）に「法隆寺　一冊」とみえる。

解説

伽藍縁起流記資財帳とは、寺院の建物、創立の由緒や経緯、また主要な寺財・寺宝などを列挙して実物と対照できるように書き上げたものである。「流記」とは、一般には、末尾に「仍為恒式、以伝遠代」（本巻二七〇頁）などと記されることから、後世に伝える記録、ないし後世まで保管して永例とする資財帳のことと理解されているが、それだと「伽藍縁起」と「流記資財帳」が「幷」で並列的に記されていることにより、伽藍縁起を後世まで保管する必要がないかのようにも考えられる。そこで、「流記」を本資財帳にも随処にみられるごとく、資財の流動形態の記録と理解する学説もある（松田二〇〇一）。

史料的には縁起類の成立の方が古く、推古三十二年（六二四）紀九月丙子条に「比曽寺」の縁起が利用されているのが初見であるが、その実在性は疑わしい（水野一九五七）。資財帳の初見記事は、大化元年（六四五）紀八月癸卯条に「巡行諸寺、験僧尼・奴婢・田畝之

実而盡顕奏」とあるものであるが、これについても確証はない。ただ、縁起についてはおそらくは天武朝までには成立していたことが推測されている（水野一九五七）。

各寺院の田地、すなわち寺田については、和銅六年（七一三）紀二月壬子条に度量衡について「因諸寺田記錯誤、更為改正」とみえ、寺田が田記によって政府に管理されていたことが知られるが、同十月戊午条では制限を超えた寺田の還収が命じられており（法隆寺田もその影響を受けている）、寺財のうち田地の管理は早くから厳しく行われていたらしい。この田記改正が縁起資財帳の成立に関連するとも考えられている（山本一九五九）。ちなみにそれに先立つ和銅二年十月廿五日の日付をもつ弘福寺水陸田目録が存在するが、あるいはこれは田記のあり方を推測できる史料かもしれない（水野一九五七・石上一九八七）。

霊亀二年（七一六）紀五月庚寅条には、寺院統制策の一環として、寺院財産の「相対撿挍」「分明案記」が命じられており、資財帳が成立した。そして天平十九年（七四七）に至って、寺院財産目録に縁起が附属した「伽藍縁起幷流記資財帳」が成立している。現存するものとしては、法隆寺・大安寺・元興寺のそれがあり、また弘福寺にも同様のものがあったことは確実である。縁起類と資財帳とが結びつく積極的理由は見出せないとも言われているが（松田二〇〇一）、しかし寺院を管理する立場からすれば、大寺については成立に国家が強く管理しているのが通常であって、成立の由来と寺院財産は不可分のものとも言えよう。

この法隆寺伽藍縁起幷流記資財帳（以下、「本書」と略称する）についてであるが、他の同年の資財帳と同じく原本は伝来していない。写本は多数知られているが（是沢一九六五、『国書総目録』七、石上一九七六）、初めて本格的に諸本の悉皆調査を試みた石上英一によって、現存最古と考えられる法隆寺所蔵折本（元来巻子本であったが、明治二十一年に折本に改められた）、法隆寺所蔵巻子本、本巻に収める旧内閣文庫甲本（旧内閣文庫には、もう一本、伴信友本系の乙本〈一九二一―一三〇〉がある）が重要な写本であることが明らかにされている（石上一九七六）。

刊本としては、早くから『国華』二五、『大日本古文書』二、『大日本仏教全書』寺誌叢書一、『古代文化研究参考文献集』一、『続群書類従』巻七九八、『寧楽遺文』宗教編などに収められたものがあるが、わずかに『大日本仏教全書』寺誌叢書一が法隆寺所蔵巻子本を利用しているのみで、法隆寺所蔵折本や旧内閣文庫甲本を直接に利用したものがないこと（石上一九七六）に注意が必要である。なお松田二〇〇一には、法隆寺所蔵折本による最新の全文翻刻が収められている。

本書は、末尾の記載（本巻二七七頁以下）によれば、天平十八年の僧綱所牒を受けて、縁起と資財を書き上げて提出したもので（僧綱の寺院財産管理については小口一九八〇参照）、上座以下法隆寺三綱の署名が据えられている。それに対して大僧都以下の僧綱署判が加えられた（二七八頁）。冒頭には「法隆寺　　　上」とあるが、これは早く狩谷棭斎（高野山大学附属図書館所蔵三宝院旧蔵本扉の貼紙）や伴信友（旧内閣文庫乙本の按文）が推測したように「法隆寺三綱言上」とあったものであろう。藤貞幹は、この「上」を上巻と解して、下巻が失われたことを歎くが、それは誤りであろう（石上一九七八）。ただし貞幹の見解を再検討する必要を説く説もある（是沢一九六五）。

縁起部分では推古天皇と聖徳太子による法隆寺・四天王寺・中宮寺・橘寺などの建立から始めて、食封三〇〇戸の施入、聖徳太子による法華経・勝鬘経などの講義、それに対する布施としての播磨国佐西地五〇万代施入と聖徳太子による法隆寺他へのその地の再施入などが記される。また資財部分では多数の仏像から始めて（菩薩・天部の項が脱落しているとする説もある〈東野二〇〇五〉）経典類、僧侶数、金銀や器具・仏具・雑具などに及び、最後は寺地内部の建物、奴婢、水田や庄倉、食封三〇〇戸（神亀四年（七二七）に停止）などで結ぶ。

しかし本書は、かなり早い段階で原本が失われることとなった。これが「再発見」されたのは寛政七年（一七九五）五月のことで、京都法林寺で行われた法隆寺出開帳に際して、観心寺蓮蔵院にあった写本（現在は行方不明）を、湮滅を恐れて上田秋成・橋本経亮らが書写して法隆寺に奉納しているが、それが法隆寺所蔵折本である（石上一九七八・高田一九八三）。この出開帳に際しては、橋本経亮と親交のある藤貞幹も本書を書写しており、またこの時、『法隆寺宝物図』を藤貞幹らと共に撰した甘露寺国長も同じ写本を手にした（石上一九七八）。本巻に収める旧内閣文庫甲本は、観心寺蓮蔵院蔵古写本に連なる、今は失われた藤貞幹自筆本と兄弟関係にある貴重な写本であると考えられる。

貞幹系の写本は多数知られている。その多くには貞幹の識語を伝えるものが多いが、旧内閣文庫甲本には識語はない。しかし旧内閣文庫甲本には、折本が写さなかった界線が、首尾だけではあるが書写されている（二一五・二一七頁）ことは貴重である。界線まで書写したものとしては他に京都大学附属図書館所蔵平松本が知られており、この平松本には貞幹の識語もある。寛政七年五月からそうくだらないころの成立と推測されている（石上一九七八）。

以上のように、本書の再発見が寛政七年まで下ることから、その伝来について疑わしい点があること、また縁起部分の内容に疑わしい点があることなどから、偽撰説も存在する（岡田一九六九・一九八〇・一九八九、田中一九七一他）。しかし石上は、関連史料を丹念に博捜し、延元元年（一三三六）寺領顚倒注文（法隆寺文書）、文安五年（一四四八）の『太子伝玉林抄』などの記述内容から、それぞれの時点で本書が存在した可能性が高いとし、また縁起の記述内容そのものについての岡田や田中の偽作説についても逐一反証を加えている（石上一九八七）。現時点では、石上説に分があると考えるが、ただ岡田はなお石上説について繰り返し反論を試みており、石上自身も「現存資財帳は天平十九年に撰録されたものかどうかは未だ問題が残されている」ともしている（石上一九八七）。本書の真偽は、七世紀にさかのぼる大寺院の大土地所有（法隆寺の場合には鵤庄）のあり方を解明するための数少ない素材の真偽に直結するだけに、今後の研究の進展を俟ちたい。

【参考文献】

石上英一「法隆寺伽藍縁起幷流記資財帳諸写本の伝来」（『東京大学史料編纂所報』一〇、一九七六年。後に同『古代荘園史料の基礎的研究』上に再録）
石上英一「『法隆寺伽藍縁起幷流記資財帳』の伝来」（井上光貞博士還暦記念会編『古代史論叢』中、吉川弘文館、一九七八年。後に同『古代荘園史料の基礎的研究』上に再録）
石上英一「弘福寺文書の基礎的考察—日本古代寺院文書の一事例—」（『東洋文化研究所紀要』一〇三、一九八七年。後に同『古代荘園史料の基礎的研究』上に再録）

岡田芳朗「『法隆寺伽藍縁起幷流記資財帳』について」（『女子美術大学紀要』二、一九六九年）
岡田芳朗「「法隆寺伽藍縁起幷流記資財帳」について」（『四天王寺』四七七、一九八〇年）
岡田芳朗「『法隆寺伽藍縁起幷流記資財帳』の成立」（鶴岡静夫編『古代寺院と仏教』古代史論集3、名著出版、一九八九年）
小口雅史「律令制下寺院経済の管理統制機構―東大寺領北陸庄園分析の一視角として―」（『史学論叢』九、一九八〇年。後に同『デジタル古文書集日本古代土地経営関係史料集成』東大寺領・北陸編に再録）
是沢恭三「法隆寺縁起資財帳」（『群書解題』一八下、続群書類従完成会、一九六五年）
高田良信「解説」（『法隆寺史料集成』一、ワコー美術出版、一九八三年）
田中重久「聖徳太子建立七寺に関する新説　四天王寺・法隆寺両伽藍縁起流記資財帳の分析と橘樹寺・橘尼寺・法起寺・池後尼寺・中寺・中宮寺　各別寺説」（聖徳太子研究会編『聖徳太子論集』平楽寺書店、一九七一年。後に同『奈良朝以前寺院址の研究』に再録）
東野治之「法隆寺資財帳は完本か」（『聖徳』一八三、二〇〇五年）
林　幹彌「法隆寺伽藍縁起幷流記資財帳」（『大日本仏教全書』九九解題三、鈴木学術財団、一九七三年）
福山敏男「法隆寺流記資財帳の研究」（『夢殿』一二、一九三四年。後に同『日本建築史研究　続編』に再録）
松田和晃『索引対照　古代資財帳集成』奈良期（すずさわ書店、二〇〇一年）
水野柳太郎「大安寺伽藍縁起幷流記資財帳について」（『南都仏教』三、一九五七年。後に同『日本古代の寺院と史料』に再録）
水野柳太郎「法隆寺伽藍縁起幷流記資財帳の一考察（上）（下）―土地関係記事について」（『続日本紀研究』一四三、一四六、一九六九年。後に同『日本古代の寺院と史料』に再録）
山本　明「縁起資財帳成立に関する一考察―法隆寺伽藍縁起並流記資財帳を中心として―」（『和洋女子大学紀要』四、一九五九年）

（小口雅史）

広隆寺縁起　明応三年（一四九四）写　一冊　一九二―一二九

装訂　冊子装。袋綴四ツ目綴。縦二八・二センチ×横二〇・六センチ

外題　墨書直書「法隆寺」

本文　毎半葉一六字×八行（冒頭は七行）。全文一筆、一部朱書あり（『御供養之記』＝本巻三一四頁）

紙数　墨付二二丁

奥書　「明応三年甲寅七月廿五日、一見之次卒尓書之。為寺家後見計也。重而可清書之。金剛仏子済承」

印記　「昌平坂学問所」（表紙・奥書末）・「林氏之蔵書」「浅草文庫」（本文冒頭）

旧蔵　林家（昌平坂学問所）。後に浅草文庫

解説

京都太秦の飛鳥時代創建という古刹広隆寺についての縁起の一つ。広隆寺の縁起ないし資財帳としては、いずれも九世紀後半の成立で現在も広隆寺に伝えられている『広隆寺縁起資財帳』『広隆寺資財交替実録帳』（いずれも国宝）、あるいは『朝野群載』巻二に引かれた承和三年（八三六、一説には承和五年）成立の『広隆寺縁起』が著名である。

また中世になって作成された縁起としては『山城州葛野郡楓野大堰郷広隆寺来由記』があり（以下『来由記』と略称する）、これは『群書類従』巻四三〇、『大日本仏教全書』一一九寺誌叢書三に収められたためによく知られている。この『来由記』奥書には「明応八年己未七月上澣記之／権僧正済承春秋五十八」とあるから、同じ済承によって明応八年に書写されたのが本巻所収の『広隆寺縁起』（以下

『縁起』と略称する）であって、両者には密接な関係があることが推測される。『縁起』の奥書には「一見之次卒尒書之。為寺家後見計也。重而可清書之」とあるから、それをうけて「重ねて清書」されたのが、『来由記』であろう。

『縁起』は、広隆寺の濫觴を推古天皇十二年（六〇四）の聖徳太子と秦河勝による創建に求め、ついで寺院内の構築物、勧請神の一覧、寺号一覧、秦氏系図などを記す。そしてあらためて太秦の地名説話から始めてその歴史に触れ、武蔵守藤原信頼による造営終了を述べ、また永万元年（一一六五）の供養における願文を引用し、最後にその供養の関係者一覧と各人への布施などについて記して結ぶ。成立の上限は、後嵯峨院の代（一二四一～四五。二九七頁）。

この『縁起』は、近世にはそれなりに利用されていたらしいが（『山城名跡志』『山城名勝志』などが『縁起』を引用している）、近代歴史学において利用されることはなかった。その『縁起』を「再発掘」したのは川尻秋生である。川尻は、平安期の広隆寺の歴史の検討が不十分なこと、また鎌倉時代以後に盛行する聖徳太子信仰及び弥勒信仰の陰に隠され、平安期の広隆寺の本尊が薬師如来であったことがあまり評価されていないとし、その問題を解明するために『縁起』と『来由記』とを比較分析した（川尻一九八九）。

川尻は、『縁起』にみえる長和三年（一〇一四）五月五日に貴賤老少が多数広隆寺に参詣した旨の記事（二八七頁）について、『日本紀略』『小右記』同日条に関連記事があること、また五月五日が選ばれたのは『縁起』にみえる延暦十六年（七九七）五月五日に薬師像が光明を放ったという記事に関わることを明らかにする。しかもその内容は『小右記』よりも正確なのである。『来由記』が、寺家に伝わる記録を参照して作成されたことは早く指摘されていたが（益田一九七三）、『縁起』も同様な作業を行っていたと考えられる。

また川尻は、本尊の薬師如来が、山城国乙訓郡の乙訓社の坑から造られたもので、霊験あらたかなものとして衆庶の信仰を集めていたこと、それで延暦十二年十二月庚戌に大原寺に遷置されたとあること（二九一頁以下）といった記述に注目する。同内容の記事が『日本紀略』延暦十三年十二月庚戌条にみえるが、紀年記事の書き方の通例から、『縁起』が『日本紀略』ではなく『日本後紀』をみていた可能性を指摘する。つまり『縁起』には『日本後紀』逸文が含まれている可能性が高いのである。その他、川尻は『日本後紀』逸失部分を『縁起』から復元できる可能性を種々指摘している。なお『縁起』全文は、その後、やはり川尻によって翻刻されているのであわせて参照されたい（川尻一九九〇）。

本書の伝来は明確ではない。印記の項にも記したように、「昌平坂学問所」「林氏之蔵書」印があることから、林羅山以降、ある段階で林家の蔵書となり、昌平坂学問所開設後はそこに収められ、明治になって公開図書館浅草文庫に移管されたことのみ知られている。林家以前の伝来過程については全く不明である。

【参考文献】

石井英雄「広隆寺資財交替実録帳」（『群書解題』一八下釈家部（四）、続群書類従完成会、一九六五年）
川尻秋生「広隆寺資財帳及び広隆寺資財交替実録帳について」（『古文書研究』三一、一九八九年）
川尻秋生「内閣文庫所蔵『広隆寺縁起』について—広隆寺と薬師信仰—」（『千葉県立中央博物館研究報告（人文科学）』一、一九八九年）
川尻秋生「資財帳と交替公文—広隆寺帳を中心として—」（『日本歴史』五〇三、一九九〇年）
川尻秋生「内閣文庫所蔵『広隆寺縁起』」（『寺院史研究』一、一九九〇年）
下出積與「山城州葛野郡楓野大堰郷広隆寺来由記」（『群書解題』一七釈家部（一）、続群書類従完成会、一九六二年）
中村修也「広隆寺縁起資財帳　広隆寺資財交替実録帳」（『週刊朝日百科』一一二一日本の国宝15京都／広隆寺、朝日新聞社）
益田　宗「広隆寺資財交替実録帳」「広隆寺縁起」「山城州葛野郡楓野大堰郷広隆寺来由記」（『大日本仏教全書』九九解題三、鈴木学術財団、一九七三年）
林　南壽「『朝野群載』所収の「広隆寺縁起」について」（『早稲田大学大学院文学研究科紀要』四二（三）、一九九七年）

（小口雅史）

清獬眼抄　　江戸時代前期写　　一冊　　一七九―一四六

著　者　未詳。清原季氏と推定する説がある。
装　訂　冊子装。袋綴四ツ目綴。縦三一・一センチ×横一九・八センチ
外　題　「清獬眼抄　全」(朱)、雲紙の外題簽。
本　文　毎半葉　約二〇字×九行
紙　数　墨付五十三丁
奥　書　なし。
印　記　「秘閣図書之章」「日本政府図書」。ほかに「金沢文庫」印の模写あり。
旧　蔵　紅葉山文庫

解　説

本書は検非違使の作法や装束等について、関係する書物や検非違使の日記等を引用してその前例を示したもの。書名の清は清原氏の意と考えられ、また獬は人の正邪をよく見分けるという想像上の獣「獬豸」に由来し、法官の例えでもあることから、検非違使を意味しているのであろう。

本文の冒頭に「凶事」とあることや『大夫尉義経畏申記』(群書類従巻百八)には正月一日の検非違使の装束等を本書より引用することから、もとは多岐にわたる大部の書と推定されるが、現存するのは凶事部の流人・焼亡のことのみである。

本文に引用される書物や記録には、『西宮抄』、『雑例』、『使雑事』、『後清録記』、『宗河記』、『宗金記』、『隆方卿記』などがあるが、圧倒的に多く引用されるのは『後清録記』（清原季光日記）であり、本書は清原氏と深い関わりがあると考えられる。五味文彦は、清原季光の孫にあたると推定される清原季氏が、鎌倉幕府の推挙によって検非違使となるべく鎌倉へ下る際にまとめたものとする（五味二〇〇三）。

本書の内容上の特徴について、五味の検討を参考にしつつまとめると、①検非違使自身の記した記録をまとまった形で収めること、②検非違使に関する文書を多く収めること、また副次的なことではあるが③治承元年の大火における被災の様子を記した京図を収めることなどが挙げられる。

本書は紅葉山文庫に伝わったものであるが、その架蔵の経緯については近藤守重『右文故事附録』に「金澤本ノ摹本ナリ、松平加賀守獻ス、享保九年二月御庫に収ム」とあり、加賀前田家より献上されたものであることが知られる。

現存する写本は金沢文庫本を祖本としているが、原本は伝わらない。内閣文庫には、本書の他に紅葉山文庫本（特四一―三、天保四年藤原寿栄書写本〈紀宗直本を中原章純が書写したものの写し〉）、甘露寺本（一四六―四九六）、内務省本（一七九―一三九）を蔵する。また宮内庁書陵部（鷹司本・柳原本）、東京大学史料編纂所（徳大寺本・押小路本）、京都府立総合資料館（広橋本）、古代学協会（滋野井本）、神宮文庫、東北大学附属図書館、静嘉堂文庫、彰考館、無窮会、穂久邇文庫などに写本が蔵される。

このうち、宮内庁書陵部所蔵の鷹司本は二冊の取り合わせ本で、いずれも新写本である。第一冊は渋引表紙で、本文は冒頭から「焼亡依神今食無奏例即大理」の項までを収める。第二冊は縹色表紙で外題に「焼亡部」とあり、本文は「雖為大嘗以前并諒闇年被行御仏名無奏事」以降を収める。注目されるのは、第一冊の冒頭に「本紙外題之謄写」と注して外題簽が模写され、また冒頭の五丁までに料紙の虫損の形状が写し取られている点であり、書体も含め、金沢文庫本の形態をよく伝える写本と思われる。冊の切れ目は丁の切れ目に当たることから、第二冊は失われた部分を後補したものであろう。「焼亡部」とする外題もやや不適当であるといえる。諸写本のうちには第二冊に相当する本文のみのものがあり注意を要する。なお江戸時代後期の写本のうちには「以文考」と始まる山田以文の按文および「宗直按」と始まる紀宗直の按文が記されるものがあり、これらの有無が写本系統や書写時期を知る一つの目安となろう。
いま鷹司本第一冊と本書とを比較すると、字配りや行取り、書出しの高さについては両者ともほぼ同じであることが確認でき、本書は清獬眼抄の伝存部分を完備した写本としては、最良のものと位置づけることができよう。

（新井重行）

【参考文献】

『群書解題』公事部「清獬眼抄」（岩橋小彌太氏執筆）、続群書類従完成会、一九六〇年。
五味文彦「家記の編集と利用　法書と検非違使の記録」『書物の中世史』みすず書房、二〇〇三年。
近藤守重「右文故事附録」『近藤正齋全集』二、一九〇六年。

外記宣旨　　江戸写　　一冊　　古四―二三七

編　者　　未詳

装　訂　　冊子装。袋綴四ツ目綴。縦二八・八センチ×横二〇・二センチ

表　紙　　茶色表紙。旧表紙あり（内表紙）

外　題　　（後補表紙）墨書外題簽「外記宣旨　全」

（旧表紙）墨書直書「外記　宣旨第十」とあり、その右傍に朱筆で「百八十五号　五冊ノ内」と記される。抹消線は墨書

内　題　　「外記　宣旨第十」

本　文　　毎半葉七行

紙　数　　墨付二十八丁

奥　書　　なし

旧　蔵　　押小路家

解　説

外記の奉じた宣旨を中心として、史の奉じた宣旨・太政官符・口宣案・勘文などを類聚し編纂した書である。古写本には鎌倉時代の書写とされる財団法人布施美術館所蔵『外記　宣旨第十』一冊（以下布施本と称す）があり、広橋家旧蔵と伝えられている。当本を布施本と比較すると、字配り等が若干相違するものの、傍書・省略箇所・欠損箇所等が合致することから、布施本を江戸期に書写したのが

当本とみてよい。したがって本来の書名は「外記　宣旨第十」ということになる。

本書の全体像は未詳ながら残存した第十は、①院号事、②后宮事、③妃女御更衣事付女御宣旨事、④親王年給別巡給事付女御、⑤臣下年給事、⑥五節二合事の項目を立て、貞観六年（八六四）～建保二年（一二一四）に及ぶ六十数通の文書を収載する（所収文書一覧参照）。その内容を項目ごとに見ていくと、①は女院号宣下とその待遇に関する宣旨がほとんどである。女院以外の例では、「華山法帝」に年官年爵を宛てる宣旨がある。これについては橋本義彦氏が「法帝」の数少ない用例の一つとして紹介し、「法帝」の称が出家した上皇を指すのみならず、太上天皇の尊号を辞退ないし受けなかった上皇の称であることを指摘している。②はすべて中宮職を皇后宮職とする宣旨、③は天皇の外祖父平清盛及び外祖母時子を三宮に准じる待遇とする宣旨と、内親王二人を三宮に准じる待遇とする宣旨の全二通である。④は妃・女御・更衣の補任に関する宣旨、⑤は親王・内親王などの巡給・別巡給に関する宣旨、⑥は大臣以下参議以上の者が五節舞姫を献じた場合に二合を給うことを定めた宣旨である。全体として女院・后妃・女官に関する文書が多いのが特徴と言える。

所収文書の多くは、管見の限りでは本書のみに見られる文書であり、これが本書の史料的価値を高めている。他の史料類に収載されるものでは、『類聚符宣抄』に八通、宮内庁書陵部所蔵『諸官符案宣旨方』（室町写、壬生家旧蔵）に五通、『政事要略』に一通、『大間成文抄』に三通、『魚魯愚抄』に四通（うち二通は大間成文抄と重複）、『中右記』『玉葉』に各一通が確認できる。このうち『類聚符宣抄』に収載される八通の文書と本書を比較すると、本文に異同がみられ、奉者の略し方も相違することから、成立の先行する『類聚符宣抄』から直接抄出したとは認め難い。また、項目③の冒頭部分及びそれに続く官符三通は『諸官符案宣旨方』に合致する。書写の時期差や文字の異同から両者に親子関係は考えにくいが、共通のテキストから抄出された可能性が高い。③の冒頭に「右長案」との文言あることから、当項目に収載の官符・勘文は官文殿もしくは外記の「長案」からの抄出の可能性も考えられる。

本書の成立は布施本の書写年代が鎌倉時代とされており、現存する第十収載文書の下限が建保二年であることなどから、鎌倉時代には成立していたと推察できよう。編者は、全体像が不明なため未詳とせざるを得ないが、中原師平の日記「師平記」の引用や壬生家旧蔵『諸官符案宣旨方』と合致する官符の存在が確認できることなどから、代々外記を輩出し局務を請け負った中原氏もしくは清原氏周辺の人物、あるいは代々大夫史を輩出し官務を請け負った小槻氏周辺の人物を候補に挙げることができよう。

なお、旧表紙外題右傍の「百八十五号　五冊ノ内」との朱筆書き込みは、明治期の献納時に作成された内閣文庫所蔵『押小路師茂献納本書記類目録』（一冊、二一九—一五五）に付された番号に対応している。すなわち該当箇所には「百八十五　諸宣旨目録下知等記合五冊」とあり、献納当時の整理状態が知られる。

翻刻文は、清水潔氏により布施本を底本として『藝林』（三十二巻四号）に掲載されている。

〈所収文書一覧〉※人名・官職名等は記載がなくても、判明するものは（　）にて記した。

編目	No.	文書年月日	奉者等	他の収載史料
院号事	1	永祚二年（九八九）正月二十八日宣旨	大外記中原致時	
	2	正暦二年（九九一）九月十六日宣旨	大外記中原致時	類聚符宣抄四
	3	正暦三年（九九二）正月五日宣旨	少外記滋野（善言）	類聚符宣抄四
	4	寛仁元年（一〇一七）八月二十五日宣旨	大外記小野（文義）	
	5	万寿三年（一〇二六）正月十九日宣旨	大外記清原（頼隆）	類聚符宣抄四
	6	治暦五年（一〇六九）二月十七日宣旨	大外記三善為長	類聚符宣抄四
	7	治暦五年（一〇六九）二月十七日宣旨	大外記（三善）為長	類聚符宣抄四
	8	治暦五年（一〇六九）二月十七日宣旨	大外記（三善）為長	類聚符宣抄四
	9	寛仁元年（一〇一七）八月二十五日宣旨	大外記（小野）文義	
	10	治暦五年（一〇六九）二月十七日宣旨	権少外記安倍通貞	
	11	寛治七年（一〇九三）正月十九日宣旨	大外記清原定俊	類聚符宣抄四
	12	寛治七年（一〇九三）正月十九日宣旨	大外記清原定俊	類聚符宣抄四

13	天治元年（一一二四）十一月二十（四）日宣旨	大外記中原師遠	
14	天治元年（一一二四）十一月二十四日宣旨	左大史小槻政重	
15	天治元年（一一二四）十一月二十四日宣旨	左大史（小槻政重）	
16	天治元年（一一二四）十一月二十四日宣旨	左大史（小槻政重）	
17	天治元年（一一二四）院司交名		
18	保延五年（一一三五）七月二十八日宣旨	大外記清原信俊	
19	久安六年（一一五〇）二月二十七日宣旨	大外記（中原）師業	
20	保元四年（一一五九）二月十三日宣旨	大外記（中原）師業	
21	応保元年（一一六一）十二月十六日宣旨	大外記中原師元	
22	応保二年（一一六二）二月五日宣旨	大外記中原師元	
23	応保二年（一一六二）二月五日宣旨	左大史小槻（永業）	
24	応保二年（一一六二）二月五日宣旨	左大史小槻（永業）	
25	応保二年（一一六二）二月五日宣旨	左大史小槻（永業）	
26	仁安三年（一一六八）三月十四日宣旨	大外記清原頼業	
27	嘉応元年（一一六九）四月十二日宣旨	大外記清原（頼業）	
28	安元三年（一一七七）七月（二十九日）宣旨	（大外記清原頼業）	玉葉
29	養和元年（一一八一）十一月二十五日宣旨	大外記清原頼業	
30	文治三年（一一八七）六月二十八日宣旨	大外記清原（頼業）	
31	正治二年（一二〇〇）六月二十八日宣旨	大外記清原良業	
32	正治二年（一二〇〇）六月二十八日宣旨	（左大史）小槻（国宗）	
33	正治二年（一二〇〇）六月二十八日宣旨	（左大史）小槻（国宗）	

	34	正治二年（一二〇〇）六月二十八日宣旨	（左大史）小槻（国宗）	
	35	建仁二年（一二〇二）正月十五日宣旨	大外記清原（良業）	
	36	承元四年（一二一〇）三月十九日宣旨	大外記（中原）師重	
	37	建保二年（一二一四）六月十日宣旨	（大外記中原）師重	
后宮事	38	長元十年（一〇三七）三月一日宣旨	（大外記）清原頼隆	
	39	保元四年（一一五九）二月二十一日宣旨	大外記（中原）師業	
	40	承安二年（一一七二）二月十日宣旨	大外記清原頼業	
准三宮事	41	治承四年（一一八〇）六月十日宣旨	大外記清原（頼業）	
	42	元久元年（一二〇四）六月二十三日宣旨	（大外記）清原良業	
妃女御更衣事付女御宣旨事	43	貞観六年（八六四）正月二十七日官符		諸官符案宣旨方
	44	貞観　年三月十七日官符		諸官符案宣旨方
	45	貞観十五年（八七三）十一月二十六日官符		諸官符案宣旨方
	46	寛平五年（八九三）正月二十二日官符		諸官符案宣旨方
	47	寛平九年（八九七）七月二十五日官符		諸官符案宣旨方
	48	承平七年（九三七）二月五日中務省勘文	少録丹波浄平・少丞藤原相経	
親王年給巡給別巡給事付女御	49	貞観七年（八六五）正月二十五日類聚国史文		日本三代実録
	50	承平七年（九三七）二月七日外記勘文	大外記多治実相	
	51	長保三年（一〇〇一）六月三日宣旨	大外記滋野善言	魚魯愚抄五
	52	寛弘七年（一〇一〇）二月十四日宣旨	大外記滋野善言	大間成文抄一・魚魯愚抄五
	53	寛仁四年（一〇二〇）正月二十九日宣旨	大外記小野（文義）	
	54	治安四年（一〇二四）正月二十三日宣旨	大外記清原頼隆	魚魯愚抄五

	55	長暦二年（一〇三八）正月五日宣旨	大外記清原頼隆	大間成文抄一・魚魯愚抄五
	56	治暦五年（一〇六九）正月二十五日		
	57	治暦五年（一〇六九）正月二十五日宣旨	権少外記惟宗義定	
	58	承暦四年（一〇八〇）正月二十六日宣旨	大外記清原（定俊）	大間成文抄一
	59	康和元年（一〇九九）十一月十七日宣旨	大外記清原（定俊）	
	60	元永三年（一一二〇）正月十六日口宣案	蔵人頭権右中弁藤原伊通	中右記
	61	元永三年（一一二〇）正月十六日宣旨	（大外記中原）師遠	
	62	健久七年（一一九六）正月二十三日口宣案	蔵人頭中宮亮藤原定経	
	63	健久七年（一一九六）正月二十三日宣旨	（大外記）中原師直	
	64	建仁四年（一二〇四）正月十一日口宣案	蔵人頭左中弁藤原（長房）	
	65	建仁四年（一二〇四）正月十一日宣旨	（大外記）清原良業	
臣下年給事	66	天暦九年（九五五）十月十一日宣旨	少外記御船傳説	
	67	正暦二年（九九三）八月三十日宣旨	大外記中原致時	
五節二合事	68	安和二年（九六九）二月十四日宣旨	大外記菅野正統	政事要略二十六

（高田義人）

【参考文献】

奥野高広「滋賀県下の史料採訪」（『日本史籍論集』上、一九六九年）
鈴木茂男「外記宣旨と『外記宣旨』」（『古事類苑月報』三十八、一九七〇年）
清水　潔「『外記宣旨』について」（『藝林』三十二―四、一九八三年）
橋本義彦「法帝と法皇帝」（『平安貴族社会の研究』一九七六年〈初出一九六七年〉）

官位相当　　江戸写　一冊　古一一—一八一

装訂　冊子装。袋綴四ツ目綴。縦二六・九センチ×横一九・九センチ
表紙　後補柿色表紙。原表紙茶色表紙。
外題　（後補表紙）墨書外題簽「官位相当　全」
　　　（原表紙）墨書直書「官位相当」
内題　「官位相当　付唐名（アキママ）読申」
本文　毎半葉　九行。一部朱傍書あり。
紙数　前遊紙一丁、本文墨付四三丁、後遊紙五丁。
奥書　なし。
旧蔵　押小路家

解説

公家社会における官職に関する故実を記した書。江戸期の新写本であるが、以下に述べるように注目すべき記事が含まれている。内容的重複が見られること（後掲表の3～4と10～13の一部）より判断して、親本（もしくは祖本）は草稿段階の未定稿であったか、あるいは二つ以上の異なる書を合写抄出したものであったと考えられる。明治大学所蔵『官職鏡』や『拾芥抄』と同内容の部分がある（この他、『二中歴』にも類似の記述が見える）ので、まず対応関係を示すこととする。なお、項目番号および項目名は簡潔に説明するために便

	官位相当	官職鏡	拾芥抄
		× 姓戸	（姓戸録部中にほぼ同文あり）
		× 官職鏡銘	
1	1オ～4オ 官位相当	×（官位唐名）	○ 官位相当部の内
2	4オ 諸司官人座次		
3	4オ～5ウ 官位相当書様	◎	○ 官位相当部の内
4	5ウ～6ウ 官位正兼行守事	◎	○ 官位相当部の内
5	7オ （長徳元年宣旨）	◎	○ 官位唐名部冒頭にあり
6	7ウ～17ウ 諸司		△ 官位唐名部の内
7	17ウ～18オ 諸司略頌		○ 百官部の内
8	18オ～20オ 位所書様	◎	
9	20オ～36ウ 内外文武官并令外官		△ 百官部・女官位部・綱所部・官位唐名部等の内の記述に相当
10	36ウ～37ウ （選叙令義解・基記）	（一部官位正兼行守事の内にあり）	（一部官位相当部の内にあり）
11	37ウ～38オ （問答　物部敏久答）	（◎）（官位正兼行守事の内にあり）	（◎）（官位相当部の内にあり）
12	38オ～39ウ （大江匡衡注送に対する允亮答※）		
13	39ウ～40ウ （3と同内容）	（◎）	（○）
14	41オ～41ウ （前官を署すことについて）		
15	41ウ～ 古今行守署例（尾欠）	◎（官位相当に欠けている部分もあり）	△ 官位相当部の内にあり、抄出か。

（注）・◎はほぼ完全に一致すること、○はおおよそ内容が一致すること、△は類似する内容だが、一致するとは言えないこと、×は対応する記事が『官位相当』に無いことを示す。
・※12允亮答は、10・11も含むものである可能性がある。

宜的に立てたものであって、内容構造を示すものではない。また『官職鏡』については本書と対応関係が無い部分も示すが、『拾芥抄』については本書と係わる部分のみ示すこととする。

明治大学所蔵『官職鏡』は黒川真頼・真道旧蔵の孤本で、これまでの研究史では、源為憲が鋳造した「官職鏡」に後で注解的な補説を加えて一一世紀初頭以前にまとめた書で、現存本はその抄出本とされている。しかしここで詳述する余裕はないが、そうではなく、源為憲より天延三年（九七五）に「官職鏡」と題する書物を贈呈された人物が、その後、一一世紀初頭頃まで増補を加えたもの（或いはそれをさらに抄出したもの）が現存本である可能性が高い。一方、『拾芥抄』は鎌倉中後期に原形が成立し、その後、洞院公賢等によって増補されたものと考えられている。

本書の内容について順に説明していくと、1は『拾芥抄』巻中の官位相当部とほぼ同内容であるが、官位に朱筆で唐名が付されているという違いがある。2には「允亮記□〔説カ〕云々」という注記がある。3～5は『官職鏡』とほぼ同文であるが、『官職鏡』には存在しない6・7の記事が続く。なお4は項目名の下に「見二或抄一出之、」（『官職鏡』は「見二或抄一々出之、」）と注されており、また5に関して、『拾芥抄』では「已上本押紙云々」と注されている。6に関連して、『拾芥抄』官位唐名部はその冒頭に橘広相の『朝官当唐官略抄』と島田忠臣の『百官唐名抄』を合わせたと記しており、当写本の6はそのどちらかを基にしていることが可能性として考えられるが、例えば正暦四年（九九三）に設置された明経問者生が記されており、少なくともその当初の姿をそのまま伝えたものではあり得ない。ちなみに管見の限りでは、この6に近い形のものとして仁和寺所蔵『系図』中の記事がある（但し『系図』の記事の方が若干簡潔）。8の末尾近くには「官位相当事　附於朝当官事、古今守署例事」とあるが、それに続く二行が「官位相当事」に当たるとしても、現状では「附於朝当官事、古今守署例事」の記述がなく、脱落もしくは錯簡が想定される。ちなみに「於朝当官事」に当たる部分を当写本内で探すとすれば1に相当し、「古今守署例事」は15に相当すると見られる。この点、同じ記述を存する『官職鏡』では8の後に「古今行守署例」が続いているが、「於朝当官事」に相当する記述は見られない。9は諸官およびその定員を列挙し、一部に注を加えたものである。その注記の内より、注目すべき点を幾つか指摘すると、①内膳司の注に「高橋氏文」が見える。これは内容的には従来より知られている域を出るものではないが、これまで確認されてきた逸文とは一致していない。②下国の注に「已上国六十六、嶋二、郡五百八十六、郷三千七百廿」と見える。③家令の注の記事は現行の『令集解』に見出せず、逸文の可能性が考えられる。④凡僧位の末尾に「文章博士朝原道永本系帳注兄肥前少国師修行満位僧観常也、」との記事を記す。10の内、「基」記の部分は現行『令集解』に見出せない（途中で言及される穴記の問答部分は後宮職員令1妃条集解に見える）。なおこの「基」については、『政事要略』所引の『令集解』にしばしば見えることが清水潔氏によって指摘されている。12は三八丁表七行目の途中から始まるもので、長保元年、大江匡衡の疑問に対する令宗允亮の回答。冒頭に貞観一二年（八七〇）橘広相が「東宮学士」ではなく「皇太子学士」と署したために生じた混乱に関する文書を付す（仮に允亮の回答に含まれるものと解したが、あるいはそれとは別個の独立した内容である可能性もある）。14は長保三年（一〇〇一）三月六日に藤大納言の教えにより勘じたもの。藤大納言は藤原実資を指すと考えられるが、実資が権大納言に任じられたのは同年八月二五日なので、日付には誤りが存する可能性がある。

以上、大雑把に本書の記事内容を紹介したが、いまだ不明な点が多く、明治大学本『官職鏡』との関係も明らかでない。内容的には令宗允亮が関わる記事が多く見られ、允亮本人かどうかはともかく、少なくともその周辺の人物が本書の編纂に関わっていた可能性が高い。今後、『政事要略』との関係も含めてさらに検討していくことが求められる。なお本書や『官職鏡』に類似する史料の古写本として宮内庁書陵部所蔵甘露寺親長筆『百官唐名』（年中行事御障子文と合綴　谷森善臣旧蔵本）がある。

最後に影印ではわかりにくい点についてまとめて指摘しておくことにしたい。

原表紙には左肩の墨書外題の他、右肩に朱書「弐百四十号」あり。本文1丁オ～4丁オの官位に付された唐名右傍書はすべて朱書。1丁ウ神祇少輔の「輔」字見せ消ちは朱墨（ミは朱、ヒは墨）。5丁ウ五行目割注左行九文字目「職」字に左傍書ありしも抹消破損。6丁オ二行目一七文字目「臣」字に見せ消ち符号および右傍書（「下」カ）ありしも擦消抹消。7丁ウ～16丁ウの員数や正権・大少・令外等に関わる左右傍書はすべて朱書（訓は墨書）。15丁ウ勘解由使の傍訓六文字目「ヤ」を朱にて「カ」に訂正（見せ消ち符号も朱）。16丁ウの左右馬寮属の注書冒頭「賀」字を朱にて「駕」に訂正（見せ消ち符号も朱）。19丁オ三行目の「有」字を朱にて「在」に訂正（見せ消ち符号も朱）。20丁ウ四行目神琴師の割注「格」字は擦消の上に記す。21丁オ参議の割注三行目「観」字（二か所）は擦消の上に記すか。22丁オ～29丁ウにかけて一六箇所に縹色不審紙あり。29丁ウ～30丁ウの国名傍訓はすべて朱書。

【参考文献】

川瀬一馬『古辞書の研究』（大日本雄辯会講談社　一九五五年）

清水　潔「「基」（『令集解』所引）について」（『皇学館大学紀要』一三　一九七五年）
水本浩典「律令講書と律令註釈書」（『律令註釈書の系統的研究』塙書房　一九九一年　初出一九八三年）
石上英一「大蔵省成立史考」（彌永貞三先生還暦記念会編『日本古代の社会と経済』上　吉川弘文館　一九七八年）
渡辺　滋「『官職鏡』の紹介と翻刻」（『日本古代学』二　二〇一〇年）

（小倉慈司）

解題執筆者紹介（執筆順）

小口雅史（おぐち　まさし）　法政大学教授

鹿内浩胤（しかない　ひろたね）　宮内庁書陵部編修課皇室制度調査室主任研究官

新井重行（あらい　しげゆき）　宮内庁書陵部編修課皇室制度調査室主任研究官

高田義人（たかだ　よしひと）　宮内庁書陵部編修課皇室制度調査室主任研究官

小倉慈司（おぐら　しげじ）　国立歴史民俗博物館准教授

内閣文庫所蔵史籍叢刊　古代中世篇　第三巻

平成二十四年三月十五日　発行

原本所蔵　国立公文書館

発行者　石坂叡志

整版印刷　富士リプロ(株)　モリモト印刷(株)

発行所　汲古書院

〒102-0072 東京都千代田区飯田橋二―五―四

電話　〇三（三二六五）九七六四

FAX　〇三（三二二二）一八四五

第一回配本（第一期全十巻）

©二〇一二

ISBN 978-4-7629-4302-7 C3321